美育通论

吴东胜 著

暨南大學出版社
JINAN UNIVERSITY PRESS

中国·广州

图书在版编目（CIP）数据

美育通论 / 吴东胜著．—广州：暨南大学出版社，2018.7（2019.10 重印）
ISBN 978－7－5668－2227－7

Ⅰ.①美…　Ⅱ.①吴…　Ⅲ.①审美教育—研究—中国　Ⅳ.①G40－014

中国版本图书馆 CIP 数据核字（2017）第 275639 号

美育通论
MEIYU TONGLUN
著者：吴东胜

…………………………………………………………………………

出 版 人：徐义雄
责任编辑：潘雅琴
责任校对：周海燕
责任印制：汤慧君　周一丹

出版发行：暨南大学出版社（510630）
电　　话：总编室（8620）85221601
　　　　　营销部（8620）85225284　85228291　85228292（邮购）
传　　真：（8620）85221583（办公室）　85223774（营销部）
网　　址：http：//www.jnupress.com
排　　版：广州良弓广告有限公司
印　　刷：广州市快美印务有限公司
开　　本：787mm×960mm　1/16
印　　张：13.5
字　　数：210 千
版　　次：2018 年 7 月第 1 版
印　　次：2019 年 10 月第 2 次
定　　价：40.00 元

序

东胜是我2001年指导的博士研究生，当时他一边工作，一边读书，的确是一种挑战与考验。好在他先前在南京大学读硕士也是同样的专业——文艺学，打下了良好的理论基础，加之读博期间专心刻苦，且有天分与悟性，工作与学习的关系处理得较好，故能在三年内如期毕业并获得学位。博士毕业后他一直在公务员队伍工作，在基层摸爬滚打过好几年，也当到了一定级别的负责人，在拿到学位十余年之后，他才有时间来重新审视并整理他的博士论文，也算是心安气定地重整旧时征袍了。

此书主要研究的是中国审美教育历史，其重心放在当代。在研究中国传统美育与近现代美育时，更多地侧重于揭示它们的基本特征。而在当代美育，则花气力最多。他的研究视野开阔，史论结合，同时又能提出自己的创见。在资料文献方面，他花了工夫，力求在立论之中得到史料的支持。看得出来，他后来又增补了一些最新的材料，有的材料还引用到了2016年。他并没有满足原来的研究，而是在不断补充、不断完善、不断进步，这种学无止境的心态与做法是值得称赞的。

中国的审美教育历史悠长，带有鲜明的东方特性，这种特质也影响到当代中国的审美教育。比如重道德与审美的结合、重人格培养、重直观、重感悟、重家庭教育与社会教育的结合等。我曾经研究过中国佛教的审美教育，佛教不仅在经典中灌输某些美的理念，也在仪式仪轨中强调美的熏陶，还在建筑、艺术上体现美的陶冶。佛教靠潜移默化的浸染将美育贯穿在所开展的一系列活动中。中国的儒家、道家与道教也有类似的做法。尤其是儒家的审美教育，更是形成了一个完整的审美教育理论和实践体系。从孔子的“学于诗，立于礼，成于乐”到近代蔡元培的“以美育代宗教”，有一条清晰的发展路线可以追寻。到了当代，中国的审美教育既传承了传统的审美教育观，又吸收了西方美学家的审美教育理念，开启了新的探索，尤其是在重视生命、重视生态、重视和谐发展、重视情商智商灵商三者的结合方面又有了新的途径。面临泛消费文化的冲击和科技文化的高度发达以及互联网文化的环境，中国的审美教育又存在着诸多的新问题。如何让审美教育在构建社会主义核心价值观中发挥更大的作用，为建设中国特色社会主义、丰富人民的美好生活作出更大的贡献，依然是一个重要的理论和实践问题。

这些问题，在东胜的书中均有探讨，也提出了他的看法和观点，相信此书会有助于我们加深对这些问题的思考。

希望东胜能更加心安气定地开展他的理论研究，并用以指导他的工作实践，在理论与实践上都能取得好成绩。

蒋述卓

2018 年 1 月 26 日于暨南园

目录

引 言

美育是美学研究中的一个重要课题，也是美学实践的一个重要方面。我国古代思想家很早就意识到美育对社会、人生的重要意义，因此形成诗教、乐教的美育传统，积累了丰富的美育思想。但是现代意义的“美育”概念却是由近代德国美学家席勒提出来的，并将其与人的情感和自由紧密相连，他所著的《美育书简》是资本主义现代发展过程中有关人性批判与人性建设的一部重要典籍，标志着美学逐步由书斋走向生活。在我国最早提倡美育，并将其与德育、智育相提并论的则是王国维、蔡元培、胡适等一批美学家、教育家，他们举起了“以美育代宗教”“美育救国”的大旗，对美育在中国的发展起到非常重要的推进作用。

经过百年的发展，中国现代美育的理论和研究都取得十分可喜的成就，无论是关于美育概念、命题、观念的具体阐述，还是重要美学家的美育思想与实践的梳理都有较为广泛的研究。但是由于历史原因，中国美育的发展也历经曲折，无论是在学理阐述、学科建设上，还是在具体的实践方面，都存在不尽如人意之处，与国家政策层面全面推进国民素质教育的决定尚存在较大的差距。①

本书试图从中国美育的现代转型与当代形态的历史变迁中寻找中华民族现代精神的内在张力和缺陷，在古今转换与中西融合中透视中国当代美育崛起和伟大民族复兴的时代精神。全书分以下几个部分：

第一章：中国传统美育概述。这部分从历史传统和存在形态两个方面，阐述中国传统美育基本品质的形成过程、存在方式和基本特征。在论述中国传统美育具有悠久历史的前提下，突出其长于思想的内在品质、重在私人教育的存在方式和综合交叉的表现形态等历史状况，并进一步挖掘

---

① 1999年6月，中共中央办公厅发布的《中共中央国务院关于深化教育改革全面推进素质教育的决定》就明确提出：“美育不仅能陶冶情操、提高素养，而且有助于开发智力，对于促进学生全面发展有着不可替代的作用。要尽快改变学校美育工作薄弱的状况，将美育融入学校教育全过程。”

其对当代美育的启示。

第二章：西学东渐与中国近现代美育的历史转型。这一部分着重考察在晚清至民国期间中国社会的生产和生活方式由传统向现代变迁的过程中，现代美育科学的发展过程，突出西方美育东渐对现代中国的影响。通过历史传承、理论分析和个案研究，来展示中国美育现代转型的时代风貌和基本特征。

第三章：中国美育的当代形态与历史代价。这一部分在客观认识和辩证分析中国当代美育的历史背景和现实状况的情况下，着重对科学意识、文化观念和经济条件受到限制的历史事实展开论述，对蔡元培先生提出的"以美育代宗教"的命题，一反诸多专家学者之成见，并试图作出冷静而中肯的阐述。本书认为，美育代宗教是在中国现代文化科学化时代潮流中出现的历史现象，必须同时认清美育与宗教悖立、互补的基本品质。本书认为，改革开放以后，西方学术与社会思潮大规模涌入，对民族经济的发展和人民思想的解放，带来强大的推动力。同时，清洗张扬的经济欲望和拯救衰落的社会信仰，则是当代美育有待强化的学术问题。

第四章：当代美育建设的使命与未来。这一部分，在历史与现状、西方与中国在美育思想的比较研究中，尤其是在当代美育出现缺失和偏颇的情况下，提出一系列建设性的见解。本书认为，必须正确理解美育作为一门独立学科的意义——美育不能代宗教，美育不能无视世俗化、技术化、权利化等问题的侵袭，它应当在以信仰为根基的基础上，注重人心灵的启蒙、注重人听觉能力的解放，注重美育的真实、纯粹和总体性的意义。只有这样，中国当代美育建设，才能矫正西方功利主义等思潮的影响，才能补救经济技术时代给美育带来的亏欠，才能构建健康、全面的中国美育，才能为建设中华民族的小康社会带来强大的推动力。

第一章

中国传统美育概述

早就被世人所重视的美育，究竟在造就人的品质与民族精神的过程中起到什么样的作用？当代美育应当如何总结历史的教训，在中国现代化建设中肩负自己的使命？这显然是一个具有重要的学术价值和现实意义的学术问题。我们认为，要想科学地解决这一问题，首先必须从传统美育的根基着手，正确地认识中国文化的历史精神。

中国传统美育是在中华民族的地理与人文基础上成长起来的。中国传统美育，从西南原始文明到长江与黄河流域的传播；由原始巫术类的舞蹈、文人艺术的诞生，到现代民族国家以科学技术为背景的审美创造；从私人传授到社会群体的公学诞生，中国传统美育以其特殊的形态凝聚中国文化的民族精神。

第一节　中国传统美育的历史发展过程

人们往往有一种误解，以为美育只是一种教育的手段，通过更感性更美观的方式达到对人的思想品德教育，或达到让人获得某种知识或掌握某种技能的目的。实际上，美育并不只是手段，其同样也有自身的目的。正如金开诚、龙协涛所言：“美育，是通过对现实美（包括自然美和社会美）、艺术美的审美教育，培养人们具有发现美的本质和规律的能力，确立人们正确的审美观，提高人们对美的鉴赏力，陶冶人们的情操，以解决人对现实的审美关系；它把美学理论研究与广大人民群众改造现实世界的伟大实践相结合，通过教育活动，从‘美’的尺度来培养和造就一代新人。”①美育的目的是陶冶情感，怡情养性，通过对人心灵的陶冶，精神的调节，培养一种超然物外、自由自得的审美人格，按照“美的尺度”造就一代新人。

中国古代虽没有“美育”的概念，但是通过审美教育化育人心、培养审美人格的观念却早已有之，而且留下了丰富的美育资源，一直滋养着现代人的审美胸怀，对现代人理想人格的塑造仍然有着潜移默化的影响。下面简要从三个阶段作一梳理。

---

① 金开诚、龙协涛：《现代美育教程》，南京：江苏教育出版社 1994 年版。

一、滥觞期

从现存的考古文物来看，大约从旧石器晚期，人类的审美意识便开始孕育了，其中必然包含着广义的美育活动和美育思想的萌芽。正如廖群先生所言："作为人类文化中一种更多诉诸心里愉悦、形式感觉和情感想象的特殊文化现象，作为人类在实践中逐渐酝酿萌生的意识和创作，审美文化的产生，其上限可能会稍晚于物质文化的出现。以'自然的人化'为界定的广义的文化，可以说是从人类在石头上打击第一道人为的痕迹就开始了的，而审美文化，却是在人类打击一连串的石器之中或之后发生的。"[①]当史前人类已经不再局限于把一堆冰冷的石器打造成具有特定目的的生产工具，当人们在开掘这些工具好用、便利、有效等功用性的同时，还逐渐注入了追求整齐、圆润、光洁、均衡、好看的心思，这说明人类的审美意识已经初孕胚胎。如在北京周口店龙骨山山顶洞人遗址中考古发现的做工精细的骨针，以及死者头骨附近的小砾石、石珠、项链等并无实用价值的装饰品，都说明了原始人已经有了超越实用之外的，朝向审美发展的精神追求。[②]

进入新石器时代，原始人的审美意识和对于美的创造力有了更大进步。西安半坡遗址出土的彩陶，包括辽河流域红山文化时期和浙江余姚河姆渡文化时期大量玉器，这些器物的文饰已经脱离了实用的需要，显示出更多的审美需求。"从某种意义上说，陶器，这才真正是人类创造的第一件'作品'。"[③] 因为旧石器时代的物品，无论是石珠、骨针，还是兽牙项链，都是在天然材料上加工而成的，其质地本身没有发生改变，但是制作陶器却需要把一堆松软的黏土捏造成各种形状的器物，再经过烈火的烧制，最后制出坚硬的器具。据考古学家发现，新石器时代中期以后的整个仰韶文化时代，陶制食具空前繁荣，形制愈加丰富，其中在西安半坡遗址出土的50多万件陶器、陶片中，生活用具多种多样，仅陶罐就有23种类型45种式样。从这些分工细致的器皿中，我们可以想象原始人对生活已有自己的审美追求，他们的日常生活也已多姿多彩。更值得注意的是，仰韶

---

① 陈炎主编，廖群著：《中国审美文化史》（先秦卷），济南：山东画报出版社2000年版，第3-4页。

② 参见贾兰坡：《"北京人"的故居》，北京：北京出版社1985年版，第41页。

③ 陈炎主编，廖群著：《中国审美文化史》（先秦卷），济南：山东画报出版社2000年版，第17页。

时代的人们还创造出辉煌的彩陶文化。陶器通体施彩，早期以红底黑彩为主，后期在彩绘部分先裹上一层白衣，再施以黑、黄、紫等色彩。①

原始人在生产中不自觉地创造着美，同时也进行着审美意识的培养，在这种懵懂中美育思想开始萌芽。原始美育是和原始艺术、原始宗教、原始审美意识等密不可分的。中国古代诗、乐、舞不分，《礼记·乐记》中说："诗，言其志也；歌，咏其声也；舞，动其容也。三者本于心，然后乐器从之。"② 诗、乐、舞三者是紧密结合的整体。《吕氏春秋·古乐》中有一段记载：

昔葛天氏之乐，三人操牛尾，投足以歌八阙：一曰《载民》，二曰《玄鸟》，三曰《遂草木》，四曰《奋五谷》，五曰《敬天常》，六曰《建帝功》，七曰《依帝德》，八曰《总禽兽之极》。

这段话生动地描绘了先民的艺术活动，这个活动有着鲜明的农耕民族特色，在这个祈求丰年和美好生活的艺术活动中，舞蹈、歌唱和音乐合为一体。

除了歌舞，原始美术、装饰中也体现了原始美育的萌芽。西安半坡彩陶纹饰中，既有描摹自然的鱼纹、鸟纹等，又有将客体属性加以省略、淡化、变形的象形与抽象相结合的纹饰，如指甲纹、波折纹等。浙江余姚河姆渡出土的玉器有玉坠、玉璧、玉环等，这些玉器精雕细琢，剔透玲珑，具有很高的艺术价值。如同邱明正先生在《美育志》中所说"这些美术作品标志着人类思维已开始由知觉表象的形象思维逐步向抽象思维发展：艺术创造上已由再现到表现，由象形到符号化，由模仿动物的写实作风向抽象几何图案装饰作风的逐步演进"，同时，"这些艺术作品的制作、传播、使用和鉴赏的过程，也就成了原始人实施美育的自发过程"③。可见，中华原始美育是随着原始审美意识和原始艺术同时发生的。

原始美育和原始宗教也是紧密相连的。旧石器时代末期和新石器时代初期，原始人的自然崇拜、鬼神信仰、祖先礼敬、图腾意识、巫术观念日

---

① 参读陈炎主编，廖群著：《中国审美文化史》（先秦卷），济南：山东画报出版社 2000 年版，第 17－31 页。

② 《礼记正义》卷三十八，《十三经注疏》（标点本），李学勤主编，北京：北京大学出版社 1999 年版，第 1111－1112 页。

③ 参见邱明正、于文杰：《美育志》，上海：上海人民出版社 1998 年版，第 16 页。

益浓烈，原始宗教活动日益频繁，且开始同原始艺术活动相结合，融入了原始人的审美意识，逐步成为原始美育的一种特殊表现方式。在这些活动中，祭祀活动既是神秘的、虔诚的，又是现实的、世俗的；既是实用的、功利的，又是形象的、情感的，具有艺术的、审美的因素。据亲临山顶洞考古现场的考古学家贾兰坡介绍，除用作头饰的石珠明显呈露红色之外，“所有装饰品的穿孔，几乎都是红色，好像是他们的穿戴都用赤铁矿染过”①。这些红色饰品所萌动的朦胧的审美意识明显可见与原始信仰、原始巫术混合在一起。在山顶洞人那里，红色、赤铁矿粉，已经不再单纯是其本身，而是血液的象征，已经在想象中被赋予了生命和灵魂的意味。原始人认为，这些被象征生命的赤铁矿粉染过的红色饰品伴随着死者下葬，意味着其可以从中获得生命之力，从而达到灵魂不死的效果。随着这些活动的进行，原始美育也在默默地滋长，潜移默化地滋养着初民的审美意识和审美情趣。

中国社会发展到夏、商、周有了重大的变化。禅让制的废除和世袭制的建立,标志着原始社会的解体和奴隶社会的确立；社会的政治、伦理、文化灌注了阶级的内容，同时也促进了政治、哲学、艺术、教育等思想的发展。美育思想在这个时期取得重大进展，其标志为“礼乐之教”的提出。随着礼乐之制的实施和开展，一种文质彬彬、规矩典雅的审美标准取代了史前及殷商时期的巫风弥漫、神秘狂野的审美氛围。“礼乐之教”最早提出是在西周初年，周王朝刚建立，周公便制礼作乐，开创了周代礼乐文化的新时代。据《尚书·大传》记载，周公“五年营成周，六年制礼作乐”；据《史记·周本纪》记载，继周公之后，“成王既屈殷命，袭淮夷，在丰作《周官》，兴正礼乐”。可见周王朝的礼乐之教具有一定的延续性。所谓“礼”者，《说文解字》曰：“礼，履也，所以事神致福也。”《荀子·大略》云：“礼者，人之所履也。”② 礼的本意是祭神之器，由于具有强烈的神秘感与敬畏感而延伸为祭神的宗教仪式；后来又指日常生活的行为仪式；最后发展为宗法等级，社会伦理观念以及与之相应的礼节仪式的统称。周礼要求不同的社会成员在不同场合要遵循不同的行为准则，讲究事事有礼有仪，譬如冠、昏（婚）、射、相见、燕（宴）、飨、饮酒、聘、觐、虞、既夕、丧等各个层面，都要求有不同的礼仪规范。这些礼仪以礼

① 贾兰坡：《“北京人”的故居》，北京：北京出版社 1985 年版，第 41 页。
② 《荀子集解》，《诸子集成》（第二册），石家庄：河北人民出版社 1986 年版，第 327 页。

为制，其目的就是从制度的角度规定人与人尊卑贵贱、长幼男女的等级关系和等级秩序，将自然人伦关系制度化、规范化，使人各定其位，各安其分。这些标示人们身份等级的条条框框看似冰冷生硬，但是它们的推行却是与乐并行，相生相济的。远古时期的乐并不是现代意义的音乐，而是诗乐舞合一的艺术形式，其本质是和谐；当礼被装点在轻歌曼舞、钟鼓琴瑟的典雅、悠扬的乐的形式中时，人们不知不觉中已经接受了礼的一次次熏陶。正如郭沫若先生所说："乐须得礼以为节制，礼也须得乐以为调和。礼是秩序，乐是和谐。礼是差别，乐是平等。礼是阿波罗（太阳神）精神，乐是狄奥尼索司（酒神）精神。两者看来是相反的东西，但两相调剂则可恰到好处。"① 礼乐相辅相成，从此"礼乐之教"逐步成为中国古代美育的代称之一，也使中国传统美育带有强烈的政治伦理色彩。

二、奠基期

至春秋战国时期，由于礼乐制度的解体，官学失守，学在四夷，私学开始兴盛，新兴的士阶层发展壮大，美育思想也具有了新的内容。最显著的是随着百家争鸣而出现的美育思想的多元化，儒家、道家等学派都提出了各自的主张。

儒家的美育思想，主要包括孔子、孟子、荀子的思想。发轫于春秋末年，以孔子为开山鼻祖的儒家学派，是以对"克己复礼"的呼吁步入学术领域的。对周代礼乐文化进行全面的理论总结，成为这个学派的中心话题。可以说，儒家学说的基本价值理念正是从礼乐文化系统上继承和发展起来的，邹昌林先生说："从本质上说，所谓儒学，不过是中国礼文化的价值体现者，它在整体上，是从属于中国礼文化模式的。"② 其实，完全恢复西周之制是不可能的，但礼乐文化作为一种精神、一种传统，却在儒家学派这里得以提炼，得以光大，并以此为媒介，成为影响整个中国文化和审美意识的重要部分。

儒家关于美育的观点，究其实质是通过对人外在行为的规范和内在灵魂的陶冶，立人弘道、育化人心，培养人崇高的道德观念，使其在人格上不断追求道德上的至善和至美，行动上的彬彬有礼、敬长抚幼。这样的主张对于当时乃至于现在的审美教育都有着深刻的影响，而其中对后代影响

---

① 郭沫若：《青铜时代》，北京：中国人民大学出版社 2005 年版，第 147 页。

② 邹昌林：《中国礼文化》，北京：社会科学文献出版社 2000 年版，第 19 页。

最大的是通过艺术育化人心，重视乐教。乐教最早见于《尚书》：“帝曰：‘夔，命汝典乐，教胄子，直而温，宽而栗，刚而无虐，简而无傲。诗言志，歌永言，声依永，律和声。八音克偕，无相夺伦，神人以和。’夔曰：‘於！予击石拊石，百兽率舞。’”① 儒家学派将其进一步理论化。孔子认为通过学习“乐”可以培养一个人，不论是君子或是小人，“乐”对其同样有教化作用。无论是危难或是艰难之际，“乐”都可以使人平静，获得一种静心的体会。美且善的“乐”甚至可以起到感化人性、顿悟人格的作用。孔子在三代“六艺”教育的基础上提出了“兴于诗，立于礼，成于乐”（《论语·泰伯》）的教育纲领。这一纲领体现了孔子教育的总目标是培养文质彬彬的君子，其包含孔子教育主要内容的诗、礼、乐，也反映了培养君子的基本过程是从情感教育到理性教育再到情感与理性教育相结合。孔子所谓“诗可以兴，可以观，可以群，可以怨”，本意在于表达诗对于人的感化作用。人在诵读、创作诗之时从诗的词句中感悟到当时的情景，并透过诗句体会诗人创作时的领悟与想要表达的道理。诗通过一些直观且富有感染力的词句不用生硬的说理就已对人产生一定的教育意义。所谓诗“可以群”强调诗可以起到促进交流、沟通情感的作用。人在社会中既是一个个独立的个体，也是群体中的一员，只有懂得社会伦理关系，才能在社会生存立足。诗刚好起到了这样一种作用，《诗经》300 篇中涵括了社会中各式各样的关系，读懂诗，让我们在社会群体中交往能够做到做人做事有礼且不狂妄。所谓“怨”，则表达了诗抒发情感的功能，诗者在诵读和作诗时，能抒发对社会政治的不满，消解内心抑郁不满的情绪。孔子重视艺术美的美育思想，对于人的全面发展，包括品格、情操的培养都是有重要意义的。

孔子还提出“游于艺”（《论语·述而》）的著名命题，体现出孔门儒学的最高人生境界与审美境界。在孔子看来，只有现实地实现了人的自由（通过“游于艺”来表达），才能最终完成“志于道，据于德，依于仁”的人的全面发展和人格完善历程。“艺”是君子人格丰富性和审美性的重要体现，“艺”指“六艺”，即礼、乐、射、御、书、数。其中既有知识传授、能力培养，也有技能训练、艺术修养，可见在成就至高人格的过程中，美育占据了重要地位。在儒家看来艺术不仅可以培养艺术情思，审美

---

① 《尚书正义》卷三，《十三经注疏》（标点本），李学勤主编，北京：北京大学出版社 1999 年版，第 79 页。

感受，使人精神愉悦，而且可以提高君子的文化修养，使人心情舒畅，精神自由。而“游”也体现出一种审美的态度，正如今道友信所说，孔子美学思想具有精神超越性特征，“精神超越了平凡的日常性……精神就基本上获得了自由，实现了纯粹的超越，完成了从大地的解放”①。孔子的这一思想与德国浪漫美学思想家席勒的美学思想有深刻的一致性。席勒认为，人类要获得真正的解放，达到真正的自由，必须改造人自身。在《美育书简》一书中，他提出只有通过美的途径才能达到自由，恢复人性的和谐。他指出：“正是通过审美，人们才可以达到自由”“美可以成为一种手段，使人自素材达到形式，由感觉达到规律，由有限存在达到绝对存在。”② 正是在游戏中，感性和理性得以整合，感性服从于理性的形式而不失去感性的对象，从而恢复人的感性与理性的真正和谐。由此可以看出，席勒的美育思想与孔子“游于艺”的思想有着高度的契合性。孔子强调要在成德、成仁之后，追求“游”的审美境界，意味着他实施入世的功业活动的同时，仍然需要保持一种精神的超脱态度。这就是为什么孔子最欣赏的是“暮春者，春服既成。冠者五六人，童子六七人，浴乎沂，风乎舞雩，咏而归”的曾点之志，而不是子路、冉有等人提出的强国富民等事功的追求。也就是说，博施济众的社会关怀在孔子思想中固然占有重要地位，但是精神生活的自在、自得、自适，也占据十分重要的位置，“曾点气象”突出的正是超越于功名事业的悠然自得的审美人生境界。孔子强调的是读书人应该保持一种精神的自由，心灵不受束缚、没有羁绊，入世可以洞悉社会，出世可以对话自然。这一生仅仅满足于事业有成的人是会做事的人，而能够从自己的成就中获得精神享受，抽身其外的人是会生活的人。

这一思想在荀子《乐论》中也有充分发挥。荀子认为，“乐者，乐也。君子乐得其道，小人乐得其欲”③。君子从乐中感受到的是自然社会之道，体悟的是宇宙人生的奥妙，获得的是精神的满足。普通百姓从乐中获得的则是其生理欲望娱乐、消遣上的满足。乐通过艺术、审美的方式诉诸人的内心，所体现的精神只有以潜移默化的方式才能体现出来。乐教的本质是追求和谐之美。儒家相信通过乐教可以使每个生命得到充分发展。正如荀

① 今道友信著，蒋寅译：《东方的美学》，北京：生活·读书·新知三联书店 1991 年版，第 105－106 页。

② 席勒著，徐恒醇译：《美育书简》，中国文联出版公司 1984 年版，第 39、102 页。

③ 《荀子集解》，《诸子集成》（第七册），石家庄：河北人民出版社 1986 年版，第 254 页。

子所言："故乐在宗庙之中，君臣上下同听之，则莫不和敬；闺门之内，父子兄弟同听之，则莫不和亲；乡里族长之中，长少同听之，则莫不和顺。故乐者，审一以定和者也，比物以饰节者也，合奏以成文者也，足以率一道，足以治万变。"① 乐也成为沟通全体社会成员的法宝，通过艺术对人的灵魂的陶冶，达到移风易俗、纯化民心的作用。

道家的美育思想主要以老庄的思想核心为基础，强调"绝圣弃智"，提倡无为而自然。礼乐教化对于儒家思想来说是美育的核心，但对于道家思想来说则恰恰相反。在老子看来，以仁义观和传统的礼乐思想来教化民众、治理国家是不行的，必须效法天地的自然无为，对百姓的生活不多加管制，这样才能让社会随顺自然地发展下去。老子说："圣人云：'我无为，而民自化；我好静，而民自正；我无事，而民自富；我无欲，而民自朴。'"（《道德经》第五十七章）"我无为，而民自化"，为政者如果顺应自然，不对民众过多限制，让百姓的优良传统美德和纯朴的民风民俗顺应着社会发展代代相传，百姓们所受的审美教育并不比我们言语教育或制定一套规则让之遵守来得少。为政者不过多地限制民众的生活，百姓自然而然能把传统美德中的真、善、美传承下来。"我好静，而民自正"，为政者自身若能潜心修炼成为君子，百姓也会纷纷效仿，由此普天下形成一股追求真、善、美的风气，社会氛围正直，百姓自然不会去做蝇营狗苟的事情。"我无事，而民自富"，为政者若不给百姓过多的安排，不规定他们的种植，不打扰他们传统的耕种，百姓按照自然规律去春耕夏种秋收冬藏，按照老一辈传下来的习惯去生活，那么他们在精神和物质上自然会富裕起来。"我无欲，而民自朴。"为政者没有贪婪的欲望，官场上人人清廉，没有贪污腐败，百姓自然也不会想到巴结权贵以谋私利，长此以往，百姓自然人人追求真、善、美，民风民俗自然淳朴。这种无为自化的思想带有随顺自然、顺应天性的特点，和儒家思想形成对比，构成老子美育思想的极富特色的部分。老子还认为："天下皆知美之为美，斯恶已；皆知善之为善，斯不善已。有无之相生也，难易之相成也，长短之相形也，高下之相盈也，音声之相和也，先后之相随也。"（《道德经》第二章）天下万物都是相对的，只有万事万物相对的互相存在，才能使当今社会和谐发展。有善必定有恶，有难必将有易，有高必定有下，万事万物顺其自然发展，治理国家、社会也是如此。在老子看来，任何有形的美都不是真实的美，都

① 《荀子集解》，《诸子集成》（第二册），石家庄：河北人民出版社 1986 年版，第 252 页。

只是相对的、暂时的美，而真正的美是无形的，无为而成的。这就如我们当下追逐自然、天然的美，无所欲无所求，本质天然的美才是真正的美，才是值得永久留存、朴实无华的美。这样的审美思想在当时可以说是超前的，由此可见老子的境界已经超越了普通审美的价值理念，并且他的美育思想也是如此——超越现实、超越功利，追求人本质的美，不成为政治、道德的教化工具，仅仅作为和谐自然的质朴状态而存在。老子肯定个人的自由价值，追求万物与道为一的境界；其美育思想追求的是清心寡欲、无为而治；他所追求的理想人格是自然无为的，不争、柔弱、宁静、寡欲，犹如婴儿般，没有过多的欲望，一切都顺其自然。

如果说，老子倡言“无为而无不为”的“道”，还带有为治国治民出谋献策的政治谋略的意味，那么，庄子更关心的则是作为个体的人如何摆脱异化，恢复自然；如何达到全性保真、不为外物所累的绝对自由的境界，这种超越现实功利、追求自由的态度本身已然进入了审美的层次。庄子继承与发展了老子美育思想的核心，强调人要“与天为一”，即人应该像天一样，做到不争名夺利，不贪欲邀功，一切顺其自然，任其发展，安时处顺，哀乐莫入。[①] 庄子的美育思想已经上升到了天的程度，这是老子所未能达到的。站在这样的高度和境界看待事物时，人的喜怒哀乐、得失成败都变得极为渺小。当我们站在自然的一方看待世界，礼乐教化就更没有存在价值。庄子格外尊重人的自然本性，释放本性的人所展现出来的美，是美的最高境界。“仁义”和“礼乐”在“道”和“自然”面前都应该放在后面，只有尊重自然，释放本性才是符合庄子美育思想核心的审美理念。

庄子以其敏感的诗心强烈地感受到现世存在中人的异化生存状态，因而强调并高扬人的诗性栖居。“庄子全部的心思，就等于是教人怎样自然地活着，所以，他的哲学就是他的美学，而这在这里是浑然一体的。”[②] 个体如何活得适意、逍遥、自由，才是庄子生命哲学的终极目的。徐复观曾指出：“庄子为求得精神之自由解放，自然而然地达到了近代之所谓艺术精神的境域。但他并非为了创造或观赏某种艺术品而作此反省，而系为了他针对当时大变动的时代所发出的安顿自己、成就自己的要求。因之，此

① 钟仕伦：《中国美育思想简史》，北京：中国社会科学出版社 2008 年版，第 129 页。

② 陈炎主编，廖群著：《中国审美文化史》（先秦卷），济南：山东画报出版社 2000 年版，第 310 页。

一精神之落实，当然是他自身人格的彻底艺术化。”[①]《庄子》开篇就是《逍遥游》，文章通过否定一切“有所待”、有条件、受束缚的追求，最后得出“若夫乘天地之正，而御六气之辩，以游无穷者，彼且恶乎待哉？故曰：至人无己，神人无功，圣人无名”，一种“直与天地精神相往来”的逍遥游境界。无所待的精神境界，不仅是人生的至境，也是审美的至境。正是在这样一种精神的高度自由中，才能获得一种至美至乐的生命体验和审美乐趣。在庄子这里，“游”获得了更为纯粹的美学意味，它不仅超越伦理，也超越了一切是非荣辱、功利目的、利害计较，是真正无所待的人生与审美的自由化境。在《田子方》中，庄子借孔子与老聃对话：“孔子曰：‘请问游是？’老聃曰：‘夫得是，至美至乐矣。得至美而游乎至乐，谓之至人。’”可看出，这种无待的、绝对的自由，这种逍遥之游，在现实世界中是不可能真实和完全地存在着的，而只能是一种心灵的自由解放，是一种心游。正如庄子所常说的“游心”，“乘物以游心”（《人间世》）“不知耳目之所宜，而游心乎德之和”（《德充符》）“游心于淡，合气于漠，顺物自然而无容私焉”（《应帝王》）。这样一种精神的自由，又是与道合一，与体道、游道统一的道的境界。而庄子的道的境界，乃是人生所归依的终极所在，具有人类精神家园的性质。因此，向往、追求这种道的境界的过程，也就是一种精神回归自己家园的过程，一种海德格尔所称的“进入诗境的诗人”“还乡”的历程，“归家”的历程。庄子这种审美生存方式的美学思想，对后世文人影响深远。中国传统文人对山水美的发现与喜爱，及中国历代士子好游名山的行为举动，无疑与庄子的“游”有很大的渊源。徐复观认为：“山水画的出现，乃庄学在人生中、在艺术上的落实。”[②]可以说，山水自然之游与山水画艺之游，是将庄子更为思辨的、想象的“游”加以具体化，落实到了现实生活与艺术之中。

关于如何达到“游”的境界，庄子提出了三种方法：“心斋”“坐忘”和“见独”。“心斋”指的是内心的自然平静，不用耳朵来探听外界的事物，而是用心去感受，感受天地草木虫鱼等万事万物的变化，脑中的杂念都被清理干净，剩下的只是纯净的内心，此时对“道”的领悟自然走入了内心。所谓“坐忘”，《庄子·大宗师》中云：“堕肢体，黜聪明，离形去知，同于大通，以谓坐忘。”“坐忘”是庄子达道的重要方法，在庄子看

① 徐复观：《中国艺术精神》，沈阳：春风文艺出版社 1987 年版，第 87 页。
② 徐复观：《中国艺术精神》，沈阳：春风文艺出版社 1987 年版，第 208 页。

来，要达到道的境界，人的心灵必须经历几个阶段的精神修养。首先，要消解人与生俱来的生理欲望，使人不做本能欲望的奴隶，从欲望中解脱出来，从而使心灵得到一种自由解放；其次，要消解知性对于精神的束缚，不让由知识带来的是非、得失、荣辱等烦扰心灵，从而使心灵从知识的无穷追逐中解脱出来，得到自由解放；最后一步是能在心灵绝对自由解放中达到与道合一的境界。庄子讲“堕肢体”，是要摆脱与生俱来的欲望，摆脱形累；“黜聪明”是要摆脱后天而来的知累，忘掉分解性、概念性的知识活动；“坐忘”就是摆脱人生种种内外束缚，终而与道冥契，获得绝对自由。这样的“坐忘”，正是一种超越自我、心旷神怡、虚静恬淡而自由愉悦的心理状态，是一种特殊的审美心态。“见独”即见“道”，达到至道的境界，实际上就是在想象中，在直觉的把握中达到与道融为一体的境界。其语出自《大宗师》：“三日后而能外天下；已外天下矣，吾又守之，七日，而后能外物；已外物矣，吾又守之，九日，而后能外生；已外生矣，而后能朝彻；朝彻，而后能见独。”同样是通过由外及内，不断地去除干扰，净化内心，以纯粹之心进入一种绝对的永恒世界。

关于美的理想，庄子说：“天地有大美而不言，四时有明法而不议，万物有成理而不说。圣人者，原天地之美而达万物之理，是故至人无为，大圣不作，观于天地之谓也。”（《庄子·知北游》）“若夫不刻意而高，无仁义而修，无功名而治，无江海而闲，不道（导）引而寿，无不忘也，无不有也。淡然无极，而众美从之。此天地之道，圣人之德也。”（《庄子·刻意》）庄子歌颂了天地自然的大美，你听不见它们叽叽喳喳谋划的声音，看不见它们忙忙碌碌劳苦的身影，不争巧，不图功，不把仁义挂在嘴边，但四时运行不息，山川千姿百态，雨露滋润，万物生长，一切都这么自然而然。不刻意去做，却又什么都做了，无目的，却最好地达到了目的。正如郭熙《林泉高致·山水训》所言：“君子之所以爱夫山水者，其旨安在？丘园养素，所常处也。泉石啸傲，所常乐也。渔樵隐逸，所常适也。猿鹤飞鸣，所常观也。”这说明山水、自然之所以成为人精神解放的寄托之地，不仅仅因为它们是使人获得愉悦的观赏对象，更是人亲身生活其中的处所。

儒、道两家思想针对当时的社会现实，各具特色，两者共同代表了战国时代审美理论的分化与融合。两家都以和为美，但前者重视人与社会的和，后者重视人与自然的和，因此形成针锋相对又互相补充的关系，也构成了我们传统美育思想的深厚渊源。后世美学和美育思想都是从儒道互补这个基本结构出发，展开无限丰富的思想表达。

战国末期，各家思想渐趋融合统一，最明显的表现则是《吕氏春秋》的出现。《吕氏春秋》以儒、道思想为主体，广泛吸收墨、农、名、法、阴阳等各家的思想，以新的宇宙生成论为基础，提出了新的美学观念，具体说来即是强调人与自然的和谐与融洽。其《大乐》一篇即说："万物所出，造于太一，化于阴阳。萌芽始震，凝寒以形，形体有处，莫不有声。声出于和，和出于适。先王定乐，由此而生。"这句话虽则论乐，其实论述的也是艺术的起源和本质，同时也体现了以"中和"为目的的美育精神。《吕氏春秋》还提出了一个"适"的概念，强调的是审美心理的和谐适宜，包括审美主体的"心适"，审美客体的"乐适"，审美主客体的"遇合之适"。"心适"指审美主体必须有一个平和协调和美的审美心理结构，"心必和平然后乐……故乐之务在于和心，和心在于行适"。"心不乐，五音在前弗听……心不乐，五色在前弗视。"(《吕氏春秋·适音》)在谈到审美对象的时候，继承了儒家中和之美的审美标准，强调"大不出钧，重不过石，小大轻重之衷也"(《吕氏春秋·适音》)，"衷"即中和美，审美对象只有中和协调，才能实现"夫乐有适，心亦有适"，使心灵得到最好的熏陶和滋养。就审美主客体交融的关系，《吕氏春秋》提出"以适听适则和矣"(《吕氏春秋·适音》)，认为真正的审美活动只能体现在审美主体与对象的遇合之适中，所谓"类固相召，气同则合，声比则应"(《吕氏春秋·应同》)，只有声气相同，才能建立起审美联系，正如马克思所说，任何一个对象，"只是对那个与它相适应的感觉说来才有意义"[①]。可以说，《吕氏春秋》是先秦时期将审美主客体关系论述得最详尽、见解最深刻的作品，其对后世审美教育思想及审美主体如何发挥能动作用，审美主客体如何达到和谐统一都有一定的启发。

三、深化期

汉朝大一统帝国的建立给美育思想带来了根本性的变化，主要表现在先秦多元化美育思想的结束。此时期儒家思想定于一尊，成为社会文化、伦理、政治等方面的指导思想。对于美育思想的发展来说，其主要成就表现在三个方面：一是《淮南子》继续沿着《吕氏春秋》的轨迹前进，成为

① 马克思著，刘丕坤译：《1844年经济学—哲学手稿》，北京：人民出版社1979年版，第79页。

先秦各家思想的综合体，并且它十分鲜明地体现了汉初以黄老之学为指导思想，同时儒家思想得以逐渐崛起的状况，在美学中既重天地自然的中和之美，同时也强调社会伦理的秩序之美。二是《礼记·乐记》、《诗大序》、董仲舒《春秋繁露》等所体现的儒家美育思想。其最重要之处则是《乐记》中所讨论的“乐”起源于人情物理以及“乐以治心”的美育观点。《诗大序》中提出的“诗教”理论，包括“温、柔、敦、厚”的诗教态度，“发乎情止乎礼”的诗教标准，“风以动之、教以化之”的诗教方式等。董仲舒的美育思想则鲜明地体现出目的论特色，有着强烈的伦理政教色彩。《春秋繁露·王道通三》中说：“仁之美者在于天。天，仁也。天覆育万物，既化而生之，又养而成之，事功无已，终而复始，凡举归之以奉人。察于天之意，无穷极之仁也。”可见在董仲舒这里仁是美的，天因为覆育万物也体现出一种大仁之美，这里的美其实是伦理上的善。三是东汉王充的朴素唯物主义美学思想。他从“天地合气，万物自生”（《论衡·自然》）的唯物主义观点出发，提出“疾虚妄”“为世用”等观点来反对当时流行的谶纬神学，强调真实、朴素、理性、实用之美。王充美学观的出现同时也宣告了汉代儒家定于一尊的儒学观的衰落，因为王充在批判谶纬神学的烦琐和虚妄时即声称要“违儒家之说，合黄老之义”（《论衡·自然》），这一切都预示着魏晋那个摆脱儒家伦理政教束缚，崇尚个性自由的时代即将来临。

魏晋南北朝是中国历史上继春秋战国之后又一个高扬人性、崇尚自由的时代，相对于春秋战国时期把人从天的威权下解脱出来来讲，魏晋南北朝则是把人从儒家的政教伦理体系中剥离出来，更加强调人性的自由和自然。当然，中国传统美育精神在本时期也获得了空前的发扬。这时期美育思想的成就主要体现在三个方面。

一为言谈和辩理之美。《世说新语》中所记载的名士挥麈谈玄正是体现了这种美。这里的名士所挥舞的麈尾是一种用驼鹿毛制成的用来拂秽清暑的工具，它形如羽扇，可又不是扇子，虽说它有拂秽的功能，但又绝不是拂尘，总之是一种表示身份的特殊工具。有了这种特殊的工具，魏晋名士在清谈时更多了一种别样的风韵，更添了几分风度之美。除了仪容之美，音韵声律之美在清谈时则更为重要。邓粲《晋纪》记载：遐以辩论为业，善叙名理，辞气清畅，泠然若琴瑟。闻其言者，知与不知，无不叹服。[①] 从这一记载可以看出，当时玄言家们在清谈时，听者即使听不懂清谈的内容也为名士们的风度和辞藻声韵之美所叹服。以此可见，《世说新语》形象地为我们展现了清谈家们谈玄时的风度之美。

二为自由放达之美。《世说新语》中表现为服药、饮酒与纵情之时。当时的士人如王羲之、嵇康等皆好服食药物，希望通过服药来延年益寿，获得容貌和心理的审美体验，也有的是为了在灾荒或动乱之时保护自己。服药这一习惯，间接地改变了魏晋名士的穿衣风格，因为服药后身体膨胀，不得不穿宽大的衣服，久而久之，着宽衣就逐渐变成了名士的一种特色，这样的形象在当时被人们所向往，模仿成风。除了服药，饮酒也一度盛行。这与当时魏晋时期的政治黑暗有关，士人们无法与当时的时势抗衡，唯有借酒消愁，在酒中超脱自我，进入浑然忘我的境界。与此同时，魏晋人也十分重情，父子、兄弟、朋友、夫妻之情无一不看重。正如宗白华先生所说："晋人虽超，未能忘情，所谓'情之所钟，正在我辈'！"[②]魏晋人对情感的重视从人到自然风景，表现在社会生活的各个领域，可以说对万事万物无一不看重。从这里可以看出，魏晋时期情感的地位曾上升到一个无可比拟的高度。

三为追求容貌仪态之美。《世说新语·容止》专门记载当时人的容貌举止，其中有多篇涉及魏晋时人对容貌仪态之美的追求。如西晋文学家潘岳是有名的美男子，他和貌美的夏侯湛一起出行，时人称为"双璧"，"潘岳妙有姿容，好神情。少时挟弹出洛阳道，妇人遇者，莫不连手共萦之"。说明潘岳姿容美妙，风姿闲畅，深受妇人的喜爱。另如王羲之评价杜弘治"面如凝脂，眼如点漆，此神仙中人"，山涛评价嵇康"岩岩若孤松之独立；其醉也，巍峨若玉山之将崩"，等等，都是追求光亮明丽的容貌之美。正如宗白华先生指出的，"晋人之美，美在神韵""神韵可说是'事外有远致'，不沾滞于物的自由精神（目送归鸿，手挥五弦）"[③]。而《世说新语·轻诋》第二十八则云："旧目韩康伯：将肘无风骨。"注引《说林》："韩康伯似肉鸭。"可知当时鄙视肥壮而欣赏瘦削的身材。从这一点可以看出，魏晋时期欣赏清秀瘦弱的人，以至于当时士人一度流行富有女性色彩的打扮，以文弱白皙为美，以强壮黝黑为丑。貌美者多被人夸赞，而丑陋

① 刘义庆、余嘉锡著，刘孝标注：《世说新语笺疏》，北京：中华书局1983年版，第209页。

② 宗白华：《美学散步》，上海：上海人民出版社1981年版，第182、183页。

③ 宗白华：《美学散步》，上海：上海人民出版社1981年版，第185页。

者多被人嘲笑，这也反映了魏晋时期的审美意识和对美的渴求。

除了对言谈、自由放达和容貌的追求，魏晋时期的美育思想成就还包括以山水诗和宗炳的《画山水序》所体现的山水自然之美。而宗炳的绘画美学思想则集中体现在“澄怀”“应目”“味象”“神思”“畅神”这几个方面。所谓“澄怀”，即敞开胸怀，以超然的心态去看待世间万物，摆脱世间功利，忘记世间烦恼，以平静虚无的心态去感受生活，感受生命的美好。当人心静时，会进入一种特殊的审美心境，无欲无求，对自然风景产生特殊的审美体验，即能达到宗炳所希冀的艺术创作最佳的心理状态。除了山水之美外，还有刘勰《文心雕龙》、钟嵘《诗品》、颜之推《颜氏家训》所代表的社会伦理之美。同时，随着佛教的传入，当时的美育中佛教绘画、雕塑、讲经、唱导以及佛家的玄理思辨美学也占有很重要的地位。

魏晋时期美育思想的特点主要有多元化、个性化等。如果说两汉时期的美育特点为壮美的话，那么此时由于作为美育思想主体的南朝美学受江南明媚山水的影响、老庄及佛家玄理的熏陶，与受中国西北艰苦的生活环境影响、注重伦理宗亲的思想相比，其美育思想更加强调个性，因而显出柔美的特色。

隋唐时期国家统一，美育思想也随之演进，特别是李唐王朝，作为中国历史上继两汉之后的又一盛世，同其开放兼容的时代精神相应，美育思想也有十分鲜明的特点。此时韩愈和白居易作为儒家美学的代表，一个强调道统，提倡“养气”和“不平则鸣”，显示出强烈的原始孔孟儒学色彩；另一个则“唯歌生民病”，提倡采诗以泄导人情，同时又认为“夫礼乐者，非天降，非地出也。盖先王酌于人情，张为通理者也。苟可以正人伦，宁家国，是得制礼之本意也。苟可以和人心，厚风俗，是作乐之本情矣”（《策林·四》），要求恢复礼乐以重建秩序。此时道家美育思想的代表人物是司空图，其文艺理论之作《诗品》，用形象化的语言描写了诗歌的各种风格，在这些文字中也体现出返璞归真的人生理想，恬淡潇洒的审美趣味，意在言外的艺术追求，受老庄哲学的影响十分明显。如他描写“冲淡”的“素处以默，妙机其微”，描写“疏野”的“唯性所宅，真取弗羁”等语句莫不体现了这一点。佛家美学在此时的主要发展则是禅宗的出现，它所提倡的不立文字，直见本心的悟禅方式，充分体现了中国传统美学中的感性化、经验化的特点，而它所提倡的诸相无碍、法理圆融的理想境界也给后世的士大夫以长久的精神滋养。

宋元以来的美育思想首先是和儒学的发展密切相关的。宋代儒学吸收了佛家和道家的思想，建立了以儒学为外壳同时包容佛家和道家思想的理学；至明代王阳明更大张心学，提倡心外无物，天地、文道合一的审美精神。他的审美教育主要是从儿童入手。在他看来，儿童就犹如初生的草木，教师的教育要顺应着草木发展的时期进行浇灌，教育应在教授儿童伦理道德的同时根据儿童的个性培养他们的想象力和创造力，借助审美的艺术，培养学生审美的能力。反之，如果教育不当，对儿童反而是一种伤害。此时，王阳明认为审美教育重在人伦，应以教授"孝悌忠信礼义廉耻"为重，通过"歌诗""习礼""读书"来陶冶性情，提升儿童对情感态度的表达，让其学会用文来表达自己的志向与情绪。王阳明对审美教育的发展是有促进作用的，因为他从儿童的角度展示了个体审美教育的重要性。遗憾的是，他还未能摆脱传统伦理道德对审美教育的禁锢，他的美育理念始终还是围绕在儒家传统道德理念中，这样的审美教育培养出来的人才依旧是为统治阶级服务的，并不能真正地追求个体的审美艺术发展。在这种教育理念指导下成长起来的儿童还是笼罩在传统伦理道德的阴影之下。

尽管王阳明的美育思想没有发生根本性改变，只是在形式和方法上有些变化，但美育思想并没有停止其发展的脚步。周敦颐提倡寻"孔颜乐处"；张载提出气的"充内形外谓之美"（《正蒙·中正篇》）；邵雍提出"以物观物"和"明心见性"；二程的"存理灭欲"和"作文害道"，朱熹对乐教"消融渣滓"（《朱子语类》卷三十五）"养气之助"（《朱文公文集》卷六十五），诗教"讽咏以倡之，涵濡以体之"（《诗集传序》）的重视；陆九渊提出"先立乎其大者"；王阳明的"致良知"；李贽的"童心说"无不反映出传统精英美育经过了不断演进的过程。同这些美育思想特色密切相关的是乡绅阶层知识分子的兴起，因而此时美育的重心有所转移。相对于先秦两汉对国家政教伦理的重视，此时转而更注重知识分子的内在修省。同精英美育相对的则是随着社会的演进，商品经济的日益发达，以戏曲和小说等通俗文学为代表的社会大众美育的兴起。由于其接受对象的大众化，以及受众文化水平的相对较低，此时的美育思想更显出世俗化、娱乐化等特点。由于其体现了社会生活的演进趋势，因此代表着美育史上的新变和发展方向。随着鸦片战争的开始，中国进入了近代社会，社会生活剧烈改变。国外美育思想的输入，使美育作为一门独立的学科被提出来，并且以美育提高国民素质成为近代知识分子的追求；通俗普泛的大众美育成为美育的主流，中国传统美育由此逐渐转化成一股潜流，但两者共同影响着中国人的审美心理结构。

第二节 中国传统美育的主要形态

中国传统美育就其形态来说，可分为学校美育、家庭美育、社会美育、自然美育四种类型。

一、学校美育

学校美育作为中国传统美育的主要形态之一，具有悠久的历史。成均，相传是五帝时的大学，在董仲舒《春秋繁露》中记载："成均，为五帝之学。""董仲舒曰：五帝名大学曰成均。"此语见于《礼记·文王世子》郑玄注；又《周礼·春官下》郑玄注："董仲舒曰：成均，五帝之学。"可见"成均"可认为是中国最古老的学校。国家产生之后，"成均"成为天子之学的中心场所，目的在于培养有德有仪的统治者，由此也可看出我国学校教育具有悠久的历史。随着社会的发展，夏、商、周而后学校制度日益完备，而学校美育的分科也日益细密，礼、乐、书、射、御、数六艺无不贯穿着美育的内容。《周礼·春官宗伯》记载："大司乐掌成均之法，以治建国之学政，而合国之子弟焉。凡有道者有德者，使教焉，死则以为乐祖，祭于瞽宗。以乐德教国子：中、和、祗、庸、孝、友。以乐语教国子：兴、道、讽、诵、言、语。以乐舞教国子：舞《云门》《大卷》《大咸》《大韶》《大夏》《大濩》《大武》。"①周代对贵族子弟的学校教育由大司乐机构掌管，据郑玄《周礼》"大司乐"条所注："均，调也。乐师主其音，大司乐主管此成事已调之乐。""成均"为天子所设之大学，教学内容以礼乐为重，射御次之，很大程度上是从培养"令仪""威仪"出发。大司乐、乐师及大师教子弟们舞蹈、歌唱、奏乐、行礼、诵诗、射御，其教育内容及其方式既是道德教育，也是审美教育。"乐师掌国学之政，以教国子小舞。……教乐仪，行以《肆夏》，趋以《采荠》。车亦如之，环拜以钟鼓为节。……大师掌六律六同，以合阴阳之声。……皆文之

① 《周礼注疏》卷二十二，《十三经注疏》（标点本），李学勤主编，北京：北京大学出版社1999年版，第573－575页。

以五声，宫、商、角、徵、羽。皆播之以八音，金、石、土、革、丝、木、匏、竹。教六诗：曰风，曰赋，曰比，曰兴，曰雅，曰颂。以六德为之本，以六律为之音。”① 这里所教授的内容，既包含乐德、乐语、乐舞、乐歌，还包含乐仪，很明显是把礼的义理、规范，寓于音乐舞蹈和吟诵行礼这些艺术活动的开展和演示之中。由此可见美育在学校教育的产生伊始便占有很重要的地位。

降至春秋战国之际，周室衰微，诸侯征战不已，学校制度也经历了一个由官学到私学的转变。当时最著名的私人教育家为孔子，《左传·昭公十七年》说：“孔子以诗、书、礼、乐教，弟子盖三千焉。”同时的道家、墨家、法家、名家等也都各有私学。

秦朝以吏为师，学校教育受到破坏，这种短暂的破坏在汉朝得到迅速的恢复和发展。汉朝在中央设立官学大学“太学”、外戚子弟设“四姓小侯学”，地方设立的专科学校“学”，县、道、邑设立的中学“校”，乡、村的小学“庠”“序”，以及私学中小学设立的“书馆”。这些学校都以《诗经》《尚书》《礼记》《易经》《论语》《春秋》等儒家经典为主要教材。此外汉代还设采乐、施乐的“乐府”，诗歌、辞赋、音乐发达，这些都推动了学校美育的发展。尤其是汉灵帝光和元年（178 年）还在洛阳鸿都门创办了古代第一所文学艺术专科学校“鸿都门学”，学生多至千人，授以书画、辞赋、尺牍等，打破了专习儒家经典的惯例，培养了大批艺术人才和精通艺术的官吏，也为学校美育培养了师资。鸿都门学所招收的学生和教学内容都与太学相反，学生由州、郡三公择优选送，多数是社会地位不高的平民子弟。由于灵帝酷爱辞赋书画，又有当权的宦官势力支持，学生毕业后多给予高官厚禄，有些出为刺史、太守，入为尚书、侍中，有的还封侯赐爵，可以说兴盛一时。但是由于士族集团的猛烈攻击和黄巾起义的兴起，鸿都门学也随着汉王朝的衰亡而结束了。虽然延续时间不长，但是在“独尊儒术”的汉代，鸿都门学改变了以经学为唯一教学内容的观念，提倡对文学艺术的研究，是对审美教育的一大贡献。它招收平民子弟入学，打破了士族阶层对学校教育的垄断，使平民有施展才华的机会，也是有社会进步意义的。

到魏晋南北朝时期，随着汉王朝的崩溃和群雄的纷起，儒学和儒家美育受到冲击，道家思想有所振兴，佛教也乘虚而入。这一时期的各朝各代

---

① 《周礼注疏》卷二十三，《十三经注疏》（标点本），李学勤主编，北京：北京大学出版社 1999 年版第 596 - 611 页。

在其较稳定的初期阶段，都曾一度兴修学校，实施学校美育，但都好景不长，有名无实，往往昙花一现便自行消歇，代之而起的是私学美育和家庭美育的盛兴。

隋唐时期，国家统一，中央集权，经济发展，社会安定，学校教育也空前兴旺发达。唐代除设“国子学”“太学”外，还设“弘文馆”“崇文馆”“文学馆”，传授律学、书学、算学、医学、文学、乐学、天文、地理等。同时，唐代还实行“尊崇儒术，兼重佛道”的文教方针，开设了“崇玄馆”，传播道家和道教思想；而玄奘“西天取经”，僧众译经、传经、诵经，以及遍布各地的佛寺、道观，实际上也就成了传播道、佛美育思想的“学校”。所以唐代学校美育以儒学美育为主导，又兼学道、佛美育思想，是以儒、道、佛互溶、互补为其特色。

宋、元、明、清时代基本沿用唐代教育制度，但宋代开始创办了许多重讲学授业而不重科举的“书院”。石鼓书院、白鹿洞书院、嵩阳书院、岳麓书院、应天府书院、茅山书院等都培养了大批饱学之士和美育人才。除此之外，宋代还曾创办“画学”“书学”等专科学校，进行更为纯粹意义上的审美教育。书学创建于隋文帝初年，虽在唐代几经废立，但仍有较大发展，出身低下，八品以下子弟及庶人好书法者，均可入学。学习期限 9 年，毕业后可通过科举步入仕途。宋代书学达到鼎盛时期，徽宗崇宁三年（公元 1104 年），重建书学，隶属翰林院书艺局。课程习篆隶草书三体；读《说文》《字说》《尔雅》《博雅》《方言》，愿选修大经者兼习《论语》《孟子》。学校明确规定篆以古文大小篆为法；隶以王羲之、王献之、欧阳询、虞世南、颜真卿、柳公权真行为法；草以章草、张芝九体为法。考试分三等，字体方圆肥瘦适中，藏锋尽劲，气清韵古，老而不俗为上；方而有圆笔，圆而有方意，瘦而不枯，肥而不浊，各得一体者为中；方而不能圆，肥而不能瘦，模仿古人笔画不得其意，而均其可观为下。学生毕业后，可以参加科举考试。宋末，社会大乱，书学亦废。唐宋的书学，对中国书法艺术的发展和流传，起了重要的作用。画学创建于徽宗崇宁三年，隶属翰林院图画局。课程分六目：佛道、人物、山水、鸟兽、花竹、屋木，并学《说文》《尔雅》《方言》《释名》。学生入学分为“士流”“杂流”两种，“士流”兼习一大经或一小经；“杂流”则诵小经或读律。考试重不模仿前人，所画之物，不论情态、形色皆自然贴切，笔韵高简为最佳。宋代绘画艺术水平很高，至今在中外享有盛名。画学的兴建，对于宋朝绘画艺术的繁荣，起了直接的促进作用。宋代美学精神氤氲着浓郁的文化气和书卷气，成为中国美学的标准范式，体现学问型美学的特质，更符合追求个人修为的生活化和情调化的审美需求，这些和当时格外注重审美教育的氛围是分不开的。

元代除国学、乡学外，又增设以五十家为一社的“社学”，在这些学校中均以“六艺”教育为主，并以儒家“四书”“五经”或“九经”“十三经”为教材，兼学文学、绘画、书法、技艺。明清时期也大致沿用前制，但由于封建社会日趋没落，文化思想日益僵化，以及八股取士盛行，学校美育无论在思想上还是实践上都江河日下。

从学校美育的发展历史可以看出，学校美育在我国源远流长，是中国传统美育的主要形态之一。

二、家庭美育

家庭美育指在家庭之间和家族内部开展的美育，它不仅是家庭教育的组成部分，还是学校美育、社会美育的前奏和补充。家庭美育非常重要，人一生的习性大多来自儿童时期的养成，儿童的第一教育环境就是家庭。传统中国是以血缘为纽带、以宗族为核心、以家庭为基础的宗法制社会，“国之本为家”，国家是家庭的放大，国家要治理好，其基础是家庭要治理好。故而《大学》有言：“古之欲明明德于天下者，先治其国；欲治其国者，先齐其家；欲齐其家者，先修其身；欲修其身者，先正其心；欲正其心者，先诚其意；欲诚其意者，先致其知；致知在格物。”“修身、齐家、治国、平天下”的人生理想，成为中国传统文化中士大夫知识分子的共识，因此他们十分重视自己的修身和子女的家庭教育。家庭教育的主要内容是以孝悌为中心的伦理观念、以诚信为中心的品德教化、以谦恭为中心的处世哲学以及以坚韧为中心的成才理想，在方法上强调父母的威严和言传身教的引导。

中国古代家庭美育随同家庭、家族及其家教的发生而发生。在氏族公社时期，当母系家族逐步解体形成了以父系家长制为核心的个体家庭以后，家庭美育就随之逐步萌生。其时人类原始审美意识和原始形态的艺术已经发生，这些家族、家庭在举行庆典、婚丧、巫医等活动时，常伴以歌、乐、舞活动，陈以带有装饰性、审美性的石器、骨器、陶器等器具，并注重服饰、举止、礼仪的美化。这些活动既是宗教、礼仪活动，同时也是非自觉的家庭、家族美育过程。

到五帝时代，部落或部落联盟的首领成了“显贵”，他们开始自觉注重家学、家教。舜接帝位后，推行“父义、母慈、兄友、弟恭、子孝”的“五常”之教，可谓中国最早见诸文字记载的家庭伦理教育和家庭伦理美育。

西周时代，家庭美育有了新的发展，据《礼记·学记》记载其时已“家有塾”。春秋战国时期，国学衰废，私学崛起，家塾、家教和家庭美育也随之占据重要的地位。诸侯公室颇重家教，他们仿效周王室，也办起家学教育，内容为“六艺”，尤以礼、乐、诗、书为“大教”，因为这是为君权永保世袭所采取的必要措施。其时民间也重“家业世传”，士、农、工、商所掌握的产业、文化、知识、技能都在父子、兄弟之间传授，如管仲所说“少而习焉，其心安焉，不见异物而迁焉。是故其父兄之教不肃而成，其子弟之学不劳而能”（《国语·齐语》）。美育也在家庭内部展开，如孔子就十分重视对其子孔鲤的家庭美育①。汉代以后，童蒙教育、家庭美育渐趋成熟，家庭为单元的“家馆”和私人所设“书馆”遍布各地。汉代许多文学家、艺术家、史学家、政治家都有深厚的家学渊源，司马迁、班固都是幼承父业，均成一代史家。汉唐至明清的家庭美育大致有其相沿成习的固定方法，即主要通过文学艺术鉴赏、自然风光和日常生活进行美的熏陶。曹操、曹丕、曹植父子兄弟，南朝梁萧衍、萧统、萧纲、萧绎父子兄弟，宋苏洵、苏轼、苏辙父子兄弟，明袁宗道、袁宏道、袁中道兄弟等均以文学齐名，这些都是家庭美育的硕果。

总的来说，中国传统的家庭美育主要有四种方式：①习字，书仪；②蒙书，为儿童启蒙教材；③经史子集。家教、家庭美育除习字、蒙书外，长几年后，还教以经史子集；④通过家诫、家训、家书传递家风。例如《颜氏家训》《朱子家训》《曾国藩家书》等家训家书，对子孙后代的人格塑造和性情培养都起到至关重要的作用。

《颜氏家训》无疑是我国古代流传下来的最有名最成熟的家庭教育著作。全书上下两卷20篇，涉猎的内容广博，范围颇大。开篇“序致”说明了撰写家训的宗旨和目的，全书内容涉及“教子”“兄弟”“后娶”“治家”“风操”“慕贤”“勉学”“文章”“名实”“涉务”“省事”“止足”“诫兵”“养生”“归心”“书证”“音辞”“杂艺”“终制”19个方面。其

---

① 《论语·季氏》载“鲤趋而过庭，曰：‘学《诗》乎？’对曰：‘未也。’‘不学《诗》，无以言。’鲤退而学《诗》”。《论语·阳货》载：“子谓伯鱼曰：女为《周南》、《召南》矣乎？人而不为《周南》、《召南》，其犹正墙而立也与？”可见孔子相当注重家庭教育。

家庭教育思想对后世产生了深远的影响。因作者颜之推是魏晋南北朝时期的著名文学家，在文学、书法等艺术领域造诣颇深，故《颜氏家训》蕴含着丰富的美育思想，其具体论述相对集中在《文章》和《杂艺》两篇。

魏晋南北朝时期，玄学兴起，审美至尊，儒教从两汉时期的独尊地位逐渐式微。《颜氏家训》一方面受到这种社会风气的影响，认识到审美教育在培养独立人格、陶冶情操和丰富人生趣味等方面的积极作用，因此重视培养后代的审美文化修养；另一方面以振兴儒学为己任，对南朝梁代以来追求感官之乐、放弃审美自觉的文风和社会风气给予严厉的批判，坚持审美教育的经世致用，堪称儒家复兴的前奏。颜之推既强调文章可以“至于陶冶性灵，从容讽谏，入其滋味，亦乐事也。行有余力，则可习之”①。人们在对艺术的欣赏过程中能体验到一种真实人生所缺乏却心向往之的精神愉悦，文学艺术则有助于实现自我心灵的陶冶和情感的涤荡，“此乐愔愔雅致，有深味哉！今世曲解，虽变于古。犹足以畅神情也”②。但是又指出“然而自古文人，多陷轻薄……每尝思之，原其所积，文章之体，标举兴会，发引性灵，使人矜伐，故忽于持操，果于进取。今世文士，此患弥切，一事惬当，一句清巧，神厉九霄，志凌千载，自吟自赏，不觉更有傍人。加以砂砾所伤，惨于矛戟，讽刺之祸，速乎风尘，深宜防虑，以保元吉”③。文人才情横溢，容易恃才放旷，招致杀身之祸，所以他在《文章》篇中，说“凡为文章，犹人乘骐骥，虽有逸气，当以衔勒制之，勿使流乱轨躅，放意填坑岸也。文章当以理致为心肾，气调为筋骨，事义为皮肤，华丽为冠冕。今世相承，驱末弃本，率多浮艳。辞与理竞，辞胜而理伏；事与才争，事繁而才损。放逸者流宕而忘归，穿凿者补缀而不足。时俗如此，安能独违？但务去泰去甚耳。必有盛才重誉，改革体裁者，实吾所希”④。也就是说，撰写文章应当以义理情致为主脑，以气势风格为筋骨，以华丽的辞藻为外饰，“古人之文，宏材逸气，体度风格，去今实远；但缉缀疏朴，未为密致耳。今世音律谐靡，章句偶对，讳避精详，贤于往昔者多矣。宜以古之制裁为本，今之辞调为末，并须两存，不可偏废也”⑤。故而作文如能以古文的文体裁制为根本，以今世的辞采律调作枝叶，两者

① 李振兴、黄沛荣、赖明德注译：《新译颜氏家训》，台北：三民书局1993年版，第171页。
② 李振兴、黄沛荣、赖明德注译：《新译颜氏家训》，台北：三民书局1993年版，第395页。
③ 李振兴、黄沛荣、赖明德注译：《新译颜氏家训》，台北：三民书局1993年版，第171－172页。
④ 李振兴、黄沛荣、赖明德注译：《新译颜氏家训》，台北：三民书局1993年版，第189－190页。
⑤ 李振兴、黄沛荣、赖明德注译：《新译颜氏家训》，台北：三民书局1993年版，第190页。

并存不偏废，这样才能相得益彰。此文对魏晋以来文人的造诣、得失，侃侃而谈，如数家珍，对文德、辞藻、内容并重的见解即使时至今日，仍可谓真知灼见。身处乱世，颜之推告诫子孙要修炼性情、内敛锋芒，不要恃才傲物、狂妄不羁，避免在乱世作无谓的牺牲。这种以保全生命、提升生存品质为出发点的家庭美育观，是从生存论意义上对文学艺术和人的精神世界终极关怀关系的探讨，对我们今天的审美教育无疑具有深刻的启迪意义。

三、社会美育

社会美育是关于社会生活美的教育，主要包括形体美、情操美、修养美、性格美、人际关系美、物质产品美、文物古迹美等。每个人都生活在一定的社会环境中，家庭、学校从本质上来说也属于社会的一部分。人生活在社会这一大环境，社会通过公共设施、自然环境、风俗习惯、人际交往等各个方面影响人，因此社会美育的内容和涵盖面远比家庭美育和学校美育更为宽泛。在日常生活中，人们无时无刻不在经历着审美的体验，如建筑的装修、环境的绿化、家居的布置、颜色的搭配以及各种公共场所的美化，甚至小到一个图钉的包装等，无不透露出一种艺术化、审美化的倾向。一个人离开学校步入社会后，他既是社会美育大课堂的受教育者，也是施教者，他的思想、行为对周围的人都形成一定的影响；既是施教者，又是创造者；既是美的消费者，又是生产者；既美化着周围的环境，也在不断地实现着自身的美化。

古代社会美育并非与社会观念、社会制度、社会教育同时发生的，而是社会意识、教育掺和、融进审美意识、审美教育的产物。在旧石器时代末和新石器时代，随着社会物质生产、社会生活结构、文化结构的发展和人的审美意识的逐步形成，社会美育才逐渐萌生。在原始宗教活动中，社会美育既贯穿着生产、生活知识教育，又贯穿着敬天昭祖、团结人群的原始伦理美育。到西周尤其是春秋战国以后，由于社会物质文明、精神文明的发展，伦理—政治型文化范式的确立，统治阶级的倡导和许多教育家、美育思想家的理性思考、教育实践，社会美育日趋伦理化、系统化。

中国传统的社会美育主要有三个特点：首先，在社会美育的途径上，施美育于社会、民众。例如中国传统节日有春节、元宵节、清明节、端午节、中秋节、重阳节、腊八节等，各少数民族还有各自的节日。在这些节日里，除祭天拜祖、串亲宴饮，还举行各种艺术游乐活动，这都是实施社会美育的良机。

民俗是指民众的风俗习惯。民俗与社会的政治、经济生活直接相关，反映着一个时代民众的最基本的理想、情趣与生活习惯，并且在岁月的沉淀中也凝聚成不同的审美文化内涵，以口耳相传、行为示范、相互影响等方式扩布和传承。民俗文化有着较高的审美价值。承载民俗的各种物质形式凝聚着千百年来人们对美好生活的想象和设计，如饮食、服饰、居处与园林、婚俗、节俗，各种娱乐活动的发明，都源于人类集体智慧的创造，体现出先辈高超的创作技巧。例如六朝时流行的民间游戏，有荡秋千、骑竹马、蹴鞠、藏钩、斗草、斗鸡、斗鸭等。其中藏钩之戏多于晚间进行，钩藏在玩家手掌中移来换去，最后落入一人掌中，同时其他人作出假象迷惑对方，使猜的一方经常被迷惑。[①] 这种游戏既训练了手的灵活性和动作的敏捷性，也锻炼了人的观察力和判断力，深受人们喜欢。这些民间群体参与的游戏，不仅丰富了人们的日常生活，使人们心情愉悦和身心放松，而且使人在游戏娱乐中不知不觉得到美的熏陶。又如服饰，从不同民族不同时代的服饰演变中，可以明显反映出不同的民族特色，不同时代的审美风尚，说明人们对服饰的需求早已脱离遮蔽和保护身体、御寒保温的实用性，而越来越重视其美化和装饰的作用，同时不同民族的服饰也是各自民族身份的象征，在重大节庆日穿上隆重的民族服饰，本身就带有浓厚的审美教育意义。

再有就是形形色色的传统节庆和祭祀活动。我国传统节庆大体可分为三大类：第一，岁时性节日；第二，纪念性节日；第三，宗教性节日。岁时性节日是随着一年岁时季节的变化，人们举行不同的仪式，进行各种活动并逐渐固化的传统节日。比如元日、上巳节、重阳节、除夕等。纪念性节日是指有较为明确纪念意义的节日，如人日、寒食、端午、乞巧等。宗教性节日是指各种具有原始宗教色彩的民间节日以及因道教、佛教等宗教传播而形成的节日，如上元节、社日、浴佛节、盂兰盆节、观音诞、妈祖诞等。[②] 这些节日往往伴随着各种仪式，活动丰富多彩，反映老百姓通过节日寄托各种美好愿望，追求幸福美好生活的传统习俗。正因为如此，节日风俗也包含着极为丰富的历史文化内涵，集中折射出各个时代人们的审美心态、审美情趣和生活状态。比如一年一度的上巳节，可以说集祭祀、

① 参读张承宗：《六朝民俗》，南京：南京出版社 2002 年版，第 360 页。

② 参读张承宗：《六朝民俗》，南京：南京出版社 2002 年版，第 285－289 页。

消灾、踏春、聚会于一体，是老百姓参与度非常广的节日。三月正当春季，草长莺飞，天清气朗，正是游目骋怀的好季节，人们多于此时踏青郊游，感受生生不息的自然气息。据《荆楚岁时记》记载："三月三日，士民并出江渚池沼间，为流杯曲水之饮。"① 而在王羲之的《兰亭集序》中对"流杯曲水之饮"更是做了详细的描写："永和九年，岁在癸丑，暮春之初，会于会稽山阴之兰亭，修禊事也。群贤毕至，少长咸集。此地有崇山峻岭，茂林修竹；又有清流激湍，映带左右，引以为流觞曲水，列坐其次。虽无丝竹管弦之盛，一觞一咏，亦足以畅叙幽情。"于崇山峻岭之间，四周修竹环抱，清流萦绕，一群志同道合的好友，会聚一起，散坐于水边，一边吟诗作赋，一边以酒杯装酒，置于清溪，任其漂流，停于谁处，谁就举杯而饮。除了曲水流觞，魏晋六朝时期还有"曲水浮素卵""曲水浮绛枣"等游戏，即将鸡蛋或红枣放入水中，漂浮到谁面前，谁就取食之，以此为乐。这些民俗活动，除了娱乐功能，还有着深厚的意义追求，如求吉利、保平安、驱邪、除毒、祈福等这些都是民俗审美价值的重要组成部分，它们满足的是人们心灵和精神的审美需要，同时利用节庆聚会游乐，又加强了人们之间的联系，满足了人们对幸福、美好生活的向往之情。在魏晋之时，这也是士大夫远离政治迫害，获取心灵慰藉的一种有效途径。

民俗活动能最大限度满足广大民众的多层次的审美需要。作为一种民众自发自觉创造出来的民间活动，其对于民众的心性养成具有重要作用。优秀的传统民俗文化融合现代社会的理性价值观和鲜明个性化的感性形式外观，也可以成为当代民众所喜闻乐见的休闲和娱乐艺术形式，使民众进驻其中获得审美的愉悦。而且其现代价值与意义在于通过审美想象重新唤回人们对传统优秀民俗文化价值的认可与信仰，激起人们创造幸福生活的信心和力量，塑造现代人的审美价值观和人生理想。

其次，在社会美育的内容上，社会美育强调以社会生活之美、道德精神之美教育人。比如传统节庆作为一种高度浓缩中华文化精神的强大载体，将中华文化的一些传统美德寓于其中，以直接或间接的方式体现着人文关怀，因此其中蕴含着丰富的道德精神之美。虽然"德育"侧重的是对受教育者思想、政治和道德等方面的教育，而美育是培养受教育者的审美和创造美的能力，但我们在进行品德教育的同时也在教育人们欣赏美、创造美，培养美好的心灵。人们通过传统节庆接受品德教育，实现品德目

① 宗懔著，宋金龙校注：《荆楚岁时记》，太原：山西人民出版社1987年版，第26页。

标，进而培养出审美心灵和审美能力，在品德上成为一个懂得美的人，在审美感受上提升审美素养，从而追求人生的美学趣味和审美境界。[①] 中国人在传统节日里习惯休养生息，同时对神明进行祭拜，这源于中国人对祖先的崇拜和敬仰。节庆时期也往往伴随着耕种或收获的起始。人们在春播秋收时饱含着对自然的爱来进行着一系列的生产活动，这体现了人与天、人与地、人与自然的和谐共处。在传统节庆时期，美是无时无刻不在的，春节时各家各户都在节庆活动中得到身心的愉悦和享受。节庆期间，人们穿上自己崭新的漂亮衣服走街串巷；每家每户都例行大扫除，整个天地都洗刷一新，更美的享受还有民间歌舞、手工、美食等，各式各样、琳琅满目，所有物品都有着独特的审美趣味。在节庆时期人们的审美受到潜移默化的熏陶，从而提升了审美能力，渲染了美的氛围。通过节庆活动开展审美教育，可以提升民众的生活情趣，培养他们对美的感知能力。传统节庆文化随着社会的发展，其形式和蕴藏的内涵也越来越丰富。为了适应当前文化的发展需要，传统节庆习俗进行了改变和整合，使得其内在的教育价值和文化价值获得了提升，由此传统节庆文化蕴含的教育功能得到了充分的展现。

再次，社会美育的最高境界是以社会理想、审美理想实施美育。如《礼记·礼运》所述："大道之行也，天下为公，选贤与能，讲信修睦。故人不独亲其亲，不独子其子。使老有所终，壮有所用，幼有所长，鳏寡孤独废疾者皆有所养，男有分，女有归。"这是孔子的理想世界，天下之处皆丰衣足食、安居乐业，人人不争、不贪、不求、不自私、不自利、不妄语；选择统治者时，要选举贤能聪慧有能力的人；人与人之间、家与家之间、国与国之间和睦相处；因为如此大公无私，所以人人相亲相爱，不但孝顺自己的父母，也以同样的心态孝顺他人的父母；不仅爱护自己的子女，也同样爱护他人的子女。老年人无忧无虑，安享晚年，年轻力壮的人，尽己所能服务社会贡献国家，教育年幼的孩童孝顺父母长辈，爱国爱家；老而无妻、老而无夫、幼年丧父母、老年丧子女，有残废和疾病的人都能够养活自己，生活得安定幸福；男人要尽自己的本分，为国为家尽应尽的义务，女人安于家庭，有家庭作为归属。这就是孔子所追求的大同世界，人人无私，人人奉公守法，人人安于本分，社会和谐。

总之，社会美育作为我国传统美育的主要形态之一，相比较于其他几

---

① 徐小琴：《传统节庆文化中的人本诉求》，《江西青年职业学院学报》2009 年第 1 期。

种形态来讲，主要在于同伦理宗亲思想的相结合，以及在社会生活的各个方面对人产生潜移默化的教育，因而其更是一种综合形态的美育。

四、自然美育

自然美育是指以自然美为手段、途径来提高人对自然的审美感受力、创造力的教育。在自然美育的过程中，自然美育具有三个层次的育化功能，即悦乐忘身、爱心泛化、哲理领悟。[①]大自然以其特有的钟灵毓秀之气和无私广博的情怀濡染着人们的审美情趣和审美意识，促使人们在感悟和欣赏自然美的过程中不断完善自身的审美心理结构，并获得深厚的审美欣赏能力和审美创造能力。在此基础上，人们又能够以新的审美心理结构去观赏自然美，由此获得新的审美能力，从而达到审美主客体的双向互动和递进发展。在漫长的古代美育史中，自然美育一直占据非常重要的地位，它对滋养人们的审美情怀、丰富人们的审美心理结构起到积极作用。

在中国旧石器时代末和新石器时代，原始先辈已萌发审美意识，并对自然的认识、改造也逐步深化，例如出现了以鸟兽日月云等自然物作为氏族部落象征的图腾；在陶器造型、纹饰中还出现了模仿自然物的形象，如仰韶半坡彩陶中有鱼、蛙、鹿等相当完整的动物图像。在殷周、春秋战国时期，自然美育已开始萌芽。在殷周青铜器纹饰、造型中，大多塑有鸟兽纹、云雷纹等动植物、天象等自然形象，它已不是作为人物形象的陪衬，而是比中国绘画更早将自然作为艺术表现的主体，从中可表现出殷周人对自然美的感受力和表现力。同时，人们对自然美的把握和教育在先秦时期的诗歌艺术中也得到了充分的显现。在起于周初发展至春秋中期的《诗经》中，许多作品都直接描绘了自然物的美，或借自然之美以起兴特定的思想感情。在《诗经》中我们看到大量的景物描写："关关雎鸠，在河之洲"（《周南·关雎》）、"桃之夭夭，灼灼其华"（《周南·桃夭》）、"桑之未落，其叶沃若"（《卫风·氓》）、"风雨凄凄，鸡鸣喈喈"（《郑风·风雨》）、"蒹葭苍苍，白露为霜"（《秦风·蒹葭》）、"山有扶苏，隰有荷华"（《郑风·山有扶苏》）、"彼泽之陂，有蒲与荷"（《陈风·泽陂》）……显而易见，上面所写的自然景物，已不囿于物质功用的考量，而更多的是与人们的精神生活、心理活动和感情生活有着密切的关系。儒道两家也都对自然有不同程度的亲近。孔子名言"智者乐水，仁者乐山。智者动，仁者

---

① 咏枫：《论自然美育的三大功能》，《枣庄学院学报》2005 年第 3 期。

静。智者乐，仁者寿”（《论语·雍也》），以乐山乐水比附仁者和智者，将自然之美与道德之美有机结合起来。“子在川上曰：逝者如斯夫，不舍昼夜”（《论语·子罕》），孔子望着奔流的河水，感叹时间的流逝、人世的变换。孔子最赞许的人生之志不是建功立业，而是追求“暮春者，春服既成。冠者五六人，童子六七人，浴乎沂，风乎舞雩，咏而归”（《论语·先进》）的投身自然、与自然和谐相处的理想境界。老庄更不用说，对自然美倾注了更多的热情。老子“道法自然”、庄子“天地有大美而不言”，追求天人合一的理想境界更是直接引导古人投身自然、亲近自然，徜徉于自然美景，到大自然中寻找与自由生命相契合的精神与气度。

秦汉以后，随着人们对人与自然关系认识的深化，对大自然的审美特性不断有所发现，自然美育也逐步趋于自觉化，并愈来愈沉淀于艺术创作和艺术审美之中；而对自然美育的理论探讨也日益系统化，形成了鲜明的民族特色。到魏晋南北朝时期，由于战乱频仍，仕途无望和玄学、佛学的传播，使厌世、遁世思想和退隐山林之风日益弥漫。许多士人远离世事纠纷，回归自然怀抱，自觉接受自然美的熏陶，“振衣千仞冈，濯足万里流”，使自然审美和山水旅游成为一种风尚。例如以嵇康、阮籍为首的竹林七贤，啸咏于山水之间，超脱于世俗之上，放情山水，会意风景，成为魏晋名士风度的重要体现。“晋人与自然之间的相处方式，实际上有两种：游观和隐逸。游观所引发的结果有两种：骋耳目之娱和借山水以悟道。……在玄学自然观的观照下，二者共同指向同一旨归：遣逍遥之性，合自然之理。”① 魏晋士人多逃避政治变乱转而投入自然山水，借山水之游消胸中块垒，进而在长时间与山水的接触中，发现与自己的高迈超俗的理想情怀相契合的内在一致性，从而引发出对自然山水的一往情深。正如宗白华先生所说的：“晋人向外发现了自然，向内发现了自己的深情。山水虚灵化了，也情致化了。”② 深情是对自然山水的一往情深，自然山水以其自身的魅力脱离前人所赋予的实用价值和道德属性，吸引人们流连忘返、陶醉其间，从而有了真正独立的审美价值。魏晋南北朝时期，人们寄情山水，体会着人与自然的和谐融洽，涌现出大量描摹山水风光的诗歌与绘画。

唐宋时期，经济繁荣，自然审美、自然美育进一步自觉化。游览名山大川蔚然成风，尤其是文人士子，触景生情，借题发挥，记为诗文的大有

---

① 钟仕伦、刘敏：《中古宗教与自然审美》，北京：商务印书馆2012年版，第316－317页。
② 宗白华：《美学散步》，上海：上海人民出版社1981年版，第183页。

人在，从而使自然美的开拓无论在深度和广度上都有了很高的成就。在审美态度、审美趣味上表现为倡导摆脱伦理名教和实用功利目的，以超脱的“林泉之心”去观照自然，“神会”自然之美的“神气”“神韵”，从而陶冶自己的心胸，同自然之美契合。士人们在悠游山水感悟自然美的同时，也诱发了他们有意识地将自然美用文字和画笔刻画出来，从而极大促进了中国山水文学艺术的发展。山水文学艺术作为自然美育的最好教本，也影响着一代又一代文人士子乐游山水，畅游天地。

除了人们自觉地投身大自然，接受自然美的熏陶，古代的教育者还有意识地选择山清水秀之地建书院，此种风气尤以宋朝为胜。据邓洪波教授《中国书院史》的统计，宋代书院总数达到720所之多，是唐五代书院总和的10倍以上，可谓多矣。书院教育既是与官学并立的私学教学系统，也是宋明理学家们重要的传经授道之处。其中著名者如岳麓书院、嵩阳书院、白鹿洞书院、石鼓书院、应天府书院、茅山书院等，大都建在环境清幽、依山傍水之处。这和理学家们提倡的“格物致知”，走出书斋，重视践履，体味“天地气象”都有非常密切的关系。朱熹在《文类》卷七六《赠画者张黄二生》中就明确指出“远游以广其见闻，精思以开其胸臆”。所谓“读万卷书，行万里路”，远游能增长阅历，也能从山水之中得到自然美的熏陶。朱熹倾心山水，有意识地培养学生在悠游山林的过程中，接触各种自然景物，体察万物皆有之理。他强调以天地为教，体察一事一物之义理，“盖古人之教，自其孩幼而教之以孝、悌、诚、敬之实，及其少长而博之以诗、书、礼、乐之文，皆所以使之即。夫一事一物之间，各有以知其义理之所在，而致涵养践履之功也”（《答吴晦叔》）。朱熹强调美育重在践履，在他看来，若人格美育只停留在观听之美的地步，于修身养性是没有太大作用的。为了贯彻自己的自然美育理念，他常常带领弟子从崇安县五夫里到武夷精舍著书讲学，进行优美环境的化育，被称为“幔亭之风”。在武夷山，朱熹不仅通过诗教、乐教来提高学生的审美感知和创造能力，而且通过山水之教、劳作之教让学生亲近自然、体察自然，以切身体验感知天地之大美。“山水之教”就是利用自然山水之美进行的环境熏陶。武夷山山势磅礴，九曲溪贯穿其间；两岸峰岩、丹崖翠壁，林立环拥，神剜鬼刻；山中猿鸟吟啸，竹柏丛蔚，昏旦晦明异侯，四季草木敷华，是返归自然，脱俗绝尘的理想场所。朱熹说：“那个满山青黄碧绿，无非这太极”，“鸢飞鱼跃，道体随处发见”。只有接近大自然，才能发现这些美。所以，韩元吉说：“吾友朱元晦居于五夫里，去武夷一舍而近。

若其外圃，暇则游焉。淳熙十年（公元1183年），元晦既辞使节于江东，遂赋祠官之禄，则又曰：'吾今营其地，果尽有山中之乐矣。'盖其游益数，留必数日，盖山之乐，悉为元晦之私也。"① 朱熹认为武夷精舍夏天过热，冬天过冷，这两个季节不适合居住。因此，他与弟子们在武夷精舍的周期性游息是一种"身心自由"的旅游生活体验。它为平淡的生活添了审美趣味，从而赋予人生以新的意义。②

自然美通过文学艺术家的点染，还能使自然景观与人文景观互相辉映，共同为人类的审美体验增加新的素材。所谓"君看天下山水奇，终须诗人几首诗"。山水诗文——审美的精神导游，游山玩水之际，更有处处美景处处诗的感叹。凡是名山大川，无不因为有历代文人墨客的点化，使后来的游览者增以更加丰富的审美体验。"山水诗文是在亲和自然、纵情山水的民族文化心理这块土壤中催生的，它是壮丽秀美的名山大川与敏锐丰富的诗人心灵相激相撞的结果。自然山水景观以其千姿百态的魅力，激发着历代诗人的无限诗兴和美感，当诗人骚客把这种被激发的美感和诗兴，以一种特定的语言与语体形式喷涌着表现出来时，就凝结成一种物化的审美体验。"③ 当后人在游山玩水的时候，不仅可以欣赏到优美的自然风景，而且可以观看到古人留下的摩崖石刻、题词碑帖，回味文人墨客留下来的精彩诗文，这些山水诗文"构成了中国山水审美中，与山水自然景观相映衬的山水人文景观，一个无论如何不应忽视的山水审美磁场"④，让后人欣赏到的不仅是自然景观，还有附着于山水之上的各种人文景观，从而使欣赏者获得多重的审美体验。

因此，中国古代不仅很早就发掘了自然美的本原、本质和审美特性，而且积累了丰富的审美经验；不仅很早就探讨了自然美育的本质、特征、功能，还较系统地总结了自然审美、自然美育的方法，这些都充分说明了中国是最早发现自然美，最早自觉开展自然美育的国家之一。

总之，家庭美育、学校美育、社会美育和自然美育作为中国传统美育的主要形态，延续了数千年，仍是我们当代美育的主要形式。

---

① 董天工著，方留章等点校：《武夷山志》，北京：方志出版社1997年版，第610页。

② 参见兰宗荣：《论朱熹"幔亭之风"的美育特征和实质》，《湖州师范学院学报》2013年第1期。

③ 任仲伦：《中国山水审美文化》，上海：同济大学出版社1991年版，第170－171页。

④ 任仲伦：《中国山水审美文化》，上海：同济大学出版社1991年版，第172页。

第三节 中国传统美育的基本特征

在中国美育史上，体现中国传统美育特征的学术范畴很多，诸如“文质彬彬”“以形传神”“文以载道”等。然而，我们认为，从中国传统美育事实状况和发展趋势来分析，中国传统美育的基本特征则表现在以下几个方面：

一、中国传统美育长于内在思想

中国传统美育千百年来形成了一套完整的理论体系，除了外部条文枝节的方法和具体形态，其最重要的特点则是在美育活动中所体现出来的深邃哲理，它们和中国传统思想中注重整体综合的特性是紧密联系的。作为中国传统美育的乐教便渗透着浓厚的道德关怀，如孔子常教其弟子“鼓瑟击磬”，但他的趣味教育核心在于“仁”字，所关怀的也是人的道德境界的完善，因此，传统的乐教，是一种以社会道德关怀为内核的艺术教育。姚全兴说：“中国古代审美教育突出人格道德的完成。儒家美育要求善美统一、礼乐相成，然而又强调善对美的制约，礼对乐的拘束，从而人格道德的完成，成为中国古代审美教育的最高目标。”① 这一点也正体现出中国传统美育的特点。所以中国美育所体现出来的基本特征之一就是长于内在思想。中国传统的审美教育具有不同于西方传统审美教育的特点，也不完全相同于我们现在所理解的审美教育，它主要是方法论、功能性的美育，即不以美自身为目的，而是以美为方式或桥梁；其主旨不在于“以美立美”，而在于“以美引善”，即不在于仅仅培养人的审美能力，而在于使人借助美的感染、融化，自由自觉地进入善的领域。

中国传统美育注重思想性在各种美育形态中都有所体现。如在家庭教育中，《大学》说：“古之欲明明德于天下者，先治其国；欲治其国者，先齐其家；欲齐其家者，先修其身；欲修其身者，先正其心；欲正其心者，先诚其意；欲诚其意者，先致其知；致知在格物。”而要修身、齐家，就

① 姚全兴：《审美教育的历程》，上海：上海社会科学院出版社 1992 年版，第 145 页。

必须开展包括家庭教育、家庭美育在内的各项教育，只有修身、齐家，方可治国、教人。

“其家不可教，而能教人者，无之。故君子不出家而成教于国。”可见包括家教、家庭美育在内的教育是修、齐、治、平的基础，具有重大的意义。王阳明在论儿童教育时更进一步指出：“凡诱之歌诗者，非但发其志意而已，亦所以泄其跳号呼啸于咏歌，宣其函抑结滞于音节也。”他认为开展家庭艺术美育“所以顺导其志意，调理其性情，潜消其鄙吝，默化其粗顽，同使之渐于礼义而不苦其难，入于中和而不知其故”(《王文成公全书》卷二《语录·传习录》)，这就指出了家庭艺术美育具有情感宣泄、潜移默化的功能。在“家诫”“家训”和蒙书中还依循孔子“性相近也，习相远也”的思想，教育青少年在良好的社会环境、人际交往中接受“熏渍陶染”“潜移暗化”，如《颜氏家训·慕贤》中所说：“是以与善人居，如入芝兰之室，久而自芳也；与恶人居，如入鲍鱼之肆，久而自臭也。”所以“君子必慎交游焉”，这是中国美育长于内在思想性在家庭美育中的体现。

中国美育长于内在思想性体现在社会美育中，首先是以道德精神、行为规范实施伦理美育的。在西周时期，周公、姬旦等人即以“敬德”以“祈天”，“修德”以“配命”和“孝友”“无逸”“保民”“惠民”等社会美德美行劝君教民，如《诗·大雅·文王》中所说：“聿修厥德，永言配命”。后世儒家继承和发展了这种思想，以立德、立功、立言“三不朽”和“内圣外王”为人生价值的终极关怀，以仁义礼智信、温良恭俭让为社会美德和社会规范，并以此“教之”于百姓，规范百姓的言行。孔子所谓“己所不欲，勿施于人”(《论语·颜渊》)，“不义而富且贵，于我如浮云”(《论语·述而》)；孟子所谓“富贵不能淫，贫贱不能移，威武不能屈”(《孟子·滕文公下》)；《礼记》所谓“君子有大道，必忠信以得之，骄泰以失之”(《礼记·大学》)；老子所谓“知足不辱，知止不怠，可以长久”(《道德经》第四十四章)，“圣人无常心，以百姓心为心”(《道德经》第四十九章)；范仲淹所谓“先天下之忧而忧，后天下之乐而乐”等，都显示出非常强的思想性，这些具有哲理性的思想施于社会人群，起到了相当积极的作用。

自然美育中也体现出中国传统美育注重思想的特点。《庄子·知北游》中认为“天地有大美而不言，……圣人者，原天地之美而达万物之理，是故至人无为，大圣不作，观于天地之谓也”。庄子认为“天地之美”是“道”的显现，是“自然无为”的本原的美，人若摆脱世俗羁绊，以“坐忘”“心斋”的态度对天地自然之美进行审美观照，并与之默然契合，达到“万物与我为一”的境界，便可获得精神的解脱，得到最大的自由和审美的快乐。与道家从自然本性上探讨自然美和自然美育的本质、功能相反，先秦儒家则以伦理道德、人格精神的眼光看待自然美和自然美育，强调自然美的社会性和自然美育的社会伦理功能。孔子在《论语·雍也》中曾提出“知者乐水，仁者乐山”，在《论语·子罕》中说“岁寒而后知松柏之后凋也”，其基本要义是“君子比德”，以山水、松柏的自然性比拟、象征人的道德精神，进而发掘自然物与人的本质、品性的内在联系，在将自然物拟人化、人格化、社会化的过程中赋予自然以人的社会内容，并以这种寄寓了人的道德精神的自然美作为美育的手段，使人在对自然的审美中，给人以道德情操的启迪和教化。所以儒家所说的自然美实际上是人的本质对象化，其自然美育的实质是通过对自然美的审美来把握人的精神品格的美。在这一点上，它同道家的自然美育观显然是相左的，但它们在人与自然的关系上又有一个基本的共同点，那就是都强调人与天地之和，即只有当自然同人亲和、契合，自然才是美的。在这种审美观的背后有着相应的思想基础支撑，都体现出一种深沉的思想意蕴。

从中国传统美育的主要形态艺术美育中最可以见出这一点。艺术美育重“传神”“重气”“神会”“畅神”。中国传统艺术不重绘形、再现，而重传神、表现，主张在观察生活和艺术创造中既要“观物取象”“应物象形”，又要通过“浮想”“神思”达于“神与物游”“思与境谐”，即通过联想、想象、移情、判断来把握对象的精神、情理，并灌注艺术家自己的思想、情感、品格，创造出主体的“意”与客体的“象”相契合的审美意象，从而通过艺术的媒介、手段“以形写神”，创造出形神兼备、形神统一、“传神写照”、“气韵生动”的艺术形象。这种“传神”，既传物之神气，又传创作主体的精神品格、气质才华，从而形成创作个性和艺术风格。魏晋以后，“传神”论更发展为不求形似、但求神似的艺术趣味。唐司空图《二十四诗品》中主张“离形得似”“超以象外，得其环中”，宋张彦远《历代名画记》主张“移其形似而尚其骨气，以形似之外而求其画”，都表现出求变形而传神的艺术趣味。由于艺术创造重“传神”，所以艺术批评、艺术审美也重“神遇”“神会”“入神”。《庄子·养生主》说“以神遇而不以目视，官知止而神欲行”，又说“依乎天理，因其固然”。南朝宋宗炳《画山水序》认为审美的过程是“应目会心”“心亦俱会”的过程，其目的是“畅神”，是在同客体的神会中展畅自己的精神。唐李嗣真《续画品录》开始提出“神会”说，认为审美的要旨在于“得妙悟于神会”。此后，宋沈括《梦溪笔谈·书画》提出的“书画之道，当以神会，唯可以形器求也”，都表现了在艺术审美和艺术美育中既需透过审美客体的“形”把握对象的内在精神风貌，又要宣扬自己的思想、情感、个性、品格，从而在主客体的互会互融中把握美，提高自己的审美情趣和审美能力。可见，以貌取神、注重内在的神韵是中国传统艺术美育的基本特点之一，它也体现了中国传统美育注重内在思想性的特点。

通过对中国传统的家庭美育、社会美育、自然美育和艺术美育的考察可以看出，注重内在的思想性是中国传统美育的基本特点之一。

二、中国传统美育多为私人教育

与现代美育多在学校和公共场所开展不同，中国传统美育多为私人教育，无论是学校美育还是家庭美育或其他美育形态都以私人美育为主，公共美育没有私人美育占的比重大。

在这一点上表现得最明显的就是家庭美育，作为中国传统美育的主要形式之一，具有很大的私人性。中国古代家庭美育有悠久的历史和优良的传统，在经久不衰的美育实践的同时，还就家庭美育的意义、途径、方法作了理性的思考。家庭是宗法社会的基石，社会结构的基本构成。古人对家教、家庭美育的关注，反映了他们对个体、家庭同社会、人生关系的终极关怀。孔子谆谆告诫其子伯鱼学《诗》，一是通过“兴于诗，立于礼，成于乐”，使其成为“文质彬彬”的“君子”；二是使之“授之以政”，“使于四方”，建功立业，有着鲜明的政治伦理目的。儒家这种以家教、齐家为基本元素的教育思想、美育思想在中国古代产生了深远的影响。历代注重家教和家庭美育都同这种思想有着内在的渊源关系，是“家国同构”范式在家庭美育中的实施和体现。汉代以后，童蒙教育、家庭美育渐趋成熟，以家庭为单元的“家馆”和私人所设的“书馆”遍布各地。作为中国传统美育主要方式之一的家庭美育，对中国的教育产生了很大的影响。由此可见，作为中国传统美育的重要方式之一，家庭美育主要为私人教育。

其次，就学校美育来说，自春秋时的孔子开始，中国的私人教育便开始发展起来。在其后的历史中，师友相传也是一种重要的教育方式，汉代有盛名的掌者门下经常有万余人从学，足见私人教育的兴盛。至唐宋时期书院制度开始建立，宋时四大书院重讲学授业而不重科举，致力于提高学子的素质修养，更是私人教育的典范，影响后人至为深远。由于中国幅员辽阔，人口众多，官办教育场所只能满足部分人的需要，因此在官办教育之外，只能用私人教育来补充。因此，中国古代从启蒙到成人都有相应的私人学校进行教育，以满足民众的需要。学校美育的很大一个组成部分为私人美育。

就自然美育和艺术美育来说，中国古代艺术审美的基本特征是追求“和”，推崇人与天地自然之和，人与人之和，艺术的质与文之和，艺术诸要素之和，审美主体与客体之和，主体生理心理之和，等等。这种历史发展的审美取向导致艺术审美中推崇“意境”之美、“神气”之美、“自然”之美和“韵味”之美。其美育产生的效果主要在于个人的感悟和兴发，同接受者的品质修养具有十分密切的关系，这更显示出私人化的特点来。比如对于平常的河流，有人可能没有任何感觉，孔子却发出“逝者如斯夫，不舍昼夜”的感慨。同样的，对于同一首乐曲，修养和经历深浅不一的人，得到的美的享受也不会一样。姚全兴先生说：“由于中国古代审美教育的方法是感受和领悟，因此古代审美教育主要不是通过学校进行的，而是要求人接近艺术美和自然美，让艺术美和自然美发生感化作用。”①

因此，相对于中国近现代以来，美育被纳入学校的教育方针，列入学校的授课日程，有固定的制度保证实施，作为公开的教育目的之一而言，中国传统美育更具有私人性的特点。

三、中国传统美育寓于综合形式

由于中国文化是以伦理为起点和背景的，相比西方重视自然哲学的文化来说，中国学术更容易具有浑整性和综合性。由中国文化的特性所决定，中国传统美育同样也具有浑整性和综合性的特点，多寓于综合的形式之中。

在传统社会发展相当长的时间中，美育实际上是一种综合艺术教育。首先在各种美育形态内部，如家庭美育、社会美育、自然美育、艺术美育等，综合的形式较受重视，注重各种美育的协调发展。在美育中，各种美育手段都有综合的特点，如作为中国美育主要手段的“礼乐之教”的乐便是一种综合的形式。乐教是中国传统美育最为典范也是最具有民族特征的形式。《礼记·乐记》中说：“歌之为言也，长言之也；说之故言之，言之不足，故长言之；长言之不足，故嗟叹之；嗟叹之不足，故不知手之舞之，足之蹈之也。”“乐者，德之华也。金石丝竹，乐之器也。诗，言其志

① 姚全兴：《审美教育的历程》，上海：上海社会科学院出版社1992年版，第146页。

也。歌，咏其声也。舞，动其容也。三者本于心，然后乐器从之。”可见中国古代社会的“乐”实际上至少包括了诗、乐、舞三位一体的合一。但从古代文献等各方面的表述来看，它所包括的内涵则更为深广。郭沫若说：“中国旧时的所谓乐，它的内容包含得很广。音乐、诗歌、舞蹈，本是三位一体不用说，绘画、雕镂、建筑等造型艺术也被包含着。甚至于连仪仗、田猎、肴馔等都可以涵盖。所谓‘乐者，乐也，凡是使人快乐，使人的感官可以得到享受的东西，都可以广泛地称之为乐。”① 韩钟文先生也说“作为物态化的审美文化的‘乐’，其含义有广义与狭义之分，广义的‘乐’是指以艺术为核心的，包括仪饰、制度、宇宙的和谐现象等具有审美价值的文化总汇”②。可见乐教实际上是一种综合的美育方式。

同时，乐教在形式上既具有综合性，又具有交叉性，还具有杂糅性。所谓交叉性与杂糅性是指乐教既与其他教育交合而成，同时也常含有非美育的成分。《礼记·经解》中说：“广博易良，乐教也。”说明乐教所具有的广泛性和普遍性，具有远远超过了美育的意义，起到一种教化民众、陶冶民众性情的作用。

儒家美育思想创始人孔子，其美育思想同样也体现在乐教教化民众、陶冶性情方面。《论语·八佾》中记载：“子谓《韶》：‘尽美矣，又尽善也。’谓《武》：‘尽美矣，未尽善也。’”孔子认为，《韶》乐具有美的形式和善的内容，而《武》乐却只有美的形式，没有善的内容。而乐的美的形式具体说来就是指音乐的音调与乐曲的整体形式的优美，一首具有艺术感染力的乐音，才能称之“尽美”。至于“善”，在孔子看来则是指“仁”，只有仁乐，才符合孔子心目中乐教对美育的教化作用。音乐，应该是既能作为美好的事物以欣赏，也能陶冶性情，与此同时还能起到一定的伦理教化作用的事物。

与之相应，中国传统的六艺教育同时包括德育、智育、体育、美育等，它所进行的是一种全方位的教育，既有艺术教育也有技术教育，作为道德教育的“礼”在六艺中更是处于统领地位。显然，乐教不只是一种简单的逻辑意义上的指称，而是以一个简单的概念蕴含更为复杂的社会内

---

① 郭沫若：《公孙尼子与其音乐理论》，见《沫若文集》（第十六卷），北京：人民文学出版社1962年版，第186页。

② 韩钟文：《〈乐记〉审美教育思想研究》，见瞿葆奎主编：《美育》，北京：人民教育出版社1989年版。

容、民族情感和思想意义的逻辑形式。这些，也从侧面证实了中国古代没有单纯的美育，古时的美育主要寓于综合教育之中。

中国传统美育寓于综合教育之中还表现在各种美育形态之间也有互相融合倾于统一的趋势。如自然美是艺术美的源泉之一，艺术美是自然美的集中、概括、加工和升华。早在新石器时代，当原始人开始将自然视为亲己的力量，对自然物萌生了同宗教观念、实用观念相结合的审美意识时，便开始通过对自然物的模仿、加工而凝聚为原始的艺术。原始人创造的石、骨、贝装饰物和陶器艺术的仿自然造型、纹饰，更表现了从对自然物的模仿、加工而向艺术美创造的转变和向艺术美育的过渡。当原始艺术和非自觉的艺术审美、艺术美育一旦发生之后，又塑造了人的审美意识，使人开始以艺术的眼光观照自然，把握自然的美，从而又为自然美育提供了艺术的内涵。到春秋战国时期，人们开始对人与自然、艺术美与自然美的关系作理性的探讨，赋予了自然以社会的人格意识，并为艺术反映自然和艺术美育、自然美育奠定了初步的理论基础。魏晋以后，随着人的自觉和文的自觉，人们愈来愈有意识有目的地从自然中寻求美，也越来越自觉地以艺术的方式表现自然美，并且借助于艺术强化对自然美的审美观照，提高对自然美的审美能力。这样做不仅促进了山水、花鸟、诗画等直接表现自然美的艺术的长足发展，而且推动人们进一步自觉地以艺术的观念审视自然、再造自然，使自然美育与艺术美育齐头并进，相济相成。

同样可以看出的还有，中国古代的社会美育与艺术美育也是不可分割的，有时甚至是合二为一的关系。如原始时代的图腾活动、巫术活动、祭祀活动等社会性的群体活动，经常伴随着歌、乐、舞和雕塑、绘画、装饰等艺术活动，这些活动就是以艺术美育为手段所展开的社会教育、社会美育活动。尧、舜、禹、汤、西周的“典礼”与“典乐”活动也是同时发生、相互辅佐、同步发展的。在这种群体活动中，既实施了社会教育、伦理美育，同时又开展了艺术美育。秦汉以后，无论是庆典、宴饮、节日、婚丧嫁娶等群体活动，还是亭台楼阁、舟楫桥车等社会物质文明的展示，也都贯穿着各种形式的艺术活动，既有不同程度的政治伦理内涵，又体现了社会美育与艺术美育的相辅相成。

综上可以看出，首先，从总体上说中国古代美育往往与伦理思想密切相连，常被当作是礼教的附庸，缺少独立的品格，因而常常以综合的形式表现出来；其次，传统美育各种形态间互相渗透融合，具有密不可分的关系，有时一种美育形式，可以同时横跨好几种美育形态，这也体现了中国传统美育寓于综合形式的特征。综合是中国传统文化的基本特征之一，中国传统美育也是如此。诚如袁济喜所说："中国传统美育是从天人合一，人人相和的角度去看待人格建设的。古代美育作为一种系统的文化教育，是从礼乐文化中派生出来的，又与礼乐制度和宗法制度相结合。"①

① 袁济喜：《传统美育与当代美学建设》，《思想战线》2001年第5期。

第二章

西学东渐与中国近现代美育的历史转型

无论是在中国还是西方国家，关于美育的思想理念和学说都可以说是源远流长，并且对于美育的实践及活动也是早就发生的，最早可追溯到旧石器时期，但是美育作为一个独立的教育思想和范畴却是近代才提出的。在中国古代社会，美育总是以诗、乐、舞等形式出现在王室贵族的宫廷或渗透着浓厚的宗法观念的平民生活之中。继周代之后，“制礼作乐”成为历代上任者治国教民的一件要事，而包含着文学和艺术教育在内的“六艺之教”也成为中国古代教育的重要内容，如儒家著作《论语·八佾》便是古代学子的教学标杆之一。因此，中国古代出自稍有地位家庭的男女皆以饱读诗书为荣，皆以追寻自身琴棋书画骑射的卓越为趣。明代中叶以后，中国手工工艺不断转化为工场作坊，并体现出民族工业的基本品质。伴随着西学东渐时代的到来，欧洲的新思想、新艺术、新观念，一波一波地涌进中国，使中国传统美育注重道德人格和以私学为主流的美育观念发生了根本性的变化。生产方式的工业化、生活品质的城市化、文化教育的科学化，以及公共教育的不断兴起，构成了中国美育历史传统现代转型的大趋势。当然，真正以自觉的方式实现美育中西融合和古今转换的，则是在晚清到民国初年。中国现代美育在中西文化相互碰撞、相互交融的时代环境下，伴随着社会政治演变和文化转型启蒙、发展而来。

第一节　晚清时期中国现代学术思想的萌发

中国现代学术思想的萌发是多层次、全方位的。“作为一种既定的历史存在形态的20世纪中国美学进程，不可能仅仅以其逻辑必然的形式超然于整个世纪的思想文化意识之上。20世纪中国美学的学术生成与展开，总是以一定思想的潜在关系而同中国社会思想文化的复杂生存形态保持着特殊的联系。”① 故而，中国现代学术思想的勃兴，也是与当时中国社会的复杂形势密不可分。晚清至民国时期，从生产方式的革故鼎新，到市民阶层的新生崛起，乃至整个民族观念的全面转换，都孕育着中国现代学术思想

---

① 汝兴、王德胜主编：《美学的历史：20世纪中国美学学术进程》，合肥：安徽教育出版社2000年版，第5页。

的生命精神。

一、生产方式的变化

从18世纪后期起，清王朝开始明显地由盛转衰。从嘉庆到道光年间的鸦片战争爆发前夜，封建制度也已危机四起，快要走到它的尽头了。此时，遍及湖北、四川、河南、陕西、甘肃等省份的民众的斗争、反抗和起义不断发生，此起彼伏。

经济上，封建专制严重阻碍了新的生产力发展。从明朝中叶开始，中国封建社会母体内商品经济的发展，已经孕育着资本主义的萌芽；步入清朝后，在丝织、陶瓷、采锡、冶铜、采铁冶铁、制茶、造纸、木材加工等行业中，具有资本主义性质的手工工场，明显多了起来。但是，清政府推行的“重农抑商”和“闭关锁国”政策，不仅阻碍了商品经济的发展，妨碍了海外市场的开拓，也进一步导致了中国的故步自封，进而阻碍中国资本主义萌芽的成长。此时，封建专制政体的延续与加剧，也严重束缚和阻碍了资本主义的发展。尤其到了鸦片战争前夕，大量鸦片的输入，导致白银外流、社会购买力日益枯竭，直接造成了城市工商业普遍萎缩萧条。

政治上，不仅君主专制压制人权越来越强化，而且统治者愈加昏庸腐朽。清朝统治正是内忧外患，危在旦夕的时刻，但是清政府却仍以“天朝上国”自居，虚骄自大，失去了早期君主奋发进取图强的精神，不仅掌政风格日趋保守僵化，而且对世界的发展局势全然不知不顾。官场中，多数官员结党营私、相互倾轧、贪污成风、贿赂公行。诚如时人所记载的：“为大府者，见黄金则喜；为县令者，严刑非法以控括邑之钱米。”①

军事上，军心涣散，装备落后，战斗力低下，曾经的八旗铁骑早已堕落。就军官和士兵来说，军官不仅没有近代军事知识，而且不理事务，吞徇肥私，花天酒地；士兵不事操练，悠游无事，甚至吸食鸦片，聚众赌博，酗酒狎妓；就军事装备来说，许多炮台年久失修，形同虚设，军营中刀枪锈烂，骑兵往往没有马匹，沿海水师的战船多半是旧钉薄板所制，遇击即破。这样的军队，除了扰民劫财，已完全丧失了战斗能力。

总之，鸦片战争前夜，清政府的统治已经是岌岌可危，内外交困。

西方殖民国家向中国输入鸦片，始于16世纪中叶，最早是葡萄牙，接

---

① 张际亮：《答黄树斋鸿胪书》，《近代史资料专刊：鸦片战争时期思想史资料选辑》，北京：知识产权出版社2013年版，第16页。

着是荷兰，然后是英、美等国。到18世纪中叶，中国与西方国家的贸易，主要是中英双边贸易。英国完成工业革命后，需要一个广阔的市场作为货品出口地，中国恰好成为英国当时主要的商品倾销地。当时英国向中国输出的货物主要是毛织品、棉纺织品、金属制品等。而中国出口的货物则主要是茶叶、生丝、瓷器等。由于当时自给自足的自然经济和清政府对外实行严格限制贸易的“闭关”政策，英国的商品在中国市场上并不畅销。相反，中国的茶叶、生丝、漆器、瓷器等奢侈品在英国和其他西方国家的市场上却很受欢迎。尤其是茶叶得到英国人的特别青睐，因此输入量猛增。所以，在正当商品贸易中，中国始终处于出超的地位。英国在18世纪开始实行金本位货币政策，而清廷则以白银作为货币，由于与中国的所有贸易需以银两折算，英国需要从欧洲大陆购入白银作贸易用途，金银一买一卖，令英国人利润受损。税率方面，中国对英国的入口货物需要抽20%的高税率，使得英国大为不满。为了改变这种不利的贸易局面，英国就采取外交途径强力交涉，却未能达到目的，后来唯利是图的英国资本家发现鸦片这种特殊商品可在中国找到销路后，为了挽回入超的不利地位，便丧心病狂地干起了鸦片走私贸易。1773年，英国政府给英国东印度公司鸦片专卖权，确立了向中国大量输出鸦片的政策。他们强迫印度农民种植罂粟，扩大鸦片生产，并设厂加工，生产倾销至中国的鸦片成品，在加尔各答等地以高价拍卖给港脚商人[①]，港脚商人再以更高的价格运往中国非法贩卖。东印度公司在鸦片专卖中获取了大量的高额利润。1780年，东印度公司又宣布对鸦片运输“实行了它的垄断权，把所有这种贸易全部握在自己的手里”[②]。鸦片战争的40年间，英国向中国输出的鸦片不下42.7万箱，价值多达三四亿元[③]。通过罪恶的鸦片贸易，英国获取暴利10倍于成本。“鸦片贸易改变了中国对外贸易的长期优势，使白银大量外流。白银外流造成银贵钱贱，直接加重了劳动人民的负担。18世纪末，一两白银换铜钱一千文左右，到19世纪30年代后期，上涨到一千六七百文。按清政府规定，完粮纳税须用白银，因而劳动人民实际要多交60%的赋税……鸦片泛滥严

---

① 在广州从事贸易的英国和印度的散商。英文是“Country Merchant”，也译作“国家商人”或“土商”，其词源意义已暧昧不明。从17世纪末叶到19世纪中叶，印度、东印度群岛同中国之间的贸易叫作港脚贸易，这些商人叫港脚商，其中主要是经过东印度公司特许的从事贸易的私商。他们多是鸦片走私贩子，又是最早把英国的棉纺织品带到中国市场的自由商人。

② 马士：《中华帝国对外关系史》（第1卷），上海：上海书店出版社2006年版，第238－239页。

③ 马士：《中华帝国对外关系史》（第1卷），上海：上海书店出版社2006年版，第238－239页。

重威胁着清朝的统治。大量的白银外流，银价上涨，各地税收困难，拖欠的赋税也就日益增多，国库储备越来越少，清政府的财政陷入困境。”① 根据史料记载，鸦片的泛滥，导致中国白银大量外流，清政府统治陷入危机。当清政府意识到鸦片贸易对自己国力的巨大削弱，并开始查禁鸦片走私之时，西方殖民者为了维护自己的利益便发动了鸦片战争，但由于清朝后期社会制度的腐朽和经济、科技的落后，以及统治集团的昏庸腐败，使得这场反侵略战争没有取得胜利。鸦片战争的战败，以及一系列不平等条约的签订，使得中国的领土、领海、司法等主权都遭到了破坏，中国的社会性质发生了根本性的变化。随后，外国侵略者利用各种侵略特权，疯狂地向中国倾销商品和掠夺原料，逐渐把中国市场卷入了世界资本主义市场，中国自给自足的封建经济逐步解体，中国开始沦为半封建半殖民地社会。

西方殖民者的入侵，破坏了中国封建社会自给自足的自然经济，但某种程度上也促进了中国商品经济的发展，有利于中国民族资本主义的兴起，对推动近代工业的发展起了一定的作用。鸦片战争战后十年间，中国的社会、政治与经济有了许多新的变化。十九世纪六七十年代之交，中国封建社会经济由于外国势力的侵入，加速了自身的解体。随着城乡商品经济的发展，外商在华投资建厂带来的丰厚利润刺激了国内一批官僚、地主、商人对资本主义生财之道的羡慕与追求，他们也开始自筹资金，投资近代工业。于是在 19 世纪 70 年代前后，逐渐产生了中国近代民族资本主义企业。它在产生的初期，由于代表清政府的洋务派势力的参与，在组织形式上主要表现为官办、官督商办、官商合办等几种形式。清政府意图发展近代工业，以获得强大的军事装备，增加国库收入，提高国力，维护统治。西方现代生产技术的传入也对中国资本主义的发展起了重大的作用，在中国历史上，虽然曾使用过人力、畜力乃至风力、水力作为动力来源，但是，使用人工动力来源进行生产，是在鸦片战争后，中国进入半殖民地、半封建社会之后才出现的事物。19 世纪 70 年代，西方资本主义国家在中国已经建立了 78 家工厂企业，而且都设立了 5 年以上时间。这些船厂，不但制造了不少轮船和机器，而且引进了大量的造船设备和技术人员。② 同时，在通商口岸和外国洋行有所接触的中国商人中，已经开始酝

① 费正清著，傅光明译：《观察中国》，北京：世界知识出版社 2001 年版，第 16 页。

② 汪敬虞：《关于十九世纪外国在华船舶修造工业的史料》，《经济研究》1965 年第 5－6 期。

酿引进外国机器。不但在工业上有过招股聚议机器织布的计划[①]，而且在农业上也有过拟用西洋机器进行“垦辟之事”的试探[②]。在这几十年里，中国开启了军事、教育的近代化。客观上讲，近代工业刺激了资本主义的发展，西学的传播促使社会风气转变，让人们对西方世界的认识也渐渐发生了变化。

中日甲午战争后，中国民族资本主义经济虽然有了一定程度的发展，但主要是在纺织、面粉、火柴、卷烟等轻工业方面，重工业发展极为缓慢。此时的工业基础仍然十分薄弱，即使轻工业内部也是支离破碎，没有完整独立的工业体系。造成这种状况的最重要原因是帝国主义的压迫——他们要把中国变成其廉价原料与劳动力的供应地和倾销过剩产品的市场，使中国的民族资本主义按他们的要求发展殖民经济。他们凭借着从不平等条约中攫取的特权，倾销廉价商品，对中国民族资本进行打击和兼并，使中国弱小的民族资本举步维艰。特别是中日甲午战争后，由于帝国主义掌握中国的铁路、工厂、矿山、银行等经济命脉，并借之对中国进行大量的资本输出，中国民族资本主义在资金、技术、原料等方面都感到压力很大，只能在外国资本主义势力的空隙中寻找出路。在签订“允许英国在华投资办厂”不平等条款后，其他列强利用“利益均沾”的条款，争先恐后地在中国开设工厂，严重阻碍了中国民族资本主义的发展。

清政府为了扩大税源，相应地对民间办厂放宽限制。同时，在严重的民族危机的刺激下，许多人纷纷呼吁“实业救国”，因此中国出现了兴办工业的热潮。辛亥革命的爆发，为资本主义的发展扫除了一些制度上的束缚和障碍，群众性的反帝爱国斗争有力地推动了民族资本主义的进一步发展。1912 年，中华民国成立，南京临时政府奖励发展工商实业的方针政策，一定程度上为民族资本主义的发展提供了有利的环境。第一次世界大战的爆发，从外部为中国民族工业的发展提供了有利的时机。首先，外国商品输入量的减少，改善了中国民族工业品的国内市场环境。其次，战争使得帝国主义国家对中国某些商品的需求有所增加。再次，出口量的增加和国内市场需求量的增加，使得中国近代工业受到了相应的刺激，尤其是纺织业和面粉业，火柴、榨油、造纸、化工等轻工业也发展迅速。因而，中国的民族资本主义由于环境的改变出现了“短暂的春天”。但是后来，

---

① 《新报》1878 年 8 月 6 日、1879 年 2 月 27 日。

② 《申报》1887 年 3 月 27 日、《上海新报》1869 年 10 月 19 日。

由于外国在华势力的强大，和国民党政府的软弱无能，以及中国当时内部军阀混战连年不休，加之外部列强的虎视眈眈，中国的民族资本主义一直没有得到一个较好的发展环境。因此，可以说，中国的民族资本主义一直在举步维艰的环境中挣扎。

随着近代产业和近代商品经济的出现，中国传统的生产方式也发生了潜移默化的变化。19 世纪 70 年代以后，到 20 世纪初，随着中国近代工商企业、采矿业、机器制造业、轻工业、交通运输业、公用事业、建筑业、通信、金融业等出现，在这些企业中都采用了近代机器生产，采用近代化管理，实行西方经营思想和方法，特别是由买办而成为资产者的，他们在过去为洋行经营中学会了近代管理技术。因而在这些企业内部形成资本主义生产关系，新式企业是近代化的，与传统的工商业不同，在全部社会经济中比重不大，但是它以新的生产方式，打破传统社会经济的一统天下。新式企业的出现，伴随着两个新的社会阶级的诞生，即资产阶级和工人阶级。中国近代资产阶级主要由西人企业中的买办、传统商人、官绅和地主，洋务运动中政府经办企业中主事的官僚等转化而来。中国的工人阶级相比资产阶级来说，产生的时间更早，在五口通商时即有在外国企业做事的中国工人，他们主要由城市贫民和失去土地的农村劳动力转化而来。

鸦片战争以来，中国的生产方式和生产关系发生了重大的改变，具有了现代性的因素，这些新兴的生产方式和生产关系代表了中国生产力发展的新的方向，也对中国近现代政治、文化等上层建筑的改变起了决定性作用。

二、生活形态的变迁

19 世纪中叶，对中国来说是一个意义重大的转折时期。当时，“五千年未有之变局”的古老中国步入了前所未有的、与传统的农业社会迥异的、现代性逐渐增长的历史发展阶段。1840 年以前，中国是一个以皇权为核心、职能分明的中央集权官僚政府统治下的封建社会，4.5 亿人口，在 1 000多万平方公里的广阔国土上安静地生活着；儒家学说中的道德伦理和礼仪规范起着整合社会各个阶层的特殊功能。虽然自然灾害不时减少人口，但精耕细作的农业还是大体上维持了人们的温饱；尽管不时发生社会动荡和灾荒，但总是能自我调适，在经历周期性的社会震荡后，重新恢复社会的稳定与繁荣。然而这一切在西方列强的炮舰侵略和随之而来的价值观念的冲击下，发生了亘古未有的变化。

自1840—1920年，历经80年的变迁，中国已从一个典型的传统社会向具有现代色彩的新式民族国家过渡，这期间的急剧变动甚大。因社会转型所引发的国内与国际矛盾的激烈冲突，演化为各种政治力量的新的组合和分裂。在现代观念散播的同时，新的经济势力和社会力量也急剧增长，而传统的政治、经济结构与文化观念以绝不妥协的态度对新生事物激烈反抗，使得中国的发展波诡云谲，一波三折，大体上可以分为三个阶段：

第一阶段：1840年到1860年前后，面临西方列强的军事侵略，中国试图在不变动原有制度的基础上运用传统政治、军事、经济资源进行全面抵抗，但遭到很大的耻辱与失败。在大约20年的时间里，中国经历西方列强强加的两次鸦片战争，丧失了大片国土，被迫开放通商口岸，向列强提供片面最惠国待遇。在民族危机不断加剧的险恶形势下，清廷统治者不思变革，由此，终于激发了长达14年的声势浩大的太平天国农民起义运动。彻底暴露了中国传统政治、经济、文化结构的弊端。太平天国运动成为中国历史上规模最大的农民革命，从1851年起，持续了14年，势力扩展到17省。太平天国运动有力地打击了清王朝的封建统治和外国的侵略，加速了封建社会的崩溃，减缓了中国殖民化的进程，在中国历史上留下极其重要的一页。但由于太平天国领导集团问题，使得军事战略在决策上一度失误，而外交上又缺乏相关的经验，农民阶级的分散性、守旧性等毛病，使得太平天国渐渐走向腐败，最终遭到内外镇压，以失败告终。

在这段时间里，中国由于受到外来因素的影响，生活形态发生了一些轻微的变化。1840年鸦片战争后，由于西方人来华，故而西餐渐渐传入中国。1843年，福州鼓楼重建，作为早期开放的通商口岸之一，由于深受西方文化的影响，在这次重建中，安放了一架西洋大自鸣钟，成为当时福州市的一大奇观。施鸿保还特意记述此事道："省城鼓楼，在藩署前。……道光甲辰（即）二十四年冬，毁于火。徐松龛继畲中丞捐俸重建。向于楼上设十二时辰牌，随时更换，有人司之。及重建改用大自鸣钟一架，高一丈二尺，广六尺许，声闻百步。"① 同年，西人开办的西式学校在宁波成立，继1835年在广州设立医院之后，当年他们又在上海设立仁济医院，这些现代新型机构的先后设立，标志着中国传统社会生活形态开始慢慢改变。

1843年，外国资本家在上海设立了第一个近代印刷所——墨海书馆，随后又创办了一批报刊。1850年，西人在上海创办外文报纸《字林西报》

① 施鸿保：《闽杂记》，福州：福建人民出版社1985年版，第143页。

(*North China Daily News*)；1853 年外国人创办的中文报刊《遐迩贯珍》在香港创刊，其后又先后创办《六合丛谈》（1857 年，上海）、《中外新报》（1854 年，宁波）等。1858 年中国人自己创办的第一份中文报纸《中外新报》在香港创刊。作为租界的上海此时开始兴盛，新兴的生活方式也在这里率先出现。1851 年，外国人在上海开始修筑跑马场，建成后即于每年春秋举行赛马活动。同年，上海老德记药房开始生产冰淇淋、汽水。1853 年，第一家营业性的照相馆“丽昌”照相馆在上海出现[①]。

与这些相比，对国人生活方式影响更大的则是西方城市管理方式的引进。这些管理所作的规定同中国传统的生活方式完全不同，如英国当局于 1845 年 12 月在香港公布的一项章程即规定禁止在公共场所，或河上、井内投放垃圾；禁止把砖瓦杂物放在路上，或在路上摆摊；禁止虐待牲畜等，违者处以五镑以下罚款[②]。在上海等地的租界，西人在其管辖区域内还实行了一些其他西式的城市管理措施并配置了公共设施，如警察和司法部门、纳税制度、整修道路、消防局等。1862 年上海法租界设立邮政局[③]，同年，上海公平洋行首先为华人房屋开办保险，西人开办的保险事业也由西人扩大到华人。西方人引进的城市管理和公共生活形式，使这些城市的生活形态发生了变化，也开始形成近代化城市市民生活方式。

第二阶段：1860 年左右到 19 世纪末，随着西方军事、经济、文化和政治力量在中国的急剧增长，中国传统社会发生了裂变，出现了试图在保存中国传统内核前提下的变革运动。这个阶段的变革主体是受西方侵略刺激而试图改弦更张的清廷开明人士和与西方有联系的部分士大夫及新兴商人。但由于清政府最高统治者抗拒进行制度性的重大创新，严重影响了中国变革的规模和速度，同时在强大的西方势力压制下，不仅未能恢复中国昔日的国威，走上富强之道，反而进一步走向衰落。“百日维新”的失败也证明了改良道路在中国行不通。中国近代化的进程漫长而又曲折，但由于西方影响的加深，中国人的生活方式还是发生了很大的变化。

城市生活方式的变化，较引人注目的地方首先是马车、马路的大量出现，起初马车只是外国人乘坐；后来一些中国商贾富人也开始乘坐；到 60

---

① 刘志琴主编：《近代中国社会文化变迁录》（第一卷），杭州：浙江人民出版社 1998 年版，第 84－86 页。

② 《1846 年香港年鉴和居民簿》，香港《中国邮报》1846 年版，第 50－56 页。

③ 汤志钧主编：《近代上海大事记》，上海：上海辞书出版社 1989 年版，第 183 页。

年代末70年代初，上海已出现了马车制造业和出租业[①]。1864年，香港、上海相继出现煤气灯；同年3月，上海英商设立煤气公司“大英自来火房”，次年10月，则制成煤气灯；12月，上海英美租界和法租界的主要街道、洋行、茶楼、戏馆等地方陆续装上煤气灯，使上海的夜景更为美丽。1866年，海关开始试办邮政；1869年，北京也有了煤气路灯；19世纪70年代以后，其他一些较大的通商城市也开始出现煤气灯。而在19世纪70年代以前，西方人发明的日用百货也陆续进入中国城镇居民的生活中，如火柴、缝纫机、洋皂等生活用品，洒水车、垃圾车、火警钟等市政用品，酒精灯、显微镜、烧杯等科学试验用品，纺纱机、织布机、蒸汽机等机器，甚至连西方人刚发明不久的自行车也很快传入中国。1872年，穿着西服的巨人詹五在上海的出现引起社会关注，成为一时开风气之先的新闻人物[②]。

随着生活现代化的日益深入，中国传统的休闲与娱乐方式也发生改变。如上海这一时期出现了众多由中外商人开办的酒楼、餐馆、茶园、戏园、跑马场、舞厅、健身房等；西方人礼拜日休息的习俗也日益为中国人所接受。1873年7月，法国天主教会在上海徐家汇设立气象台，每月推出《月报》一页，预报气象。

由于商业的繁荣，社会服务及休闲行业的增多，出现了许多女子就业和社交的新俗。这时期女子就业有做烟馆招待的女堂倌、做家务的女佣、说书演唱的艺人等。在社交上，以往只允许男人出入的休闲娱乐场所如茶馆、酒楼等地也日益成为女性光顾的地方。城市女性在与男子的社交方面，除了共同享受公共娱乐之外，私相交际也较为兴盛。《申报》1873年1月21日即载有严责男女私相碰头的文章。1878年《申报》8月8日转载了西文报纸报道中国驻英使臣郭嵩焘携其夫人大宴宾客的事，并于次日发表《论礼别男女》的专题评论，对中国男女之别过严的弊病作出批评。1883年，康有为创立“不缠足会”，躬行乡里，反对女子缠足，并作《戒缠足会启》一文。这说明要求当时女子参与社交已为大势所趋，女子的地位得到提高，相应的权益也得到一定的保护。

1877年，福建巡抚丁日昌在台湾架设第一条有线电报线，成为中国自办有线电报的开端。1878年3月，清政府在北京、天津、烟台、牛庄和上

---

① 《申报》1872年4月30日刊登有制造马车和马车出租的广告。

② 《申报》1872年2月3日报道。

海效仿欧洲设立华洋书信馆，试办邮政，为中国办邮政之始。1882 年，电话传入中国。19 世纪 80 年代，清政府修筑从唐山到胥各庄的铁路，标志着中国铁路的诞生。1889 年清政府展开了关于修建铁路的大讨论，最后决定先修关东段铁路，从此次铁路的讨论中可以看出对于铁路快捷方便的益处大家都有认识，由此铁路进入人们的生活，也加速了中国现代化的进程。

1895 年，中国第一所新式大学天津中西学堂诞生。1896 年，上海徐园“又一村”首映“西洋影戏”，是为电影传入中国之始。1897 年首场大型交谊舞会在上海举行。同年，商务印书馆在上海成立。1898 年，宣传新生活方式的延年会在长沙成立。维新运动中，国人办报形成高潮，其中影响较大的有《中外纪闻》《强学报》《时务报》等。从上述事件可以看出，社会生活的现代化的转变在本阶段的最后几年内越来越迅速。

第三个阶段：从 20 世纪初到 1919 年五四运动时期。戊戌变法之后，“清廷开始较有系统地革新制度，包括制定具有现代色彩的法律、奖励工商、创建政府职能机构、鼓励留学、制定宪政时间表、设立省级宪政咨议机构等。尤其具有重大意义的是，1905 年清廷废除科举制度，转向追求实用科技的现代教育制度，此举彻底动摇了中国前现代社会政治结构的基础”①。但是清政府腐败的统治终究不可挽回，随着辛亥革命的爆发，中华民国的成立，直至新文化运动更如摧枯拉朽般对旧的封建制度进行冲击，中国人的生活方式在这段时间内也发生了剧烈的变化。

这一时期影响中国人生活方式的变化大要如下：1898 年，梁启超上书奏请变通科举。1899 年 4 月 23 日，上海广济公司发行的江南义赈票在张园开彩，这是中国第一家经清政府批准成立的正式彩票公司；同年，北京城南马家铺至永定门的电车轨道筑成并通车；同年，上海嘉永轩主人从欧洲购入一台 X 光机并在沪当众演示，此为 X 光机的最早传入。1901 年，各省创设藏书楼；同年，蔡元培在《哲学总论》中，钦定学堂章程，把西学若干门类列入教学内容，并且规定了外国语的学习。新学堂的设立为西方哲学在中国的传播提供了一个新的重要场所，从而推动了西方哲学在中国的传播。1902 年，在中国教育会和一些有识之士的倡导下，首先在上海克路登贤里创办了中国第一所爱国女校。1903 年，国民体育热兴起。1904 年，武昌创办了中国目前所知的第一所幼儿园；同年，上海万国红十字会

---

① 高华：《近代中国社会转型的历史教训》，《战略与管理》1995 年第 4 期。

创立，这是中国第一个以红十字会命名的人道主义组织；同时，全国发动自下而上的私塾教育改革，将私塾这种数量最大的传统教育组织纳入新式教育的轨道之内。1905 年，张之洞等奏请“递减科举”，清帝谕“立停科举，以广学校”；同年，官方告示采用白话文体；同年，由北京丰泰照相馆与京剧名角谭鑫培合作拍摄的京剧片段《定军山》，为戏曲纪录片，标志着中国电影的正式诞生。1906 年，创设无线电报；同年，天津有轨电车出现。1907 年，各地开始修建公园，图书馆事业兴起。1910 年，清政府颁布准许自由剪发法令。辛亥革命后，民国政府发出《剪辫通令》。1911 年，星期日公休制度开始在全国推行。1912 年，开始推行阳历，与旧历并行，颁布新学制和新礼制并废止读经。1914 年，西方美术移植中国，模特风潮经久不息，交谊舞在上层社会流行。1915 年，《青年》杂志在上海创刊，科学主义思潮兴起，注音字母开始走向社会。1916 年，黑幕小说风行一时，银行使用女职员，女子就业产生新的变化。1918 年，易卜生主义滋长，妇女反抗旧婚制。1919 年，平民主义教育思潮兴起，工读主义与勤工俭学掀起高潮，新文化运动兴起。1920 年，开始普及国语和推行新式标点，男女同校，罗素学说受到知识界的欢迎。1921 年，旗袍流行于都市，伯格森哲学传播渐广。

这个时期，社会变革速度较快，并且从上到下发起了多项根本性的变革。随着中国进入现代社会，人们的社会生活方式也同以前的传统生活形态有了根本的区别。

三、文化观念的变换

思想文化上，明清时期实行八股取士，强化专制主义中央集权，清朝更是盛行文字狱。科举考试，以四书五经的文句命题，其解释则以朱熹的集注为依据。规定文章格式为八股文，不能随意发挥。八股取士在当时实质上是一种文化专制制度，它不仅禁锢了知识分子的思想，也严重阻碍了科学与文化的发展，最终造成近代中国科学技术与思想文化渐渐落后于西方。几千年来，封建传统儒家礼教观念，作为神化皇权的手段和封建文化的载体，也束缚着人们的思想，促成了中国人保守、封闭的民族性格，更是不利于科学民主自由精神的形成。至晚清，几千年的不合理观念根深蒂固地遗留下来，如尊卑等级观念、因循守旧观念等。清政府用四书五经禁锢人们的思想,对心生反抗的官员实行残酷镇压，这使中国与世界潮流脱轨。

1840 年鸦片战争爆发后，清政府在外国列强坚船利炮下被迫打开了闭锁已久的国门，也击碎了统治者“天朝上国”的美梦。中国开始沦为半封建半殖民地社会，中国固有的封建经济、政治及其文化逐步解体，中国近代文化开始了质的变化。在国权沦丧、国土不保的危机下，惊醒起来的中国人为自救，不得不谋求政治、经济的变革，掀起了“更法”“维新”的热潮，洋务运动、改良主义、民主主义各领风骚。西学东渐，尤其是西方人文精神、教育思想、美育观念的输入，以及大批有识之士对中华传统文化、传统教育、传统美育的反思、扬弃和坚持不懈的变革、实践，促使中国近代文化观念发生转变，也为中国近代美育的转换提供了理论准备。

中国近代文化观念转换同样也可以分为三个阶段，其历程大致如下：

第一阶段为 1840 年到 1860 年左右。1840 年之前，知识分子中已经有如龚自珍、林则徐、魏源等开始不满清政府死气沉沉的统治，发出了外抗强权、内求变革的强烈呼声。他们揭露封建社会的腐朽落后，提倡经世之学和“更革”“变法”来改革陈旧的传统教育，从而改良政治、改变学风、提倡学习西方先进的科学技术，以达到抵御外侮、“师夷长技以制夷”等目的。林则徐在广州禁烟时也组织编译介绍西方文化思想的著作，如《四洲志》《各国律例》《华事夷言》等书，成为开眼看世界的第一人，中国同世界的交流也从此多了起来；1842 年，魏源编成《海国图志》50 卷，此后又陆续增补修订，1847 年扩为 60 卷，1852 年增加到 100 卷。该书是当时内容最丰富的有关世界知识和中国海防的百科全书，一经出版即风行于世，大大开阔了国人的眼界，引导人们注意世界形势。1843 年，英国人在上海设立墨海书馆，译印西方宗教、文化和自然科学书籍，吸引了大批民间人士的注意，对他们的文化观念产生了很大的启蒙作用；1845 年，美国教会在宁波创办美华书馆，聘请中国文人作为助手翻译西文书籍；到 19 世纪末，美华书馆成为外国教会在中国创办的规模最大的印刷机构，其所出版图书除宗教书籍外，也有一些自然科学方面的，这些书籍除了公开售卖之外，还被不少教会学校选作教科书，这对传播西方科学知识起了很大的作用；1848 年，徐继畬所著《瀛环志略》于同年撰成并刊行问世，作为与魏源的《海国图志》齐名的地理启蒙著作，它不仅讲述了西方的地理，还论及西方的社会文化、政治制度等方面，对中国人认识西方起了很大的作用。总之，这段时间中国处于西学启蒙的初期，一直闭关锁国的中国人，因为时局的需要和中外交流的增多，开始对西方世界的探求，但可以看出这 20 年的进展并不算太大，国人对西方世界的了解仍不深刻。

第二阶段为 1860 年至维新变法前后，这一时期由于国势日蹙，统治阶级上层也开始积极寻求自救之路，吸纳西方的文化思潮、政治制度，以求扭转颓势，为我所用。

洋务派李鸿章、张之洞等人秉持着“中学为体、西学为用”的教育理念，把兴办新式学堂、培养懂得西方现代科学技术的人才视为当前中国国富民强的根本和当务之急。清末洋务派重要代表——郑观应在《盛世危言》一书《学校》（1892 年）一文里明确指出：“学校者，造就人才之地，治天下之大本也。”① 他还在该书的《西学》（1892 年）一文中说：“国于天地，必有与立。盛衰兴废，固各有所以致此之由。学校者，人才所由出；人才者，国势所由强。”② 可见，当时的中国急需一批有先进知识的人才。1862 年，清政府为了培养翻译人才开办了京师同文馆，这是第一所官办的学习外语的新式学堂。它为中国造就了一批外语和外交人才。次年，又于上海设立广方言馆，此为地方官办洋务学堂之始；此后，洋务派修建了 30 余所近代新式学校，引进大量西方各类文学著作，培养了一批又一批科学、军事、翻译人才，打开了西学之门。这些学堂的设立，说明清政府被迫开始主动作出和西方交流的回应了。1866 年，总税务司英人赫德欲回国休假，清政府首次派人随同游历西方诸国，此次随同人员有张德彝、斌椿、广英等共五人，游历的过程令他们大开眼界，现流传下来的游记有斌椿的《乘槎笔记》和张德彝的《航海述奇》，这两本著作都被付梓刊行，风靡一时，开阔了国人的眼界。1872 年 8 月，第一批官派留学生赴美，开中国留学教育的先河，加强了中国同外部世界的联系；同时，新的文化和教育因子在知识分子队伍中日益增长，在上海等大通商城市，由于从事中外商务人员的大增，兴起了学习外语的热潮，翻译及介绍西方文化的书籍也日渐增多；至同年止，上海制造局已翻译印行西学科技书籍共 13 种，《申报》也于此年创刊，受到各方的欢迎。1873 年，达尔文“进化论”传入中国，这是“进化论”最早传入中国，后经严复《天演论》的再次阐发而传布四方，成为维新运动和启蒙运动的思想基础，影响整整一代人。1879 年，驻日使馆参赞黄遵宪写成《日本杂事诗》一书，比较全面地介绍和评论了日本维新以来的社会文化、民众风俗、生活习惯等方面的变化，希望中国能够效法日本，变法自强，该书成为启蒙国人思想的重要书籍。1880 年及其前后的几年中，郑观应的《易言》、薛福成的《筹洋刍议》、

---

① 郑观应：《礼政·学校》，《盛世危言》，北京：华夏出版社 2002 年版，第 88 页。

② 郑观应：《礼政·西学》，《盛世危言》，北京：华夏出版社 2002 年版，第 112 页。

王韬的《弢园文录外编》相继出版，提倡学习西方，自强自救，是这一时期先进思想和改革舆论的集中代表，也成为19世纪80年代兴起的改良思潮的先导。1891年，康有为在广州附近的长兴里正式开堂讲学，阐发维新思想，前来学习的陈千秋、梁启超等人后来都成为维新运动的骨干人物；同年，其著作《新学伪经考》也开始刊行，把人们所熟知的《周礼》和《左传》斥之为伪书，其后他又著《孔子改制考》，提倡“托古改制”，这些见解皆有力地震撼了当时的思想界。1894年，中日甲午海战中国的失利，暴露出清廷的腐败无能及洋务运动不足以御侮的事实，因此希望仿效西法，改革社会以求富强的人日益增多，改良思潮进一步发展；同年，郑观应出版了《盛世危言》，次年他又对该书作了较大的增补修改，由原书的五卷本改为十四卷本，成为当时改良思潮的著名代表性著作。1895年2月4日至5日，严复在天津《直报》上发表《论世变之亟》，3月至6月，又连续发表《原强》《辟韩》《救亡决论》三篇文章，借西方“天赋人权”的理论宣传“主权在民”；康有为先后在北京和上海创办《万国公报》（1895年）和《强学报》（1896年）以宣传变法思想。1896年维新运动期间影响最大的报纸《时务报》在上海创刊，同时诗界革命开始萌动。1897年，梁启超在《变法通议》的《论幼学》一文中首次提出他革新小说的主张：“今宜专用俚语，广著群书，上之可以借阐圣教，下之可以杂述史事，近之可以激发国耻，远之可以旁及夷情，乃至宦途丑态，试场恶趣，鸦片顽癖，缠足虐刑，皆可穷极异形，振厉末俗，其为补益，岂有量耶！”① 在这里，他提倡利用小说的形式，规范小说的内容，来发挥小说的功能，从而有利于良好社会风气的形成。1898年，张之洞发表《劝学篇》，主张“中体西用”，中学为立国之本，可端正人心，可维护社会伦理制度，而西学巩固根本，可促使国家富强；同年，严复翻译英国生物学家赫胥黎的《天演论》出版，主张“物竞天择、适者生存”，提倡鼓民力、开民智、新民德，自强自立，号召救亡图存。优胜劣汰的进化思想为知识界普遍接受，它同康有为变法自强的改良思想相结合，掀起了轰轰烈烈的戊戌变法，虽然变法最终失败，但对国人思想文化的影响却是深远的。戊戌变法后，严复还翻译了亚当·斯密的《原富》、斯宾塞的《群学肄言》、孟德斯鸠的《法意》，以及《群已权界论》《社会通论》《名学浅说》《穆勒名学》

---

① 梁启超：《变法通议·论幼学》，《饮冰室合集》（第1册），北京：中华书局1989年版，第54页。

等西洋学术名著，进一步系统地传播西方近代民主思想和政治经济学说。这一时期的文化观念变换较大，国人广泛接触西方理论，变法自强的思想观念深入人心。

第三阶段为维新变法至五四运动约20年的时间。改良之路被证明是行不通的，因此革命思想逐渐兴起。随着辛亥革命的爆发，封建统治被推翻，人们的文化观念也开始发生巨大的转变，随之而进行的新文化运动更是在思想领域把政治上的革命继续下去。随着新文化运动的发生和深入，人们的文化观念也随之转入现代化。在这短短的20年内，各种思潮和主义都相继传入中国，对国人的思想产生了极大的冲击。

中日甲午战争以后，梁启超指出，“今日之中国欲为自强，第一策，当以译书为第一义”①。在这种思想指导下，维新派们创建了译书机构，开展了一系列译书活动。他们于1895年11月成立了强学会，它既是一个政治组织，又是一个译书机构。它是专为中国自强而立的，可见在维新时期掀起了一股译书的热潮。1899年，林纾翻译的法国小仲马的文学名著《巴黎茶花女遗事》由福州索隐书屋刊行，一时风行大江南北，有“外国《红楼梦》”之称，是为翻译文学之滥觞。从此以后欧美文学作品被大量译介过来，因其相比于纯理论作品，读者面更广，因而影响也更大，对国民性和文化观念的培养起了很大的作用。1902年11月，梁启超在《新小说》上发表《论小说与群治之关系》一文，首次提出了“小说界革命”的口号，主张以小说改良社会、开通民智，梁启超等人的大力提倡，使小说得到了社会的认同，梁启超也在中国文学史上第一次确立了他在文学界的盟主地位；同年，梁启超又在《新民说》中首次提出了民族主义的概念，并引发了相关的探索，促使学界摒弃了中国历史上“夷夏之防”的狭隘观念，为以后民族运动的深入开展提供了理论依据。1903年，社会主义和无政府主义在中国掀起宣传浪潮，引起国人的关注，《大公报》社论称社会主义是“二十世纪新主义”，为人类社会的最高境地②。除《大公报》外，《译书汇编》《国民日日报》及其他期刊也相继载文介绍和歌颂社会主义；同时广智书局推出日本人福井准造的《近世社会主义》中译本，专章介绍巴枯宁、克鲁泡特金的生平和思想，宣传无政府主义，此外《浙江潮》

① 梁启超：《读日本书目志书后》，《饮冰室合集》（第2册），北京：中华书局1989年版，第52页。

② 《大公报》1903年3月31日《二十世纪之新主义》。

《大陆》《汉声》等进步报刊也都撰文颂扬无政府主义，1903 年底，无政府主义的著名宣传家张继的《无政府主义》一书出版，更把宣传无政府主义推向一个新的高潮；同年，邹容的《革命军》刊行，与陈天华的《猛回头》《警世钟》共同宣扬革命思想。1904 年，清政府颁布癸卯学制，其指导思想是“中学为体、西学为用”，并且大部分内容借鉴了日本教育体制的思想。1905 年 10 月，孙中山在《民报发刊词》中第一次归纳出“三民主义”，“三民主义”遂从过去资产阶级革命民主派的秘密纲领变为世所共知的主义，深深地影响了当时的中国人；同年，清廷下诏，废止施行千余年的科举制度，这项举措对士人影响至深，科举废除也使学校制度最终在中国得以确立。1907 年 6 月 10 日，中国最早以宣传无政府主义为宗旨的《天义报》在东京创刊，为“女子复权会”的机关报，后来也是“社会主义讲习会”的机关报，该报由刘师培等人主办，并成立社会主义讲习会，有会员 90 多人，是比较正式的无政府主义组织。1911 年 8 月，江亢虎在上海组织“社会主义研究会”，同年 11 月，他又在此基础上建立中国社会党。1912 年公布的《中国社会党纲领》，掀起了社会主义的宣传热潮，同时也有一个无政府主义流派“极端社会主义派”旋生旋灭。1914 年，乌始光、刘海粟创立上海图画美术院并设立西洋画系，成为西方美术传入中国的开始，并且开风气之先，招聘人体模特儿，在社会上引起广泛讨论。同时，“鸳鸯蝴蝶派”文学盛极一时。1915 年，陈独秀在上海创办《青年》杂志，宣传“民主”“科学”，标志着新文化运动的发轫。1916 年，教育部通俗教育研究会通过 8 项议案提出改良社会通俗文化的具体办法[①]，说明改良社会文化成为当时人所关心的话题。1917 年，面向社会下层民众的文化普及工作渐及各省。1918 年 1 月 19 日，蔡元培重新发起成立“进德会”倡行道德改良，国语运动与白话文运动开始展开。1919 年，工读主义和勤工俭学兴起，杜威来华讲学，《新教育》杂志推出“杜威专号”提倡实用主义，康德哲学开始被系统地介绍到中国，青年知识分子中掀起“尼采热”。同时，这一年由于五四运动的爆发，也成为中国现代史的开端。由此可以看出，在这短短的 20 年内，由于社会天翻地覆的变化，中国人的文化观念也发生了巨大的转换。

---

① 天津《大公报》1916 年 1 月 12 日《教育部重视社会教育》。

第二节　西学东渐与中国美育的现代转型

晚清时期，西学东渐已成为一股强大的历史潮流，中国国民对西方外来事物的态度由最初的排斥抗拒，到逐渐接受西学甚至要求“全盘西化”，这是一个漫长但又十分短暂的过程。西方美育思想通过西方传教士和中国勤工俭学中志士仁人的多方面传播，通过宗教、哲学、艺术等多门学科，向中国传播西方以理性、经验为内核的美育理论和教育思想，促进了中国美育的现代转型。

一、西学东渐与西方美育思想在中国的传播

鸦片战争以后，随着社会变革和西学东渐的日益发展，美育实践也渐趋自觉化、制度化和大众化。在帝国主义列强的炮舰胁迫和中国人民的反抗声中，晚清政府为求得生存，一方面兴办洋务，企图通过发展军事，建立新式军队和发展经济以自强；另一方面提倡所谓“新教育”以自立。这种“新教育”包括“西文”和“西艺”两个方面。“西文”即开展外国语文教育。1862—1864 年曾在北京、上海、广州分别创办京师同文馆、上海广方言馆、广州同文馆，专门培养洋务、翻译人才。“西艺”即开展以军事为主的科学技术教育，清政府曾设立武昌自强学堂、福建船政学堂、天津水师学堂、天津武备学堂、南京水师学堂、湖北武备学堂以及各地的工程技术学校等。同时还派遣学生赴美、英、俄、法、德等国留学。这种洋务派的“新教育”虽然仍以中国传统的经史旧学为本，以外国“西政”“西艺”为学，具有浓厚的传统性，但它对西方文化的传播，社会风气的改变，对近代美育的发展，起了积极的作用。

中国近代意义的艺术美育发端于西方传教士。中国传统美育是哲、政、艺、教等思想的融合体，主张“以美辅德”，与西方美育有明显的不同。在鸦片战争以后，西方传教士不断进入中国，散布于全国各地。他们在中国创办学校、出版书籍、报刊等，揭开了西学东渐的序幕，西方的美育思想也随着国门的打开而涌入。传教士成为西学东渐的实践者，他们除了进行殖民教育、奴化教育和宗教宣传以外，也带来了西方近代“民主”

“自由”“平等”“博爱”的社会、政治观念和自然科学、社会科学知识，输入了近代西方艺术、西方教育体制以及西方美育观。他们大量翻译出版西方著作，据统计，从1843—1898年，共出版各种西方著作561种，这些图书大多是由传教士翻译或参与翻译的，其中不乏文学艺术著作，这样就使中国人有可能阅读欣赏大量的西方文学艺术作品。他们还创办报纸、刊物，提倡“时新小说”，认为“感动人心，变易风俗，莫如小说”，要求小说“辞句以显明为要，语意以趣雅为宗”，以便“使人间之心为感动”，达到“教化”的目的。这对当时“小说界革命”的兴起和小说创作的繁荣起了积极的推动作用。洋务运动之后，西方的科学技术再一次传入中国，当时的洋务人士，主要是采取“中学为体，西学为用”的态度面对西学，以“自强”和“求富”为目标，而主要是关注西方的先进武器以及相关的机械装备等，并未试图将重心放在西方的学术思想上。在这一时期，学术思想的传入主要是利用西方传教士承办的媒体，西学通过遍布各地的新式学堂、各种近代报刊等进行比较广泛的传播。西学的影响也渐渐从知识界扩大到社会基层。于是，随着洋务运动的开展、资本主义生产方式的出现和西学的广泛传播，传统的封建观念开始受到极大的冲击，社会价值观念也逐渐发生变化。

近代中国是一个剧烈变动与多灾多难的时代，社会风气的日趋沉闷，整个民族精神委顿衰败。虽然战争频发，社会动荡不安，但国民教育却有幸得以延续。因鸦片战争时期，西方传教士和洋务派对教科书的出版进行了大力的推广，中国知识分子的视野也得以打开。当封建礼教思想不再适用于中国当下形势的时候，许多有识之士为了民族的复兴和崛起，开始反对封建统治者的专制主义和军阀的腐败政治制度，走上了自己的教育探索之路。当时西风东渐，国学式微，恰巧“西学东渐”给中国送来了西方的进步思想。“在早期启蒙主义者那里，审美活动，乃至美学这门学科的意义，统统是服务于启蒙——改造国民性、强国——建设新中华这个总理想、总目标的。”[①] 在教育救国思想影响下，一些教育家、知识分子，如梁启超、王国维、蔡元培、朱光潜等，开始大量引进西方各类理论，试图救民于水火，来疗治人们的精神创伤；他们欲以文艺来改造国民性，对民众进行思想启蒙，解救人们的思想和文化危机，以建立起新型的文艺观和美学观。国外的美育倾向于个性化、人格化、情感化，而中国传统的美育则是美善并举，因此西方文化的导入使得这些知识分子开始看重纯粹的“情

① 陈伟：《中国现代美学思想史纲》，上海：上海人民出版社1993年版，第4页。

感教育”。显而易见，中国知识分子是从长远的角度来看待中国的进步与民族的解放的，他们通过对中西文化的比较，特别是对中西方人素质的比较后，融合中国优秀传统和西方先进思想，认为要救国必须依靠全体国民的奋起与努力，通过教育来提高国民的总体素质，唤醒人民麻木的心灵，振奋国民精神。从严复、梁启超到王国维、蔡元培，包括辛亥革命前后的鲁迅，都持这种观点。这一观点的提出，是建立在对西方启蒙主义的研究，以及对国民性的深入考察之上的。他们提出的以教育塑造健康的国民人格、改造国民性的论述，都是在对西方文化深入研究之后，注意到中国国民性的各种弊端，痛感国民素质的低下之后提出的救国主张。对于这个问题不同学者也都持有自己的看法，但从整体来说占主流的观点还是培养掌握并且熟悉西方科学技术的人才，通过他们在教育救国道路上不懈的努力、探索，才使得西方美育思想逐渐进入人们的视野。

甲午战争中国败于日本，以答应签订丧权辱国的《马关条约》而结束。这种耻辱促使中国有良心的知识分子奋起捍卫民族的独立，挽救国家的危亡。他们深感于民族的衰弱，严复依据达尔文的生物进化论和斯宾塞的社会学理论，认为国家也是一生物，个人为一细胞，生物体的强弱决定于各个细胞的强弱与优劣。他在《原强》[①] 中说：“贫民无富国，弱民无强国，乱民无治国。”强调国民素质的优劣直接影响着国家的强弱，而当时国势的衰弱与民族的衰颓有直接关系。他痛心疾首地说：“民礼已堕，民智已卑，民德已薄。”其结果导致社会的退化，他认为要想振兴中国，“是以今日要政，统于三端：一曰鼓民力，二曰开民智，三曰新民德”。其中，“鼓民力”是要强健民众的体力，“一国富强之效，而以其民之手足体力为之基”，而当前对此影响至深的莫过于吸食鸦片和女子缠足二事，所以他认为，改革变法首先要从禁绝吸食鸦片、改革女子缠足等落后不良风俗做起，“是鸦片、缠足二事不早为之所，则变法者，皆空言而已矣”。“开民智”则是强调要废除八股取士，开办新式学堂，学习西方先进的科学技术和实学；而“新民德”就是要废除专制统治，实行君主立宪，倡导“尊民”，用资产阶级的民主、自由、平等来取代中国的封建宗法制度和传统礼教思想。[②]

在经历了几次反侵略战争的失败后，我国近代著名的思想家和教育

---

① 参见严复：《原强》（修订稿），《严复全集》（卷七），福州：福建教育出版社 2014 年版。

② 谭好哲：《中国现代美育的历史进程与目标取向》，《山东社会科学》2007 年第 1 期。

家——康有为，也渐渐地看到了西方政治制度的好处，开始研究各类西学译本，较为理性地接受西方人文主义教育精神。他认为需要学习西方的先进文化来改造中国日趋没落的传统文化，提倡“自我中华之学，采欧美人之长”，“新世瑰奇异境生，更搜欧亚造新声”[①]，主张通过对欧亚新声的吸收和借鉴，打破数千年来大一统的封闭枯萎的文化状况和美育状况，在中西荟萃中熔铸新的文化。康有为虽然没有专门论述美育的著作，但在他的《大同书》中，体现了他的美育思想。他甚至具体地设计了从胎教开始的教育过程，其中包含着许多美育因素。在康有为看来，大力发展学校教育是大同世界进步的巨大动力。在这本著作里，地理环境、教师、课程设置都影响着教育的实施。虽然康有为结合西方资本主义教育制度精心地描绘了中国应有的教育制度的蓝图，提出了许多独到精辟的见解，但是由于其思想的高度空想性导致其不切合实际，以及他本人从小受封建礼教的深刻影响，所以这在当时的中国完全无法实现，只能作为理想，成为一种“乌托邦式”的空想。但是他这些与美育有关的思想观念，依旧给后来者带来不可磨灭的影响，标志着近代美育思想的一个良好的开端。

继严、康之后的梁启超、王国维、蔡元培等人对中国近代美育的转型起着十分关键的作用，他们无不受西方思想的影响，较之严、康等先驱者提出了更系统的理论。尽管晚清以来，中国近代美育制度与观念的确立屡经挫折，但是随着世界潮流的浩浩荡荡，以及国内变革思潮的兴起，他们奠定并造就与培养新型国民人格，促进社会全面发展的美育观念逐渐得到确立。特别值得注意的是，西方启蒙主义与人道主义在中国的融入，是与近代以来中国人民抵抗外国资本主义势力的侵略，促进民族觉醒与民族解放的事业紧密联系在一起的，例如“王国维借用康德和叔本华的美学思想，是为了重新解释中国传统的文艺美学问题和解决当时所遇到的人生问题；蔡元培借用康德等人的美学，是为了解决现代性进程中的人格建构和人格教育问题；宗白华借用康德、柏格森等人的思想，是为了诠释一种形而上的生命境界。即使在主张审美超功利和无利害的朱光潜那里，他提倡艺术和审美的独立性和自律性，也是与他所意识到的中国文化问题和人生问题紧密相关的”[②]。梁启超对于美育思想的观点，主要体现其所著的《饮冰室合集》中。在当时的社会，他率先强调了美的价值和地位，同时将美

---

① 康有为：《康有为诗文选》，北京：人民文学出版社1963年版，第264页。

② 李建盛：《方法论与20世纪美学》，《北京师范大学学报》（社会科学版）2003年第6期。

上升到人生目的的高度。他在《小说与群治之关系》一文中通过分析小说，具体指出艺术在审美活动中的作用：一曰熏，二曰浸，三曰刺，四曰提。王国维是第一个将西方美学思想介绍到中国并应用到文艺和美学研究上的人，他反对把艺术的批评和研究附属于经学或考据学之下，曾建议在大学的哲学、中文、外文等系开设美学课程。从中国美学的学科建设本身的意义来说，他是中国第一个自觉的美学家。正如章启群所说："在政治观念上说，王国维是清末民初为数极少的对于清朝皇室具有愚忠思想的人，是真正的封建遗老。但在学术观念上，王国维恰恰相反，是个新派。在世纪之交，他对于西方学术有着强烈的兴趣和独特的敏感。"① 王国维大力介绍西方学术，下大力气钻研西方哲学、美学，在他看来，虽然严、康、梁等人早就开始了对西学的介绍和翻译，但是严复翻译和介绍的是科学而非哲学，康、梁翻译和介绍的是政治而非学术，出于学术独立的理念，王国维欲把西方纯粹的学术思想引介到国人面前，以此推进中国学术的发展。② 蔡元培是我国近代著名的教育家、思想家，年届不惑弃官离职，远赴德国留学，对西方的哲学、美学，尤其是康德以来的近代西方哲学和美学作了深入研究。蔡元培是历史上第一个把美育确立为国家教育方针的人，他一生身体力行提倡美育，全面具体地论述了美育的性质、作用、地位和实施方法等，明确提出了"以美育代宗教"的主张。朱光潜和宗白华都有非常深厚的西学背景，宗白华于1920年赴德国留学，先后在法兰克福大学、柏林大学主修美学与历史哲学。德国古典哲学、美学尤其是康德、叔本华、柏格森等对他的学术活动产生了终生的影响。朱光潜同样也旅欧8年，获得博士学位，回国后大量译介西方哲学和美学著作，两人号称中国现代美学双峰，他们在建构自己的美学体系时，既融入了西方美学的精华，又有意识地加入了对中国传统美学思想的理解，因此他们的美育思想是化合中西的实践范本。

"五四"以后，中国社会政治、经济、文化发生了根本性的变化。在文化思想上，一方面是西方各种文化思潮先后涌入中国，而中国所固有的传统文化受到巨大冲击；另一方面是马克思主义在中国广泛传播，并付诸革命实践，中国现代美育的理论与实践在中西文化、古今文化的大碰撞、大融汇中形成了多重组合的态势。到了中后期，则又形成了民主主义美育

① 章启群：《百年中国美学史略》，北京：北京大学出版社2005年版，第5页。
② 章启群：《百年中国美学史略》，北京：北京大学出版社2005年版，第7－8页。

与社会主义美育两大主潮相互汇合而以社会主义美育为主导的新格局，开辟了中国美育的新时代。

"五四"时期，民主主义、复古主义、实用主义、改良主义、无政府主义、平民主义、新村主义和早期马克思主义等各种思潮纷纷涌入中国，在美育思想上，各派轩轾分明，相互争鸣，社团林立，期刊如云。不少期刊如《新青年》《新潮》《少年中国》《时事新报·学灯》等都刊登了一些介绍美学和提倡美育的文章，其中最有名的两个刊物为《曙光》和《美育》。从"五四"时期开始，在各种社会思潮、文化思潮的影响和社会、政治、经济不断发生巨大变革的条件下，各种美育思想、美育流派、美育制度应运而生，它们在思想、教育、文学、艺术、美学以及与美育直接相关的各个领域既相互争鸣，又相互借鉴，从而使美育多元发展和多样组合成了中国近代美育的逻辑起点，并贯穿于"五四"以后的整个现代阶段。

二、重要理论家的美育思想及美育实践

自从19世纪中叶中国的国门被打开之后，西方的学术思想如潮水般涌入，中国传统的美育理论和美育实践受到极大的冲击，在新与旧的交汇、转型与重建中，中国学术界一批饱学之士根据自己的学术背景，选择不同的路径，提出不同的美育观念，共同为中国美育的现代转型奉献自己的才智学识。他们的美育理论及实践对美育的当代发展都有很好的借鉴意义。

1. 梁启超的趣味教育与情感教育

梁启超在中国近代学术史上，是开风气之先的学术奠基者，为学术界公认为中国历史上一位百科全书式人物。虽然在他的著作中，我们不能找到"美学""美育"等相关字眼，梁启超的美育思想也未形成一个完整的学科体系，但他的教育思想包含着对美育的思考，这一点是毋庸置疑的。学界认为他的美育思想，主要活跃在1896到1928年，其中以1918年欧游为界，分为两个时段。1918年前为其美育思想的萌芽期，主要受儒家思想的影响，从改良者的立场出发，提倡"三界革命"，有明显的政治性和功利主义倾向。1918年后为成型期，着重思考美与人生的关系问题，主张趣味教育、情感教育、艺术教育、美术教育，强调美育与人生的密切关系。①

20世纪20年代初期，在他系列演讲中，大力倡行"趣味教育"和"情感教育"。1922年4月10日，梁启超在直隶教育联合研究会作了一次

---

① 金雅：《梁启超美学思想研究》，北京：商务印书馆2005年版，第46页。

关于《趣味教育与教育趣味》的讲演，明确提出趣味教育的概念。他花了较多篇幅陈述趣味对于人生的重要性，他说："趣味是活动的源泉，趣味干竭，活动便跟着停止。好像机器房里没有燃料，发不出蒸汽来，任凭你多大的机器，总要停摆。停摆过后，机器还要生锈，产生许多毒害的物质哩！人类若到把趣味丧失掉的时候，老实说，便是生活得不耐烦，那人虽然勉强留在世间，也不过行尸走肉。倘若全个社会如此，那社会便是痨病的社会，早已被医生宣告死刑。"① "假如有人问我：'你信仰的是什么主义？'我便答道：'我信仰的是趣味主义。'有人问我：'你的人生观拿什么做根底？'我便答道：'拿趣味做根底。'"② "趣味是生活的原动力。趣味丧掉，生活便成了无意义。"③ 由此可见，梁启超将"趣味"看作是人生的原动力，是生活的源泉。他认为趣味与人生的根本意义是密切相关的，如若丧失趣味，人的一切生命活动都将停止，人将不成其为真正的人，社会也将成为疾病的社会，从而变得无可救药，生命将变得毫无意义。

梁启超在《美术与生活》（1922 年 8 月 13 日在上海美术专门学校）中进一步重申趣味的重要性，并将其与美育直接联系起来，他说，"我确信'美'是人类生活一要素，或者还是各种要素中之最要者，倘若在生活全内容中把'美'的成分抽出，恐怕便活得不自在甚至活不成"④。他极力主张提升美的地位，将美看作是人一生之中不可缺少的一部分，如若失去了对美的追求与向往，那么生命也就失去了其存在的意义，"审美本能，是我们人人都有的。但感觉器官不常用或不会用。久而久之麻木了。一个人麻木，那人便成了没趣的人；一民族麻木，那民族便成了没趣的民族。美术的功用，在把这种麻木状态恢复过来，令没趣变为有趣"⑤。

因而，他认为对人们进行审美教育，培养其高尚的趣味是十分必要的。他认为人的趣味有好有坏，必须是高尚的趣味才可以让人在精神上得以升华。他说："趣味的性质，不见得都是好的。譬如好嫖好赌，何尝不是趣味？但从教育的眼光来看，这种趣味的性质，当然是不好。所谓好不好，并不必拿严酷的道德论作标准；既已主张趣味，便要求趣味的贯彻，

---

① 夷夏编：《梁启超讲演集》，石家庄：河北人民出版社 2004 年版，第 48 页。
② 夷夏编：《梁启超讲演集》，石家庄：河北人民出版社 2004 年版，第 47 页。
③ 夷夏编：《梁启超讲演集》，石家庄：河北人民出版社 2004 年版，第 48 页。
④ 夷夏编：《梁启超讲演集》，石家庄：河北人民出版社 2004 年版，第 137 页。
⑤ 夷夏编：《梁启超讲演集》，石家庄：河北人民出版社 2004 年版，第 140 页。

倘若以有趣始以没趣终，那么趣味主义的精神，算完全崩落了。”① 可见，梁启超把趣味分成高等趣味和下等趣味。他坚持人所持有的趣味必须是高尚的，可以给人以积极影响的。

在谈到趣味教育的具体实施时，他也有自己的想法。首先从趣味教育的施教年纪来说，虽然趣味教育是一项全民的、终身的教育，但对个人来说年岁越小、越容易获得终身受用的趣味，因为“人生在幼年青年期，趣味是最浓的，成天乱碰乱追，若不引他到高等趣味的路上，他们便非流入下等趣味不可”。② 教育不及时或教育不得法，都可能导致青少年堕入下等趣味，因此“我们主张趣味教育的人，是要趁儿童或青年趣味正浓而方向未决定的时候，给他们一种可以终身受用的趣味。这种教育办得圆满，能够令全社会整个永久是有趣的”。③ 也就是要从青少年时期开始施行趣味教育，在他们趣味正浓而方向未定的时候给他们正面的引导，就能够更好地引领他们培养高尚的情趣。

其次，趣味教育的方法应该是顺势而为，不可强制性地逼迫学生接受。“教育家无论多大能力，总不能把某种学问教通了学生，只能令受教的学生当着某种学问的趣味，或者学生对于某种学问原有趣味，教育家把它加深加厚。所以教育事业，从积极方面说，全在唤起趣味；从消极方面说，要十分注意不可以摧残趣味”。④ 梁启超认为趣味教育应该是把学生原本只是萌芽或较浅层次的兴趣循循善诱，将其加深加厚，而不能将学生原不感兴趣的课业强加在他们身上，所以趣味教育要特别注意“唤起趣味”，而不是“摧残趣味”。为了保证趣味教育的有效性，教育的内容不能太多太杂，因为“趣味的性质，是越引越深。想引得深，总要时间和精力比较的集中才可。若在一个时期内，同时做十来种的功课，走马看花，应接不暇，初时或者惹起多方面的趣味，结果任何方面的趣味都不能养成。那么，教育效率，可以等于零”。⑤

最后梁启超还提到了趣味教育的三种路径和三种利器。他在《美术与生活》一文中，提出了趣味的源泉在哪里的问题，给出了寻找趣味的三条路径，“第一，对境之赏会与复现。人类任操何种卑下职业，任处何种烦

---

① 夷夏编：《梁启超讲演集》，石家庄：河北人民出版社 2004 年版，第 48 页。
② 夷夏编：《梁启超讲演集》，石家庄：河北人民出版社 2004 年版，第 49 页。
③ 夷夏编：《梁启超讲演集》，石家庄：河北人民出版社 2004 年版，第 49 页。
④ 夷夏编：《梁启超讲演集》，石家庄：河北人民出版社 2004 年版，第 49 页。
⑤ 夷夏编：《梁启超讲演集》，石家庄：河北人民出版社 2004 年版，第 150 页。

劳境界，要之总有机会和自然之美相接触。所谓水流花放，云卷月明，美景良辰，赏心乐事，只要你在一刹那间领略出来，可以把一天的疲劳忽然恢复，把多少时的烦恼丢在九霄云外。倘若能把这些影像印在脑里头令他不时复现，每复现一回，亦可以发生与初次领略时同等或仅较差的效用。人类想在这种尘劳世界中得有趣味，这便是一条路。第二，心态之抽出与印契。人类心理，凡遇着快乐的事，把快乐状态归拢一想，越想便越有味，或别人替我指点出来，我的快乐程度也增加。凡遇着苦痛的事，把苦痛倾筐倒箧吐露出来，或别人能够看出我苦痛替我说出，我的苦痛程度反会减少。不惟如此，看出说出别人的快乐，也增加我的快乐；替别人看出说出苦痛，也减少我的苦痛。这种道理，因为各人的心都有个微妙的所在，只要搔着痒处，便把微妙之门打开了。那种愉快，真是得未曾有，所以俗话叫做'开心'。我们要求趣味，这又是一路。第三，他界之冥构与蓦进。对于现在环境不满，是人类普遍心理，其所以能进化者亦在此。就令没有什么不满，然而在同一环境之下生活久了，自然也会生厌。不满尽管不满，生厌尽管生厌，然而脱离不掉他，这便是苦恼根源。然则怎样救济法呢？肉体上的生活，虽然被现实的环境捆死了，精神上的生活，却常常对于环境宣告独立。或想到将来希望如何如何，或想到别个世界，例如文学家的桃花源，哲学家的乌托邦，宗教学的天堂净土如何如何，忽然间超越现实界闯入理想界去，便是那人的自由天地。我们欲求趣味，这又是一条路"①。在这一段长文中，我们可以看出，梁启超认为趣味不是抽离于人生之上的，而是与人生息息相关的，第一条路径是要学会对自然的欣赏，用心体会欣赏自然中的各种景象，并时时作身临其境的回想复现，自然界鸢飞鱼跃的生机能够让人忘记尘劳世界的烦恼，使人生充满趣味；第二条路径是要培养超越的心态，过滤来自生活的苦痛，收拢各种快乐的素材，学会调整自己的情绪，这样也有助于培养人生的趣味；第三条路径则是要学会跳出现实的环境，为自己缔造一个理想的世界，这样即使肉体沉沦于现实，但精神却可以超拔于现实之上，在想象的空间、理想的世界里，自然妙趣横生。而要获取这三种趣味，最好的利器就是艺术，而其中尤以文学、音乐、美术最为便利。"这三种趣味，无论何人都会发动的。但因个人感觉机关用得熟与不熟，以及从外界帮助引起的机会有无多少，于是趣味享用之程度，生出无量差别。感觉器官敏则趣味增，感觉器官钝

---

① 夷夏编：《梁启超讲演集》，石家庄：河北人民出版社 2004 年版，第 138－139 页。

则趣味减；诱发机缘多则趣味强，诱发机缘少则趣味弱。专从事诱发以刺激个人器官不使钝的有三种利器：一是文学，二是音乐，三是美术。"① 认为对人们进行趣味教育的主要手段是艺术，艺术可以引导人们正确地进行审美活动，使生活充满情趣。

梁启超的趣味教育理论受到中国传统美学思想的影响，从中国当时的实际出发，再在利用西方美学理论的基础上，赋予其趣味独特的内涵。他的趣味教育理论体系，也促进了中西思想的相互融合，促进了现代美学的发展。

"情感教育说"是梁启超在1922年为清华学生中文学社进行课外讲演时，作《中国韵文里头所表现的情感》报告提出来的。他在报告中引用了大量的例子予以深入的阐释和论证。所谓情感教育，就是将情感中善的美的方面发挥出来，淘汰涤荡那些丑的恶的方面，使人们在善的美的情感激发下，从事有益于社会的活动，达到人格的完满。梁启超认为这是培养人的爱美之心的最好方式。梁启超言道："天下最神圣的莫过于情感。用理解来引导人，顶多能叫人知道那件事应该做，那件事怎样做法，却是和被引导的人到底去做不去做，没有什么关系，有时所知的越发多，所做的倒越发少。用情感来激发人，好像磁力吸铁一般，有多大分量的磁，便引多大分量的铁，丝毫容不得躲闪。所以情感这样东西，可以说是一种催眠术，是人类一切动作的原动力。"② 可见，在梁启超看来，情感教育作用于人类是十分有效的，它驱使人满怀情感地去做事。当然，梁启超并不是一味地赞美情感。因为情感也有好坏之分，有善的一面，也有恶的一面，恶的情感将可能导致不利的后果。所以他在极其重视情感教育的立场上又明确地指出："古来大宗教家、大教育家，都最注意情感的陶养。老实说，是把情感教育放在第一位。情感教育的目的，不外将情感善的美的方面尽量发挥，把那恶的丑的方面渐渐压伏淘汰下去。这种工夫做得一分，便是人类一分的进步。"③ 情感教育是陶冶情感的一种方式，从培养情感的角度来说，用情感去感染人、激励人、教育人是有效的。如此来说，因为情感是最容易打动人心的因子，故而情感教育是很有效的教育方法，要将其放

① 夷夏编：《梁启超讲演集》，石家庄：河北人民出版社2004年版，第139页。

② 梁启超：《中国韵文里头所表现的情感》，《饮冰室合集·文集之三十七》，北京：中华书局1989年版，第71页。

③ 梁启超：《中国韵文里头所表现的情感》，《饮冰室合集·文集之三十七》，北京：中华书局1989年版，第71-72页。

在重要的位置上。

梁启超认为艺术是进行情感教育的主要手段，他希望借助艺术这一手段对国民性进行相应的改造。“情感教育最大的利器，就是艺术。音乐、美术、文学这三件法宝，把‘情感秘密’的钥匙都掌住了。艺术的权威，是把刹那间便过去的情感捉住他，令他随时可以再现，是把艺术自己的个性的情感，打进别人的情阈里头，在若干时间内占领了他心的位置。因为它有忒么大的权威，所以艺术家的责任很重，为功为罪，间不容发。艺术家认清楚自己的地位，就该知道，最要紧的工夫，是要修养自己的情感，极力往高洁纯挚的方面，向上提挈，向里体验。自己腔子里那一团优美的情感养足了，再用美妙的技术把他表现出来，这才不辱没了艺术的价值。”① 可见，梁启超从一种人生经验的描述谈到艺术对情感教育的重要性，也谈到艺术家必须要首先修养自己的高洁优美的情感，才能将其表现出来，进而影响到更多的民众，因此艺术家有着非常重要的责任，承担着改变现实苦难，拯救国人于困难人生的重要社会使命。正因为有这样强烈的使命感，梁启超提出“三界革命”，其中特别注重小说在改造国民性中的作用。他亲自把反封建专制的日本政治小说《佳人奇遇》翻译出来，在《清论报》上连载，同时写《译印政治小说序》一文予以鼓吹：“……昔欧洲各国变革之始，其魁儒硕学，仁人志士，往往以其身之经历，及胸中所怀，政治议论，一寄之于小说。……”以西方各国的历史经验为借鉴，指出所译外国政治小说与中国当时政局的关系，把小说的审美功能上升到改造社会国家的高度。梁启超在《论小说与群治的关系》中提出：“欲新一国之民，不可不先新一国之小说。故欲新道德，必新小说；欲新宗教，必新小说；欲新政治，必新小说；欲新风俗，必新小说；欲新学艺，必新小说；乃至欲新人心，欲新人格，必新小说。何以故？小说有不可思议之力支配人道故。”② 此文高度评价小说的社会作用，并且分析了小说熏、浸、刺、提四种艺术作用。“熏”强调的是一个渐变的过程，慢慢熏陶，重点是在于一个从量到质的飞跃过程。“浸也者，入而与之俱化者也”③，

① 梁启超：《中国韵文里头所表现的情感》，《饮冰室合集·文集之三十七》，北京：中华书局1989年版，第71－72页。

② 梁启超：《论小说与群治之关系》，《饮冰室合集·文集之十》，北京：中华书局1989年版，第10页。

③ 梁启超：《论小说与群治之关系》，《饮冰室合集·文集之十》，北京：中华书局1989年版，第7页。

“浸”更多体现在时间上，如果在艺术欣赏的过程中，可以融入自我、忘我地沉浸在书中，与书中情感化为一体，那么可以说是达到了浸的效果了。“刺”的目的是使人在头脑混沌的时候，给自己当头棒喝，以期骤然觉醒，有所追求。“提”是在前三种作用力之后，使人可以达到的升华效果。这种高度强调小说的社会作用的做法显然是受到了西方文学思想的影响。在外界和自身的影响之下，小说作为一种艺术手段，具有平易近人而又赏心乐事的特性，可以给民众以潜移默化、润物无声的作用。在这里，梁启超对小说审美功能的分析和概括，可以说是近代美育思想发展的一大成就，为中国近代审美教育的发展增添了新的内容。

除此之外，梁启超还系统地提出了“新民说”。他指出中国之百姓有诸如爱国心薄弱、独立性脆弱、公共性缺乏、自制力欠缺等缺点。1902年，梁启超在日本横滨创办《新民丛报》，而后开始发表《新民说》，这是他的所有美育思想的出发点。他在《新民说》中指出其主要原因为：①“由于专制政体之陶铸”；②“由于近代霸者之摧锄”；③“由于屡次战败之挫沮”；④“由于生计憔悴之逼迫”；⑤“由于学术匡救之无力”。梁启超将中国国民性的衰敝，主要归咎于统治者的摧残，指责他们只为维护自己腐朽专制统治的需要，不惜对民众的爱国热情与勇气进行镇压，因而造成国民萎靡不振。他认为，振奋民族精神除了要加强教育以开民智、重振学术以兴士风之外，还要从上层对国家的政治制度作出变革，来改变整个国家的经济文化的落后状况。他抓住美育的实质，认为教育应该分为智育、情育、意育三方面，“智育要教到人不惑，情育要教到人不忧，意育要教到人不惧”①。“新民说”伴随梁启超一生，贯穿在他的所有学问之中，开创了以文艺改造国民性这一中国近代以来美学、美育与文艺学优良传统的先河。

2. 王国维的全人美育

王国维被称为中国20世纪第一位学术大师，他在哲学、文学、美学、史学等方面均有建树，对后世影响深远。在王国维身上，西方学术思想的影响十分明显，他第一个把“美学”这一概念从西方引进中国，较系统地对此加以发扬和传播。由于受到西方学科分类的影响，他十分注意美学的特殊性，由此确立了美学在人文科学中的独特地位。他的美育思想的形成

① 梁启超：《为学与做人》，《饮冰室合集·文集之三十九》，北京：中华书局1989年版，第105页。

主要是受到康德、叔本华、席勒的影响，同时也受到中国传统美学思想的深刻影响。他在自己的学术建构中，有意识地拿起西方的哲学美学观念与方法，对中国传统美学和艺术进行剖析和论证，从而在中西融汇中，生成了一种崭新的审视、研究中国古代文艺的视角。不管其观点正确与否，在观念和方法上，在那个时代都可以说是全新的，因此评价他在中国美学从古典转向现代的历史发展中起到承上启下的作用应是没有过誉的。

王国维在18岁之前主要接受中国传统教育，除在私塾接受教育外，还从其父学习骈散文及古今体诗、金石书画，并长于考据。中日甲午战争的爆发促使王国维产生了学习西学的欲求，最初他从日本英文老师那里获得关于康德与叔本华的哲学论著，后经罗振玉的资助留学日本，回国后致力于对康德、席勒、叔本华等学者的哲学思想的学术研究，并翻译大量西方哲学美学著作。其美育思想深受康德、席勒的影响。席勒在《美育书简》中提出解决社会问题的途径是美育。人性的完善就是道德的完善，而美育则是道德复苏的强有力手段，美育也是人达到精神解放和完善人性的先决条件。这就证明了美育作为教育人的最佳手段，是培养全面发展的人的前提。席勒的美育思想深深地影响了王国维。在对中西社会进行比较之后，他认为应当首先改造国民精神，所以他选择从事学术研究和文艺创作，以求“教育救国”。把教育发展好了，那么全体国民都将有高尚的精神生活，如果不改变人的精神面貌与国民素质，那么中国永远不能摆脱“落后就要挨打”的困局。因此，王国维提倡美育，主张用美育来解决国民性弱点，培养高尚的精神世界。

王国维对美育有着自己独特的理解，他认为应该把美育视作一门独立的学科，因为美育有其自身独有的作用，可以陶冶人的性情，丰富人的情感，减少人的痛苦，同时美育也可以和其他教育形式相互联系，相互作用，促成“完全人物”的培养。1906年，王国维在《教育世界》56号上发表了《论教育之宗旨》一文，文中说：“教育之宗旨何在？在使人为完全之人物而已。何谓完全之人物？谓人之能力无不发达且调和是也。人之能力分为内外二者：一曰身体之能力，一曰精神之能力。发达其身体而萎缩其精神，或发达其精神而罢敝其身体，皆非所谓完全者也。完全之人物，精神与身体必不可不为调和之发达。而精神之中又分为三部：知力、感情及意志是也。对此三者而有真美善之理想：‘真’者知力之理想，‘美’者感情之理想，‘善’者意志之理想也。完全之人物不可不备真美善之三德，欲达此理想，于是教育之事起。教育之事亦分为三部：智育、德育（即意育）、美育（即情育）是也。”[①] 从以上阐述可以明显看出，王国维的美学思想深受康德、叔本华等人的影响。康德曾将人的心理分为知、情、意三个部分，王国维也把智育、德育和美育作为心育的重要组成部分。而与康德不同的是，在王国维的体系中，心育与体育并列，美育同智育、德育作为心育的组成部分具有独立的地位，他认为美育就是“情育”，艺术是美育的主要手段，通过审美使人忘却物我关系，摆脱痛苦。他在中国教育史上第一次提出了以德育、智育、体育和美育来培养“完全之人物”的主张，首次把美育放在教育学的角度加以讨论和思考。他得出结论说：“三者并行而得渐达真美善之理想，又加以身体之训练，斯得为完全之人物，而教育之事毕矣。”[②] 他强调德、智、体、美“四育”全面发展，人才能成为具有完整人格的人。

而针对现实教育中人人重德育智育而忽视美育的现象，他进一步阐发了美育的重要性：“德育与智育之必要，人人知之。至于美育，有不得不一言者。盖人心之动，无不束缚于一己之利害而入于高尚纯洁之域，此最纯粹之快乐也。孔子言志，独与曾点，又谓：‘兴于诗，成于乐。’希腊古代之以音乐为普遍学之一科，及近世希痕林（通译谢林）、希尔列尔（通译席勒）之重美育学，实非偶然也。要之，美育者，一面使人之感情发达，以达完美之域；一面又为德育与智育之手段。此又教育者所不可不留意也。”[③] 他认为，美育的首要任务是“使人感情发达，以达完美之域”。美育一方面具有自己独特的性质和目的，但另一方面与德育、智育又不是决然相分或相互外在的。正确的美育应该能促进德育与智育的发展，成为辅助德育与智育的有效手段。这既充分肯定了美育的独立价值，又重视了美育对德育、智育的辅助作用，由此可说王国维对美育的认识是比较全面的。

王国维的美育思想源于席勒，他在《教育家之希尔列尔》一文中有过介绍：“希尔列尔以为真之与善，实赅于美之中。美术、文学非徒慰藉人生之具，而宣布人生最深之意义之艺术也。一切学问，一切思想，皆以此

---

① 王国维：《论教育之宗旨》，周锡山编校：《王国维集》（第四册），北京：中国社会科学出版社 2008 年版，第 7 页。

② 王国维：《论教育之宗旨》，周锡山编校：《王国维集》（第四册），北京：中国社会科学出版社 2008 年版，第 8 页。

③ 王国维：《论教育之宗旨》，周锡山编校：《王国维集》（第四册），北京：中国社会科学出版社 2008 年版，第 8 页。

为极点。人之感情惟由是而满足而超脱，人之行为惟由是而纯洁而高尚，其解美术文学也如此。故谓教人以为人之道者，不可不留意于美育。一千七百九十三年，即其三十四岁时，曾以书简之体裁著一美育论。"① 文中对席勒的《美育书简》及其美育论给予了高度赞美，认为其书大旨，已经超越了古希腊只就个人修养而谈美育的局限，而"由人道之发展上而主张美育"，因此也给予席勒很高的赞誉，认为他是"世界的文豪""教育史上之伟人"。王国维从中也意识到了审美所具有的无利害性，希图借美育来引导人超脱于现实，并由此达到高尚的道德和情感境界，造成完全之人格，培养完全之人物。

王国维还在《霍恩氏之美育说》一文中介绍过美国教育哲学家霍恩的美学观，其中涉及审美教育的性质、审美教育所以为人忽视之故、卢骚之审美教育说、柏拉图之审美教育说、审美教育之重要（美育之休养的价值、社会学之价值、心理学之价值、伦理之价值）、审美教育之实际问题（宜利用境遇之感化、宜推广技能之学科课程、宜改良技能科之教法、宜创造审美之校风、宜培养审美之教师）②。从以上列举可以看出，王国维对霍恩美育说作了详细的介绍，而且他在述说霍恩美育的时候完全加入了自己的理解，与其提倡的完人教育是相吻合的，如其提到美育之修养的价值时说："凡人于日日为事时，不可无休养。审美的教育即为此之故……审美的感动即对美之观念之快感。而常能诱起其感情者，不外美术的建筑物、雕刻、绘画、诗歌、音乐或自然景色之类。吾人之心意，常由此等而进于幸福之冥想。而其所为冥想也，决非为吾人之利用厚生，惟归于吾人生活之完全耳。"③ 霍恩未必有"完全"一说，此处都是王国维以自己全人美育的观念对霍恩思想的发挥和理解，但他对西方美育思想的介绍对督促时人"知美育之重要，而相与从事研究"起到了一定的推动作用。

王国维除了将西方美育思想引介到中国学界，还将西方美学理论应用到中国美学的研究中，并取得了十分突出的成就。他的《〈红楼梦〉评论》《人间词话》《宋元戏曲考》都是中国文学批评史上的名著。在《人间词

---

① 王国维：《教育家之希尔列尔》，周锡山编校：《王国维集》（第二册），北京：中国社会科学出版社 2008 年版，第 29 页。

② 王国维：《霍恩氏之美育说》，周锡山编校：《王国维集》（第二册），北京：中国社会科学出版社 2008 年版，第 69 – 75 页。

③ 王国维：《霍恩氏之美育说》，周锡山编校：《王国维集》（第二册），北京：中国社会科学出版社 2008 年版，第 71 页。

话》中，王国维建构了以“境界”为核心范畴的审美体系，这是中国现代美学史上第一个审美批评理论模式。在《去毒篇》《孔子之美育主义》《人间嗜好之研究》《叔本华之哲学及其教育学说》《叔本华与尼采》《论近年之学术界》《论哲学家及美术家之天职》《屈子文学之精神》《文学小言》《古雅之在美学上之位置》等文章中，他都从社会学、心理学、教育学等不同角度论述了美育问题，发表了很多有价值的见解。如在《孔子之美育主义》一文中，用了大半篇幅介绍叔本华、席勒等人关于美无关功利、不涉利害的本质特征，然后以西学美育思想转而观孔子之学说，认为孔子的教育思想是“始于美育，终于美育”；他还认为“孔子之教人，于诗乐之外，尤使人玩天然之美。故习礼于树下，言志于农山，游于舞雩，叹于川上，使门弟子言志，独与曾点。点之言曰：‘莫春者，春服既成，冠者五六人，童子六七人，浴于沂，风乎舞雩，咏而归。’由此观之，则平日所以涵养其审美之情者可知矣。之人也，之境也，固将磅礴万物以为一，我即宇宙，宇宙即我也。光风霁月不足以喻其明，泰山华岳不足以语其高，南溟渤澥不足以比其大。邵子所谓‘反观’者非欤？叔本华所谓‘无欲之我’、希尔列尔所谓‘美丽之心’者非欤？此时之境界：无希望，无恐怖，无内界之争斗，无利无害，无人无我，不随绳墨而自合于道德之法则。一人如此，则优入圣域；社会如此，则成华胥之国。孔子所谓‘安而行之’，与希尔列尔所谓‘乐于守道德之法则’者，舍美育无由矣”①。在这段文字里，尽管王国维把孔子的“安而言之”与席勒的美育观进行类比有些牵强，但都是对美育所达到的个人性格提升和社会安定和谐作用的肯定，同时也指出了所谓的‘无用之用’最终还要落脚在提升国人的趣味。可以看出，王国维在引进西方美育思想之初，就已经带上自己洋为中用的理解，深深烙上了儒学传统价值观，即通过美育来培养完全之人物，以实现社会的安定有序。在这一点上，王国维与孔孟的美育观殊途同归。他深刻地认识到长期以来我国国民教育中审美教育的缺乏，感叹道：“呜呼！我中国非美术（艺术）之国也！一切学业，以利用之大宗旨贯注之。治一学，必质其有用与否；为一事，必问其有益与否。美之为物，为世人

① 王国维：《孔子之美育主义》，周锡山编校：《王国维集》（第四册），北京：中国社会科学出版社 2008 年版，第 5－6 页。

所不顾久矣！"[①] 王国维认为，由于长期以来在国民教育中缺乏审美教育与美感的养成，且我国历来对艺术、建筑、戏剧等有关美的学科采取功利主义的态度，所以养成了国民在日常闲暇生活中的种种恶习，故培养人们的审美趣味也是改造国民性的一条必然的道路。

由以上分析可以看出，王国维意识到了美育的独立地位，但对西方美育思想的引进却是以中国传统的儒家核心价值观为接受基础的，是以传统的观念去同化西方的美育观，或以此来印证传统的美育观。与此同时也过分夸大了美育的社会功用，让美育去承担不可能独立担当的社会重任，也因此容易忽视美育的独特性能，把它完全等同于德育的手段或德育的一部分，因此，要真正建立系统的美育理论还任重而道远。

3. 蔡元培的美感教育与"以美育代宗教"

王国维之后，对美育进行系统研究和阐述，并对中国社会产生深刻影响的是著名的教育家蔡元培。在中国美育史上，蔡元培是近代美育向现代美育转变过程中的重要人物。他是中国近代美育的积极倡导者和实践者，他的著作具有完整的理论体系，他制定了相关的美育方针，广泛推行民族的美育实践活动，被视为中国现代教育史上"美感教育"的创始人，被称为"中国美育之父"。陈望道先生曾经指出："中国有美育，实以蔡元培先生提倡为最早。"蔡元培在幼年时期接受的是中国封建传统教育，后来因父亲去世，家中再无力聘请塾师授课，便辗转换了四五个"授业师父"。年少时他走的也是科举道路，这在蔡元培的年谱里，有着相应的叙述。他在十七岁之前完全都是为了考试而读书，直到十七岁高中秀才，才开始广泛自由地阅读。随着帝国主义列强的侵入，中国传统儒家的价值体系面临严峻挑战，维系中国数千年的伦理道德也濒临崩溃的边缘。中国社会出现了道德沦丧、世风日下的局面，蔡元培在接受了国内近代思想家和西方资产阶级自由、平等、博爱思想的影响之后，毅然决然地走上了留学的道路。他在 1908 年 11 月进入莱比锡大学，学习了整整三年，在 1912 年远赴德国，后又在 1913 年 9 月前往法国，从事相关学术研究。蔡元培生活的年代正是我国从传统社会走向近现代社会的转型时期，是中西文化剧烈碰撞的时代。

在北大任教期间，蔡元培的美育思想逐步走向成熟。由于受康德和席

---

① 王国维：《孔子之美育主义》，周锡山编校：《王国维集》（第四册），北京：中国社会科学出版社 2008 年版，第 6 页。

勒的影响，他认为人的精神作用可以分为三种：智识、意志、情感，其中情感即为美育。蔡元培认为整个世界可以分为现象世界和实体世界，人的感情介于这两者之间，所以美育便成为对整个世界完整把握的必要途径。他为此用文字进行说明：“美感者，合美丽与尊严而言之，介乎现象世界与实体世界之间，而为之津梁。此为康德所创造，而嗣后哲学家未有反对之者也。……人既脱离一切现象世界相对之感情，而为浑然之美感，则即所谓与造物为友，而已接触于实体世界之观念矣。故教育家欲由现象世界而引以到达于实体世界之观念，不可不用美感之教育。”① 他认为美感的功用十分大，如果人能带着一种审美的态度去面对世间万象，那么人会更加靠近实体世界。对于美育、智育和德育三者的关系，蔡元培有过详细的分析，在他的健全人格教育思想当中，德育是完全人格的根本。关于美育对德育的助力作用，蔡元培曾在不同的场合，通过不同的文字对之进行了说明。1917 年，在《致〈新青年〉记者函》一文中，蔡元培表达了美育对德育的助力作用。1930 年他在为《教育大辞书》所撰写的“美育”条目中论述道：“美育者，应用美学之理论于教育，以陶冶感情为目的者也。”② 这突出了美育的情感特征，将其与智育、德育区分开来。另一方面，他揭示了美育与德育、智育的关联性及对两者的渗透辅助性：“人生不外乎意志；人与人互相关系，莫大乎行为；故教育之目的，在使人人有适当之行为，即以德育为中心是也。顾欲求行为之适当，必有两方面之准备：一方面，计较利害，考察因果，以冷静之头脑判定之；凡保身卫国之德，属于此类，赖智育之助者也。又一方面，不顾祸福，不计生死，以热烈之感情奔赴之；凡与人同乐、舍己为群之德，属于此类，赖美育之助者也。所以美育者，与智者相辅而行，以图德育之完成者也。”③ 根据此段文字，我们不难看出他认为教育的中心在于德育，美育和智育相辅相成，才能达到德育的目的，培养一个全面发展的人。在《美育与人生》一文中，他进一步对美育进行解释：“人人都有感情，而并非都有伟大而高尚的行为，这由于感情推动力的薄弱。要转弱而为强，转薄而为厚，有待于陶养。陶养的工具，为美的对象，陶养的作用，叫作美育。”④ 由此突出了美育具有“陶

---

① 高平叔编：《蔡元培美育论集》，长沙：湖南教育出版社 1987 年版，第 5 页。

② 高平叔编：《蔡元培美育论集》，长沙：湖南教育出版社 1987 年版，第 208 页。

③ 高平叔编：《蔡元培美育论集》，长沙：湖南教育出版社 1987 年版，第 202 页。

④ 蔡元培：《美育与人生》，《蔡元培全集》（第 6 卷），高平叔编，北京：中华书局 1984 年版，第 158 页。

养感情”的作用，美育可以促成高尚道德的形成，培养人的超越精神，有助于德育、体育、智育的实施。

蔡元培认为当前国家局势的解决之道唯有“美育”。他指出：“吾国之患，固在政府之腐败与政客军人之捣乱，而其根本则在于大多数之人皆汲汲于近功近利，而毫无高尚之思想，惟提倡美育足以药之。”① 他在丰富自己的美育思想的同时，一边批判地继承了我国古代“礼乐相济”的教育形式，一边又从西方美学思想中汲取营养。他在充分肯定“礼乐相济”的意义之后，又结合了立普斯的“移情说”以及康德的“美感自由说”，使其美育理论达到了融合中西的效果。他在《教育大辞书》的“美育”条目中作如下解释：“吾国古代教育，用礼、乐、射、御、书、数之六艺。乐为纯粹美育；书以记述，亦尚美观；射御在技术之熟练，而亦尚态度之娴雅；礼之本意在守规则，而其作用又在远鄙俗；盖自数以外，无不含有美育成份者。其后若汉魏之文苑、晋之清谈、南北朝以后之书画与雕刻、唐之诗、五代以后之词、元以后之小说与剧本，以及历代著名之建筑与各种美术工艺品，殆无不于非正式教育中行其美育之作用。”② 可见，他和王国维一样，是在中国传统美育滋养之比照下对西方美育的有选择的吸收，不是全盘西化，盲目崇信西方学术。

蔡元培对于美育的贡献，还在于他1912年2月任教育总长时，在《对于新教育之意见》中将美育定为基本教育方针。他认为，教育的桥梁作用主要是通过美育来实现的，所以他主张“注重道德教育，以实利教育、军国民教育辅之，更以美感教育完成其德”③，这是在中国教育史上第一次把美育写进国家的教育方针，充分体现了蔡元培对美育的重视。蔡元培是第一位明确提出“五育（军国民主义教育、实利主义教育、公民道德教育、世界观教育和美育）并举”的新式教育思想的教育家，证明他对培养健全人格人才的初步思考。在蔡元培的“五育”教育系统中，每一育都有着不可替代的重大作用。他以人的身体来进行比较形象的说明：“譬之人身，军国民主义者，筋骨也，用以自卫；实利主义者，胃肠也，用以营养；公民道德者，呼吸机循环机也，周贯全体；美育者，神经系也，所以传导；

---

① 蔡元培：《在天津车站的谈话》，《蔡元培全集》（第3卷），高平叔编，北京：中华书局1984年版，第296页。

② 蔡元培：《美育》，《蔡元培全集》（第4卷），高平叔编，北京：中华书局1984版，第20页。

③ 蔡元培：《教育宗旨令》，《蔡元培教育论著选》，北京：人民教育出版社1991年版，第1页。

世界观者，心理作用也，附丽于神经系而无迹象之可求。此即五者不可偏废之理也。”① 在这篇文章中，他将四者给予了不同的比重：“军国民主义当占百分之十，实利主义当占其四十，德育当占其二十，美育和世界观占其三十。”② 他认为人的教育应该是全面的，不能偏废，因此应该重视美育的价值和作用，只有这样，才能够培养出德智体美全面发展的健全人格。他的“五育并举”教育思想的提出，不仅在当时具有重要的理论和现实意义，而且对于中国教育理论的发展，也产生了重大的影响。

蔡元培最重要的观点还是他的“以美育代宗教”论，辛亥革命失败后，各种宗教救国论泛滥，国教运动甚嚣尘上，教育界也出现一股“尊孔读经”，鼓吹“一切归功于宗教观，遂欲以基督教导国人”的迷信宗教思想浪潮。对此，蔡元培首次发表“以美育代宗教”说。蔡元培在《以美育代宗教说》《美育》《美育代宗教》等文章中，对“以美育代宗教”说从心理学与教育学两方面进行了分析。因该观点还将在后文分析，此处不再赘述。

1922 年，蔡元培在《美育实施的办法》一文中，深入详尽地探讨了美育实施的具体问题，还确立了家庭美育、学校美育和社会美育，三种美育方式相互贯穿，相依相存，共同构成人一生完整的美感教育流程。

其一是家庭美育。蔡元培认为教育的起点应该从胎教开始抓起，所以他觉得首先就应从公立的育婴院和胎教院开始着手，从胎教院的选址、建筑风格、配套设施到室内布置，他认为都要精心设计。因为胎教院是用来给孕妇住的，所以胎教院和育婴院都应该设在空气清新、风景秀丽的地方，不能为都市里混浊的空气所污染。建筑的形式要讲究对称美，院中应该设有广场、庭院以供散步，可以做轻微的运动；设置泉水、鱼池、花木的陈列雕刻图画以供观赏玩乐、赏心悦目；陈列的器具要轻便、精巧、雅致；艺术作品要是古典的、优美的，一切粗犷、猥亵、悲惨、怪诞的都要排除在外，总之要让孕妇与婴儿生活在由自然美和艺术美构成的环境中。除此之外，还要求院子里其他人的言行态度、音容姿势，都要堪称典范，务必使孕妇和儿童生活在和谐、优雅、轻松、活泼和美的环境之中③等。

① 蔡元培：《对于新教育之意见》，《蔡元培全集》（第 2 卷），高平叔编，北京：中华书局 1984 年版，第 135 页。

② 高平叔编：《蔡元培美育论集》，长沙：湖南教育出版社 1987 年版，第 6 页。

③ 蔡元培：《美育实施的方法》，《蔡元培全集》（第 4 卷），高平叔编，北京：中华书局 1984 年版，第 211－212 页。

这些就是专门针对胎儿所进行的美育，此外还有育婴院的设置，在此就不作详细叙述了。

其二是学校美育。首先幼稚园“是家庭教育与学校教育的过渡机关”[①]。当儿童满三岁的时候，就要进幼稚园了。幼稚园的美育课程应该迎合孩子的兴趣，让孩子主动接受舞蹈、唱歌、手工课，培养他们对美的兴趣，计算课、说话课也要迎合他们的美感，力戒枯燥的学习氛围出现。他认为，从小学、中学直到大学，除专属美育的音乐、图画、体育、文学，数学、物理、化学、天文学、地理学等学科研究的对象，也往往具有美的因素，都含审美意义，所有“凡是学校所有的课程，都没有与美育无关的”[②]。蔡元培主张把美感教育贯彻到一切学科中，同时又在智育、德育的各个学科中挖掘美育的材料，使智育、德育与美育相得益彰，使学生在任何知识学习中都能受到一定的美感教育。

经过这种普通的美育之后，学生再根据自己的兴趣，选择是否进入专门的艺术学校或者文学艺术专业，也就是专门的美育学校继续学习。受过专门美育的人，将来要承担社会的美育任务，蔡元培创办的各种艺术学校，就是专门美育的场所。他说道：“每个学校的建筑式样、陈列品都要合乎美育的条件，可以时时举行辩论会、音乐会、成绩展览会、各种纪念会等等，都可以利用他来行普及的美育。”[③]

其三是社会美育。这包括两个方面的内容，一方面是设立美育机关，如美术馆、美术展览会、音乐会、剧院、影戏馆、历史博物馆、古物学陈列所、人类学博物馆、植物园、动物园等，这些机关承担专门的美育任务。蔡元培将美育与文化建设、城市规划联系起来，通过社会环境的美化来培养民众的审美情操，净化民众的审美理想，这无疑是一个伟大而明智的主张。比如，在对美术馆的规划中，他就说过：“美术馆，搜罗各种美术品，分类陈列于一类中，又可以时代为次，以原本为主，但别处所藏的图画，最著名的，也用名手的摹本；别处所藏的雕刻，也可用摹造品。须有精印的目录，插入最重要品的摄影。每日定时开馆，能不收入门券费最

---

① 蔡元培：《美育实施的方法》，《蔡元培全集》（第 4 卷），高平叔编，北京：中华书局 1984 年版，第 212 页。

② 蔡元培：《美育实施的方法》，《蔡元培全集》（第 4 卷），高平叔编，北京：中华书局 1984 年版，第 213 页。

③ 蔡元培：《美育实施的方法》，《蔡元培全集》（第 4 卷），高平叔编，北京：中华书局 1984 年版，第 213 – 214 页。

善；必不得已，每星期日或节日必须免费。”① 可以看出，他的规划设计极其详细，对安排布置也费了很多心思，从这样一个小小的侧面也反映了他对中国美育事业的热忱。另一方面是美化环境，如道路、建筑、公园、名胜的布置和古迹的保存等等，城市建设也要符合美术家的要求和全民美育的条件，使现代城市成为自然美、生活美、艺术美的综合体。美育的实施得益于包括物质环境、地理环境、人文环境的整体氛围对人审美趣味、审美理想的影响，社会环境对人的影响是潜移默化的。

蔡元培对美育实施办法的设想，是十分详细的。蔡元培在其开展的美育启蒙运动中，将艺术教育作为美育的主要形式，进行美的宣传和美育的实施，美育事业取得了显著的进步。但是在当时动荡的社会环境下，他提出的美育举措大部分没有得到贯彻实施。直到 1938 年，晚年的蔡元培还在为别人撰写的书序中，叙述着他多年来想写一部“以美育代宗教”的论著。这是蔡元培一生都追寻的理想。1940 年 3 月 5 日，蔡元培在香港病逝，终年 72 岁。临终前，他还念念不忘地叮嘱身边的人要坚持“教育救国”“美育救国”。

蔡元培是伟大的教育家，也是中国美学转折时期具有理论建树和实践战绩的杰出人物，是近现代美育的奠基人和倡导者，是使美育理论与美育实践相结合的美育思想集大成者。他所讲的美学基本上是西方美学，尤其是德国古典美学，康德二元论美学给他提供了主要的美学观念，心理实验美学给他提供了科学的实证方法，所以西方美学对中国近现代美育产生的巨大影响在他的身上表现得很充分。

4. 胡适的平民主义美育观

1919 至 1921 年，美国著名实用主义哲学家、教育家杜威应邀来华讲学，他的演讲被收集成《杜威五大讲演》《平民主义与教育》《杜威先生与中国》等著作出版。当时，杜威的学生胡适、陶行知等创办《新教育》杂志（1919 年），也积极推行其教育观、美育观，并产生很大影响。

杜威的教育思想，早在 20 世纪初，就已开始在中国传播了。1912 年 2 月，蔡元培在《对于新教育之意见》一文中，首次向人们推荐了杜威及其实用主义教育思想。胡适的“平民教育”、陶行知的“生活即教育”都是深受杜威教育思想的影响而提出的。杜威所主张的教育是一种美育化的教

① 蔡元培：《美育实施的方法》，《蔡元培全集》（第 4 卷），高平叔编，北京：中华书局 1984 年版，第 214 页。

育，是以“兴趣”或以“美感”为中心的教育，这种美育并不局限于艺术，而是覆盖全部的教育领域，贯穿所有的教育科目，因而是一种“大美育”。杜威认为教学就是一门艺术，教育即生活，学校即社会，主张教学方法应根据“从做中学”的原理，以儿童的活动为中心，并试图通过教育来实现阶级的调和和社会的改良；杜威认为实用主义教育所研究追求的，都是为了增进国家秩序的稳定，做一份事，对国家就有一份利益。实用主义教育思想还强化了中国现代美育的现实精神，另外，他认为教育必须首先告诫人们通过职业的劳动创造，来解决“生计”问题，并在此基础上培养一种热爱“职业”和“生活”的情感，把“教育”与“生活”紧密地联系起来，使人们“从中获得他会感到高兴和感到有意义的生活经验”，获得一种审美的“惊奇”“兴趣”和愉悦。面对旧中国的情况，杜威的实用主义，反对文化只为少数贵族子弟服务，而没有做到应当承担教育全体人民的任务，提高民众的文化水平，提高劳动对于人们的趣味性的责任。“中国的社会教育，受教育者也大多为有势力有金钱的贵族子弟，根本没有平民教育，并且又偏重男子，轻视女子，像这种教育就叫做阶级教育。平民的教育乃是公共的教育，是全国人人所应享受的。若不提倡平民主义的教育，那么，一般平民觉得终日劳动都为了衣食，人的生活是很没有趣味的。久而久之，他们对于一切事业渐渐产生不愉快的反应。”① 可见，实用主义教育思想也强化了现代中国审美文化的民主意识。

胡适受其影响，提倡实用主义的平民教育，多次强调要重视普及教育，提倡政府办义务教育，“他们用全力去做‘提高’的事业，却又忽略了教育‘普及’的方面”“欲要救济教育的失败，根本的方法只有用全力扩大那个下层的基础，就是要下决心在最短年限内做到初等义务教育的普及。国家与社会在今日必须拼命扩充初等义务教育，然后可以用助学金和免费的制度，从那绝大多数的青年学生里，选择那些真有求高等知识的天才的人去升学”②。

蔡元培之后，胡适与陈独秀大力批判中国传统文化中糟粕对人的精神危害，以此来改造中国的国民素质。胡适受过系统的西方哲学熏陶，在引

① 杜威：《平民主义的教育》，《杜威在华讲演集》，江苏省立第二师范学校新学社 1919 年编辑出版。

② 胡适：《教育破产的救济方法还是教育》，《胡适文存》（四集），黄山：黄山书社 1996 年版，第 377、380 页。

用西方文化比较中国传统文化方面，较陈独秀更胜一筹。在《我们对于西洋近代文明的态度》一文中，胡适进一步论述东西方文明的优劣："东方的文明的最大特色是知足，西洋的近代文明的最大特色是不知足。知足的东方人自安于简陋的生活，故不求物质享受的提高；自安于愚昧，自安于'不识不知'，故不注意真理的发见与技艺器械的发明；自安于现成的环境与命运，故不想征服自然，只求安天乐命，不想改革制度，只图安分守己，不想革命，只做顺民。这样受物质环境的拘束与支配，不能跳出来，不能运用人的心思智力来改造环境改良现状的文明，是懒惰不长进的民族的文明，是真正唯物的文明。这种文明只可以遏抑而决不能满足人类精神上的要求。"[①] 这种比较与严复、梁启超在改良主义运动中对东方与西方文明与文化的比较，虽然在理论上并无多大的发展，但是由于处于新文化运动中，当时的时代环境，使得人们对中国国民性的弊端看得更为明晰，批判的意识更为强烈。而此时的严复等人已经退回到封建文化的老路中去了。相比之下，胡适与陈独秀这些"五四"猛将却显示出更为激烈的态度。他们认为在乌烟瘴气的军阀统治下，整个社会和人民处于病态之中，因而提出对那段黑暗日子里国民精神的诅咒与批判。胡适曾多次坚决反对那种对身体摧残的变态审美，对抽鸦片和裹小脚的恶习深恶痛绝，如他在《三论信心与反省》中提到"我们走遍世界，研究过初民社会，没有看见过一个文明或野蛮的民族把他们的女人的脚裹小到三四寸，裹到骨节断折残废，而一千年公认为'美'的！也没有看见过一个文明的民族的智识阶级有话不肯老实说，必须凑成对子，做成骈文、律诗、律赋、八股，历一千几百年之久，公认为'美的'"[②]！

胡适认为教育的目的为"救国"，但真正的救国行动不在于"排队游街，高喊着'打倒英日强盗'"，也不在于"砍下手指写血书""蹈海投江""杀身殉国"，"救国的事业须要各色各样的人才，真正的救国的预备在于把自己造成一个有用人才"[③]。显然，胡适的主张确立了"实践"在"爱国主义"运动中的地位，即通过教育来救国，来维护国家的秩序，"国家的纷扰，外间的刺激，只应该增加你求学的热心与兴趣，而不应该引诱

---

① 胡适：《我们对于西洋近代文明的态度》，《胡适文存》（三集），黄山：黄山书社 1996 年版，第 10 页。

② 胡适：《三论信心与反省》，《胡适文存》（四集），黄山：黄山书社 1996 年版，第 348 页。

③ 胡适：《爱国运动与求学》，《胡适文存》（三集），黄山：黄山书社 1996 年版，第 571 页。

你跟着大家去呐喊。呐喊救不了国家。……你的事业是要把你自己造成一个有眼光有能力的人才”①。可以说，胡适的说法针对当时青年学子盲目爱国的行径有较大的警醒作用，有益于热血青年把宣传爱国主义的理想和热情转化到爱国主义的伟大行动上来，从实际上深化了中国现代美育的爱国情感。

作为杜威实用主义的继承者，胡适还强调环境对人们审美能力培养的重要性。他在自己的诗文集中讲到“每个生物是世界的一分子，和世界同受苦，同享福；他所以能居然生存，全靠他能把自己作为环境的一部分，预料未来的结果，使自己的活动适宜于这种变迁的环境，如此看来，人既是世界活动里面的一个参战者，可见知识乃是一种参战活动，活动的价值全靠知识的效能。知识决不是一种冷眼旁观的废物，懂得这个道理，方才可以懂得杜威说的‘真教育只是儿童被种种社会环境的需要所挑起的才能的活动’”②。胡适之所以如此强调和推崇环境对美育教育的作用与他本人的人生经历是分不开的。

胡适早年丧父，自幼与母亲相依为命。在他儿时的记忆里，母亲总是为他的眼疾四处奔走，甚至听信于坊间术士的偏方用口水可以治好他的眼疾，于是母亲就经常帮胡适舔害了眼疾的那只眼睛。在学习上，母亲对他的管教是十分严厉的，读私塾的时候，每天最早到的都是胡适，“先君遗命必令适读书。先母督责至严，每日天未明即推适披衣起坐，为缕述先君道德事业，言，‘我一生只知有此一个完全的人，汝将来做人总要学尔老子。’天明，即令适着衣上早学。九年如一日，未尝以独子有所溺爱也”③。只要犯错误就会受到母亲的批评，同时胡母为了让胡适能够在学业上更进一步，每年都要交别的孩子几倍的学费。种种行为让年幼的胡适在这个充满爱的家庭环境里茁壮成才，这种无私的母爱无时无刻不影响着幼年的胡适，而这恰恰也与家庭美育的最终目的不谋而合。来自母亲的良好家庭教育使胡适深受其益，在 17 岁就写下了《论家庭教育》，倡导男女平等，极力推崇家庭教育中母亲的主导地位，提倡让女子接受良好的教育，认为只有妇女得到好的教育才会有相应的文化素养教育好自己的孩子。

---

① 胡适：《爱国运动与求学》，《胡适文存》（三集），黄山：黄山书社 1996 年版，第 572 页。

② 姜义华主编，胡适著：《胡适学术文集 哲学与文化》，北京：中华书局出版社 1998 年版，第 49 页。

③ 胡适：《先母行述（1873—1919）》，《胡适文存》（一集），黄山：黄山书社 1996 年版，第 573 页。

另外，在胡适的审美教育思想当中，对于学校环境的建设也有独到见解。他认为只有美的环境，才能使人们接触到美的事物，进入美的境界，在耳濡目染的影响之下实现审美的教育。同时，在这方面他也身体力行，在北大任校长期间，多次明确地提出要建设好的大图书馆、教室、宿舍、大讲堂，创造出美的环境，让学生置身于美的环境之中，去感受美、发现美。而这人与环境融合的过程，也就是审美教育的过程。

在《赠与今年的大学毕业生》一文中，胡适还提到了大学生毕业之后如何防止抛弃学生时代的求知欲和对理想人生的追求。他讲到三个防身的药方，其实涉及的仍是审美教育的问题。审美教育是一种情感教育，它能够帮助人缓解生活的压力和保持平和的心态。他提出的三个药方：一是寻一个有趣的问题；二是发展一点非职业的兴趣；三是对生活有信心。这一点正是着力于人的性情方面的培养。他说道："如果你有了一个真有趣的问题天天逗你去想他，天天引诱你去解决他，天天对你挑衅笑你无可奈何他。"①这时候，你就自然能保持发展你对学问的兴趣。"凡一个人用他的闲暇来做的事业，都是他的业余活动。往往他的业余活动比他的职业还更重要，因为一个人的前程往往全靠他怎样用他的闲暇时间。……古来成大学问的人，几乎没有一个不是善用他的闲暇时间的。特别在这个组织不健全的中国社会，职业不容易适合我们性情，我们要想生活不苦痛或不堕落，只有多方发展业余的兴趣，使我们的精神有所寄托，使我们的剩余精力有所施展。有了这种心爱的玩艺儿，你就做六个钟头的抹桌子工夫也不会感觉烦闷了，因为你知道，抹了六点钟的桌子之后，你可以回家去做你的化学研究，或画完你的大幅山水，或写你的小说戏曲，或继续你的历史考据，或做你的社会改革事业。你有了这种称心如意的活动，生活就不枯寂了，精神也就不会烦闷了。"② 闲暇时间都能做自己喜欢的事情，自然而然就能使生活不枯燥，精神不烦闷，每个人都能有一种闲暇的心态，自然整个社会的风气也会趋于审美化。

5. 陶行知的真教育与生活教育美育实践

陶行知作为杜威的最得意学生，在推行我国现代美育理论的研究和审

---

① 胡适：《赠与今年的大学毕业生》，《胡适文存》（四集），黄山：黄山书社 1996 年版，第 373 页。

② 胡适：《赠与今年的大学毕业生》，《胡适文存》（四集），黄山：黄山书社 1996 年版，第 374 页。

美教育事业的实施方面作出了更大的贡献。1917 年他学成归国，意欲为中国的教育事业作一番大事。他服膺杜威的“教育即生活”理论，意欲将其教育思想在中国推广，但是他发现事实并不像他想象得那么顺利，因为他充分意识到沿袭他法、仪型他国，不可能给中国开辟生路，而必须根据中国国情开创一个新理论。他认为，传统美育是束缚人的个性发展的“鸟笼式”教育，杜威的“教育即生活”尽管对传统教育进行了改良，但并未从根本上解决问题，只不过是“放大的鸟笼”式教育而已。因此，在杜威的理论基础上，他把生活确立为美育理论的逻辑起点，提出“生活即教育”“社会即学校”等著名论点，倡导“森林式”教育：“课堂里既不许生活进去，我们只好承认社会是我们的唯一学校了。马路、弄堂、乡村、工厂、店铺、监牢、战场，凡是生活的场所，都是我们教育的场所，那么，我们所失掉的是鸟笼，而得到的倒是伟大无比的森林了。”① 生活美育有三个基本命题：生活即教育，社会即学校，教学做合一。除了生活美好与三个基本命题之外，行知合一、劳力上劳心、真善美合一和知情意合一等都是和谐思想在生活美育理论中的具体体现。②

陶行知的美育思想强调全面的教育，他没有将美育等同于情感教育，反对像康德一样从哲学体系演绎出美学的观念，将知情意完全割裂的做法，而是认为美育应该是知情意合一的教育，他说“感情教育不是培养儿童脆弱的感情，而是调节并启发应有的感情，主要的是追求真理的感情；在感情之调节并启发中使儿童了解其意义与方法，便同时是知的教育；使养成追求真理的感情并能努力与奉行，便同时是意志教育”。这和很多美学家单纯地将美育等同于情感教育的观点有很大不同，在他看来，美育应是知情意合一的教育，不能仅限于情感教育，只是情感教育在美育中占主导地位而已，并不是将知识教育与意志教育排除在美育之外。“只有将理性教育与情感教育结合起来，才能达到审美教育的目的。”③

陶行知的审美教育也不等于艺术教育，他认为美育应从符号世界回归到人的生活世界，用生活来进行美育，以此弥合美育与生活世界的裂缝。“我们这里主张生活教育，就是要用教育的力量，来达民之情，顺民之意，

---

① 陶行知：《陶行知教育文集》，成都：四川教育出版社 2005 年版，第 551 页。

② 张建中：《论陶行知的生活美育理论及其当代启示》，贵阳：贵州大学，2007 年。

③ 蒋冰海：《美育学导论》，上海：上海人民出版社 2001 年版，第 48 页。

把天理与人欲打成一片"[①]，美育是生活原有的，凡属于一切衣食住行的日常生活都或多或少包含着美的因素，并可以随时随地给人们以审美教育，因此，我们不能脱离真实的生活来进行抽象的审美教育。"我们真正的指南针只是实际生活。实际生活向我们供给无穷的问题，要求不断地解决。我们朝着实际生活走，大致不至于迷路。在实际生活里问津的人必定要破除成见，避免抄袭。我们要运用虚心的态度、精密的观察、证实的试验，才能做出创造的工作。这种工作必以实际生活为指南针，方能有第一流的建树。"[②] 他把"美"在教育中的角色提高到一个前所未有的高度。他认为中国人生活中的道德程度过低，和他的日用人文缺少美感有关。不仅是音乐美术雕塑这些艺术是美的，而且烹调、清洁、环境、行为举止，所有这些生活细节也可以是美的创造和体验。他所谓的生活又不是泛泛而谈的生活，而是指包含了人的日常起居的最寻常的生活。所以他提倡要到民间去体验生活，到劳苦大众的生活中寻找审美的因素，接受审美的教育。他说："为老百姓而画，到老百姓的队伍里画，跟老百姓学画，教老百姓学画，画老百姓，画老百姓的爸爸，画老百姓的妈妈，画老百姓的小娃娃，画出老百姓的好恶悲欢、作息奋斗，画出老百姓之平凡而伟大。"[③]

他还特别强调实践在美育中的作用，从"行为知之始，知为行之成"的认识论出发，构建了"教学做合一"的实践方法。他在《艺术是老百姓最需要最爱好的东西》中说："音乐是件专门的东西，小提琴更专门了，听不懂只要听，自然会懂的。像洗澡一样，把皮肤上的'不洁物'洗去几分乃至几钱，洗了之后，总是愉快的、舒服的。有失必有得，听音乐也一样，专心专意的毫无成见的全部精神放在上面听，你以为有所失，听过了便知道有收获了。"[④] 他提倡真教育，认为教师的职务是"千教万教，教人求真"，学生的职务是"千学万学，学做真人"。"所谓健全人格须包括：一、私德为立身之本，公德为服务社会国家之本。二、人生所必需之知识技能。三、强健活泼之体格。四、优美和乐之感情。""真教育是心心相印的活动，唯独从心里发出来，才能打动心灵的深处。"由此可以看出这些言论都包含着丰富的审美教育思想。

---

① 陶行知：《陶行知教育文集》，成都：四川教育出版社2005年版，第304页。

② 陶行知：《陶行知全集》（第8卷），成都：四川教育出版社1991年版，第154页。

③ 陶行知：《陶行知全集》（第4卷），成都：四川教育出版社1991年版，第603页。

④ 陶行知：《陶行知教育文集》，成都：四川教育出版社2005年版，第739页。

陶行知对学校环境特别重视。对于校址的选择，也是格外注意："心里所悬的目标有五：一要雄壮，可以令人兴奋；二要美丽，可以令人欣赏；三要阔大，可以使人胸襟开拓，度量宽宏；四要富历史，使人常能领略数千百年以来之文物，以启发他们光大国粹的心思；五便于交通，使人常接触外界之新潮，以引起他们自新不已的精神。"① 1923年陶行知在创办南京安徽公学时曾指出三个办学目标，其中第二个目标就是改进环境，要有美术精神，并指出我们对于四周的环境，最忌是苟安，同流合污，听天由命，不了了之，并主张改造应当秉着美术的精神，运用科学发明的结果来支配环境，使环境出现和谐的气象。在陶行知先生一生办学中，无论是晓庄师范、山海学团，还是育才学校，都坚持以美育人。他重视校园的环境美，而这种环境美绝非全赖天工，而是靠师生的共同劳动创造所致，因此，他亲自带领师生种树、铺路、布置。陶行知认为学校环境美对人的精神状态、思想感情的陶冶有着重大意义。1923年陶行知在《杭州大学之天然环境》公开信中指出："天然环境和人格陶冶，很有密切关系，不容忽视。"陶行知重视创造优美的校容和校风，并指出阵有阵容，校有校容，有其内必形诸外，我们首要重艺术化的校容。

可见陶行知作为伟大的教育家，他是以自己一贯的热情将美育理念贯穿于自己的办学实践中，对后世的教育理念和教育模式有深远的影响。

6. 朱光潜的"人生的艺术化"美育思想

朱光潜，是我国20世纪最重要的美学家之一，他毕生致力于美学研究，对我国人文教育的贡献卓著，尤其是在翻译、引介西方美学著作和文艺作品到中国、主张批判继承中国传统的文艺美学思想、对中国美学未来发展的倡议等方面充满真知灼见，对后人影响非常深远。审美教育也是其毕生关注的范畴。正如阎国忠所说："朱光潜虽以绝大部分精力讨论文艺创造与欣赏问题，但其真正的落脚点却在审美教育，他的著述，从《给青年的十二封信》开始，几乎篇篇都没有离开审美教育。"② 在朱光潜的美育思想体系之中，人生问题是他所从事的学术研究的核心部分，美育被他认为是解决人生问题的主要途径。

1940年8月，朱光潜在《读书通讯》上发表了《论美感教育》一文，系统论及审美教育对个人以至于整个民族的重要意义。他说"求知、想好、

---

① 陶行知：《陶行知全集》（第8卷），成都：四川教育出版社1991年版，第4页。

② 阎国忠：《朱光潜美学思想及其理论体系》，合肥：安徽教育出版社1994年版，第159页。

爱美，三者都是人类天性；人生来就有真善美的需要，真善美具备，人生才完美”。“教育的目的在‘启发’人性中固有的求知、想好、爱美的本能，使它们尽量生展。”① 教育的目的就是使人尽性，使人性中真善美本性发挥到极致。因此美育和智育、德育同样重要，但现实中美育却备受忽略。朱光潜指出人们对美育的偏见，源于他们对人类情感层面的忌讳，认为情感是罪恶之源，故而中西方哲学家都有以理统情的主张，认为人要达到至善就必须以理智压抑情感。但是朱光潜认为这种理性至上的观点是不对的，他认为美育不但不妨害德育，而且是德育的基础，且美育的价值还不仅仅在此。审美教育还是“解放的，给人自由的”，表现在三个方面：第一是本能冲动和情感的解放，第二是眼界的解放，第三是自然限制的解放。②

他认为美感教育应该是所有人都应该有的，“无论学哪一科专门学问，干哪一行职业，每个人都应该会听音乐，不断地读文学作品，偶尔有欣赏图画、雕刻的机会。在西方社会中这些美感活动是每个受教育者日常生活中的重要节目。我们中国人除专习文学艺术者以外，一般人对于艺术都漠不关心。这是最可惋惜的事。它多少表示民族生命力的低降与精神的颓靡”③。朱光潜所讲的美育虽是针对所有人的，但是他认为培养的重点在青年人，因为中国的希望在青年人身上。爱美的天性也要趁适当时机去培养，如果不及时下种，就会像花草一样凋残萎谢，所以“美育必须从年轻时就下手，年纪愈大，外务愈纷繁，习惯的牢笼愈坚固，感觉愈迟钝，心理愈复杂，艺术欣赏力也就愈薄弱。”④

美育的途径有很多种，而其中最直接的方式就是接受艺术的熏陶，因为“诗人和艺术家的眼睛是点铁成金的眼睛，生命生生不息，他们的发现也生生不息”⑤。艺术家往往有比普通人更加敏锐的眼光和感受力，能发现

---

① 朱光潜：《谈美感教育》，《朱光潜美学文集》（第2卷），上海：上海文艺出版社1981年版，第503页。

② 朱光潜：《谈美感教育》，《朱光潜美学文集》（第2卷），上海：上海文艺出版社1981年版，第507－511页。

③ 朱光潜：《谈美感教育》，《朱光潜美学文集》（第2卷），上海：上海文艺出版社1981年版，第511－512页。

④ 朱光潜：《谈美感教育》，《朱光潜美学文集》（第2卷），上海：上海文艺出版社1981年版，第511页。

⑤ 朱光潜：《谈谈诗与趣味的培养》，《朱光潜美学文集》（第2卷），上海：上海文艺出版社1981年版，第493页。

更多的美，传达更多的美。“许多人嫌生活干燥，烦闷无聊，原因就在缺乏美感修养，见不着人生世相的新鲜有趣。‘哀莫大于心死’，所谓‘心死’就是对于人生世相失去解悟与留恋，就是不能以美感态度去观照事物。美感教育不是替有闲阶级添一件奢侈，而是使人在丰富华严的世界中随处吸收支持生命和推展生命的活力。”① 所以美感教育能够培养人的美感能力和提高人的美感修养，进而影响人的人生态度。

在《文艺心理学》中，朱光潜道：“就个人说，艺术是人性中一种最原始、最普遍、最自然的需要。艺术的功用，像托尔斯泰所说的，在传染情感，打破人与人的界限。艺术是启发人生自然秘奥的灵钥，没有其他东西比文艺能给我们更深广的人生观点和了解，所以没有其他东西比文艺能帮助我们建设更完善的道德的基础。”他把艺术与启迪人生、培养道德结合起来，这种寓教于乐的思想远远超出了纯形式主义美学的范围，他认为文艺能够怡情养性，有助于人生情趣化的实现。朱光潜在接受了席勒的美育本质观后，明确地提出了“审美教育是一种情感教育”的观点。他十分重视情感的作用，“怡情养性”是朱光潜美育思想中的一个中心概念，它既是美感教育的出发点，又是美感教育的归宿，贯穿于美感教育过程的始终。② 他从人的心理上将美育与德育完美地融合在一起。早年他主张美是心灵的创造，但随后又进行了自我批判，将其修正为“美是主客观统一的观点”。在美育理念上，他强调“美育是德育的基础”“美育即修养”。

“人生的艺术化”是朱光潜美学美育思想的核心观念。朱光潜的“人生艺术化”思想是在分析人与艺术关系的基础上，针对20世纪上半叶中国人一系列病态心理而提出的，引读者由艺术而人生，又将人生纳入艺术之中，这是其美育理论的根本宗旨。朱光潜认为，“文章忌俗滥，生活也忌俗滥。俗滥就是自己没有本色而蹈袭别人的成规旧矩……滥调起于生命的干枯，也就是虚伪的表现。‘虚伪的表现’就是‘丑’”、“世间有两种人的生活最不艺术，一种是俗人，一种是伪君子”③。在严肃批判两种失去生活本色的人生之余，他提出“人生本来就是一种较广义的艺术。每个人的生命史就是他自己的作品。……过一世生活好比做一篇文章，完美的生

① 朱光潜：《谈美感教育》，《朱光潜美学文集》（第2卷），上海：上海文艺出版社1981年版，第510页。

② 聂振斌：《朱光潜的美育思想及其时代特征》，《求是学刊》1998年第4期。

③ 朱光潜：《谈美》，《朱光潜美学文集》（第1卷），上海：上海文艺出版社1981年版，第534页。

活都有上品文章所应有的美点"[①]。"人生的艺术化"意味着人生的情趣化、超脱化、道德化和完满化。首先，完美的人生就像一件艺术品那样是完整人格的表现，每一细小处都可见出整体人格的表现。[②] 其次，艺术化的人生是至性深情的流露，即真性情的表现。因此他说："所谓艺术的生活就是本色的生活。"再次，艺术化的人生是既严肃又善于超脱的人生。朱光潜一向主张审美态度是一种超脱物欲和小我的人生态度，同时审美的人生态度又是彻底认真的。最后，艺术的人生是至善的人生。他指出，从狭义上讲，艺术与道德有明显的区别；但从广义上看，"善就是一种美"，审美的态度是"无所为而为的玩索"，即无利害考虑的观照，艺术的人生就是在这种审美态度引导下的生活，而这种生活与"至高的善"是内在一致的。[③] 朱光潜把实现"人生艺术化"作为美育的目的，"艺术是情趣的活动，艺术的生活也就是情趣丰富的生活。……情趣愈丰富，生活也愈美满，所谓人生的艺术化就是人生的情趣化"[④]。这个思想对于当今社会仍旧具有重大的意义。

朱光潜关于美育的人生论基础、以情为本、美育"解放说"和"人生艺术化"等思想，融合了中西学术思想，不仅在当时具有学术和实践意义，对中国现代美育来说也意义非凡，为中国现代美育理论构筑了较为完整的学术基础。

7. 宗白华的艺术美育观

宗白华，原籍江苏常熟，生于安徽安庆，1920 到 1925 年曾留学德国，是我国著名的哲学家、美学家、诗人，他曾与邓以蛰有"南宗北邓"之称，又与朱光潜合称"美学的双峰"。正是因为他对中国美学有着自己独特的理解和贡献，所以他的美学思想在我国现代美学体系中也具有特殊的地位。

在美育方面他对艺术有着特殊的敏感，所以他的美育思想集中谈到的也是艺术对人的审美能力和审美人格的培养。他说："美育底问题，研究

---

① 朱光潜：《谈美》，《朱光潜美学文集》（第 1 卷），上海：上海文艺出版社 1981 年版，第 533 页。

② 杜卫：《朱光潜论美育》，《美育学刊》2010 年第 1 期。

③ 朱光潜：《谈美》，《朱光潜美学文集》（第 1 卷），上海：上海文艺出版社 1981 年版，第 532－539 页。

④ 朱光潜：《谈美》，《朱光潜美学文集》（第 1 卷），上海：上海文艺出版社 1981 年版，第 538 页。

怎样使美术的感觉普遍到平民的社会生活和个人生活间。”① 美育的问题不仅仅是一个理论的问题，更应该是一个实践的问题。他特别提倡要时时保持对艺术的最初感，强调到博物馆、艺术馆去参观体察，与具体的艺术作品进行直接的对话。早在留学德国的时候，宗白华就将三分之一的时间用在了听音乐、看歌剧、游博物馆、游图画馆、游览山水等。即使到了晚年，他还常常拄着拐杖，到各大艺术场所去欣赏领悟直面艺术作品，从中获得最直观的感受。李泽厚曾在《美学散步·序》中提到：“我知道，并且还碰到过好几次，宗先生或一人，或与三、四年轻人结伴，从城外坐公交汽车赶来，拿着手杖，兴致勃勃地参观各种展览会：绘画、书法、文物、陶瓷……”所以“当时北大好些同学都说，宗先生是位欣赏家”②。因此，美育的问题在宗白华那里也不是一个抽象的哲学演绎，而更多的是通过艺术的直观感悟，引导人们体验其中的美。李泽厚曾对朱光潜和宗白华进行比较，他说：“两人年岁相仿，是同时代人，都学贯中西，造诣极高。但朱先生新中国成立前后著述甚多，宗先生却极少写作。朱先生的文章和思维方式是推理的，宗先生却是抒情的；朱先生偏于文学，宗先生偏于艺术；朱先生更是近代的，西方的，科学的；宗先生更是古典的，中国的，艺术的；朱先生是学者，宗先生是诗人……”③ 这在一定程度上也概括出了宗白华美育思想和实践的特点。宗白华更注重在具体的诗歌、书法、绘画、雕塑、建筑等艺术作品的赏析中，以美文的形式、抒情性的笔调，传达出自己对美的理解，并与读者或学生做会心的交流。宗白华可以说是近现代教育史上，第一位通过对中国艺术的审美体验来实施生命教育的“专门的研究家”。

在讨论中国美学史的研究方法时，宗白华提到要注意两个特点，第一点是中国美学史，不仅在哲学家的著作中存有美学思想的讨论，而且在诗文理论、绘画理论、戏剧理论、音乐理论、书法理论中，也包含着丰富的美学思想的精华；第二点是中国各门传统艺术不但有自己独特的体系，而且各门传统艺术之间往往互相影响，互相包含，所以在研究中国美学史时，要强调“各门艺术在美感特殊性方面，在审美观方面，往往可以找到

① 宗白华：《美学的散步》，合肥：安徽教育出版社 2006 年版，第 2 页。
② 宗白华：《美学散步》，上海：上海人民出版社 1981 年版，第 2 页。
③ 宗白华：《美学散步》，上海：上海人民出版社 1981 年版，第 3 页。

许多相同之处或相通之处”[①]。比如他在讲到两种不同风格的美——“错彩镂金”和“初发芙蓉”的时候，就提到要从不同种类的艺术中去体会：“楚国的图案、楚辞、汉赋、六朝骈文、颜延之诗、明清的瓷器，一直存在到今天的刺绣和京剧的舞台服装，这是一种美，‘错彩镂金、雕缋满眼’的美。汉代的铜器、陶器，王羲之的书法、顾恺之的画，陶潜的诗、宋代的白瓷，这又是一种美，‘初发芙蓉，自然可爱’的美。”[②]这种以美的理想作为统摄，观照各个时代各家各派的艺术创作，打通各种艺术门类的审美精神，需要综合的视野、广博的情趣和敏锐的艺术感。

宗白华还认为，要注意大量出土文物器具提供的新鲜的古代艺术形象，与原有的古代文献资料互相印证，“仅仅限于文字，我们对于这些古代思想家的美学思想往往了解得不具体、不深刻，我们应该结合古代的工业品、美术品来研究。例如，结合汉代壁画和古代建筑来理解汉朝人的赋，结合发掘出来的编钟来理解古代的乐律，结合楚墓中极其艳丽的图案来理解《楚辞》的美，等等”[③]。所以他特别强调要运用理论联系实际的方法，“要从实际出发，而不是从定义出发”，研究问题。他这种打通各个艺术门类的研究视角实际也就是一种审美教育的方法，告诉学生或读者各个艺术门类之间的审美精神是相通的，可以互相融通地观照。

宗白华始终以一种审美的眼光带领大家以散步式的姿态徜徉于各种艺术作品的审美意境中，不仅如此，宗白华终其一生都是通过艺术美育的形式在寻找一条将人生艺术化的道路，在不懈的探索之下，他提出了“艺术人生观”理念。“什么叫艺术的人生观？艺术人生观，就是从艺术的观察上推察人生生活是什么？人生行为当怎样？”[④]“艺术人生观就是把‘人生生活’当作一种‘艺术’看待，使他优美、丰富、有条理、有意义。总之，就是把我们的一生生活，当作一个艺术品似的创造。”[⑤]也就是说，宗白华所谓的“艺术人生观”，就是要把人生当作艺术来看，把具体的生活当作艺术品来创造，使它充满美感，更加丰富而有意义。艺术人生观也就是要有艺术的人生态度，“什么叫艺术的人生态度？这就是积极地把我们

① 宗白华：《美学散步》，上海：上海人民出版社 1981 年版，第 26 页。
② 宗白华：《美学散步》，上海：上海人民出版社 1981 年版，第 29 页。
③ 宗白华：《美学散步》，上海：上海人民出版社 1981 年版，第 28 页。
④ 宗白华：《美学与意境》，北京：人民出版社 1987 年版，第 33 页。
⑤ 宗白华：《美学与意境》，北京：人民出版社 1987 年版，第 24 页。

人生的生活，当作一个高尚优美的艺术品似的创造，使他理想化，美化"①。也就是要持唯美的立场看世界、看社会人生，从一切现实的丑的现象中看出美，在一切无秩序的现象里看出规律，从而克服现实人生中的矛盾与不安。所以拥有艺术人生观和人生态度关键在于能够拉开主体与生活的距离，能够让主体获得观察的角度，能够从高处、远处审视人生现象，能够使主体超脱功利和现实，从而远离切身的痛苦和烦乱。②

除此之外，在提倡艺术生活时他还提出了一个"同情"的态度。同情即同乎其情，对人间万事、宇宙万物都秉承体察、尊重、宽容、顺应、接受之心，就可以消弭很多矛盾与冲突，共建和而不同的理想环境。所以"无限的同情对于自然，无限的同情对于人生，无限的同情对于星天云月，鸟语泉鸣，无限的同情对于死生离合，喜笑悲啼。这就是艺术感觉的发生，这也是艺术创造的目的""艺术的生活就是同情的生活"③。他还说："不单是艺术的目的，是谋社会同情心的发展与巩固。艺术的起源就是人类社会'同情心'的向外扩张到大宇宙自然里去。"④ 从艺术到人生到社会，再扩展到宇宙自然，都可以"同情"一以贯之。"我们拿社会同情的目光，运用到全宇宙里，觉得全宇宙就是一个大同情的社会组织，什么星呀、月呀、云呀、水呀、禽兽呀、草木呀，都是一个同情社会中间的眷属。这时候，不发生极高的美感么？这个大同情的自然，不就是一个纯洁的高尚的美术世界么？诗人、艺术家，在这个境界中，无有不发生艺术的冲动，或舞歌或绘画，或雕刻创造，皆由于对于自然，对于人生，起了极深厚的同情，深心中的冲动，想将这个宝爱的自然，宝爱的人生，由自己的能力再实现一遍。"⑤ "艺术世界的中心是同情，同情的发生由于空想，同情的结局入于创造。于是，所谓艺术生活者，就是现实生活之外一个空想的同情的创造的生活而已。"⑥ 可见，培养对万事万物的同情之心，对艺术人生观的形成有着不可磨灭的意义。

因此，宗白华的艺术人生观，是以同情之心来体察社会人生，以同情

---

① 宗白华：《美学与意境》，北京：人民出版社 1987 年版，第 33 页。
② 于怀美：《宗白华美育思想初探》，苏州：苏州大学，2008 年，第 12 页。
③ 宗白华：《美学的散步》，合肥：安徽教育出版社 2006 年版，第 102 页。
④ 宗白华：《美学的散步》，合肥：安徽教育出版社 2006 年版，第 104 页。
⑤ 宗白华：《美学的散步》，合肥：安徽教育出版社 2006 年版，第 105 页。
⑥ 宗白华：《美学的散步》，合肥：安徽教育出版社 2006 年版，第 105 页。

来理解艺术的起源与欣赏，又以创造来实现人生境界与艺术境界的契合。①在宗白华对审美教育的认识中，艺术人生观是审美教育的目的，但同时也是审美教育的最终目标得以实现的手段。在人一生的发展之中，艺术人生观有着独特的指导作用，学会用艺术的视角去观看世界，在不断的艺术欣赏与创造中提升自己的人格，最终形成艺术的理想人格。

总而言之，宗白华的美育思想发源于传统儒释道精神和中国的传统艺术，又受西方美育思想的影响，在今天看来，仍然具有重大的现实意义。因为它有助于我们树立审美的世界观和人生观，有助于我们以审美的态度对待自然、社会、他人和自身，从而始终"诗意地栖居在大地上"②。

三、西学东渐与新美育实践

美育在近现代中国具有坚强的学术群体、得力的学术刊物和丰富的学术成就。就学术群体而言，主要有"中华美育会"。该学会成立于 1919 年冬，由现代中国大量的美育思想家和艺术教育家组成，他们是现代中国美育真正的实践者。该学会的会刊《美育》月刊，共出版 7 期，目前国内大陆馆藏仅有 1、2、3、4、5、7 共 6 期，是我们研究百年中国美育不可多得的珍贵资料。1927—1937 年，李金发创办《美育》杂志，该杂志共出 4 期，分藏在国内几家大图书馆中，除此之外，还推出了大量的专著、编著、丛书和论文。美育学科理论体系的健全，是推动中国美育和中国教育事业健康发展的重要因素，同时，对于全民族审美文化素质的提高也具有强大的促进作用。这些美育思想家和艺术教育家将美育理论进一步通过艺术实践的方式向国人宣传，丰富了国人的审美情趣，提高了民众的审美能力。

1.《美育》月刊与西方美育东渐

"五四"时期，趁着新文化运动的潮流，凭借蔡元培先生的巨大声望，一部分知识分子开始着手进行美育的实践活动，其中一个重要成就就是中华美育会的成立及《美育》月刊的创办。中华美育会，是中国第一个美育学术团体，由上海专科师范学校和爱国女学的吴梦非、丰子恺、刘质平、姜丹书、萧蜕、胡怀琛等为首发起的一个以提倡美育为主旨的新式社团。其目的是联合当时全国艺术工作者和大、中、小学教师，共同推进艺术教

① 于怀美：《宗白华美育思想初探》，苏州：苏州大学，2008 年，第 18 页。

② 范鸿虎：《从美育角度看宗白华的"艺术的人生观"》，《广东教育学院学报》2008 年第 6 期。

育。“成员多为关心美育或直接从事艺术教学的教育工作者，他们来自全国许多中等及高等学校，会员有数百人”。[①] 中华美育会一经发起，便得到了全国各地艺术教育工作者的支持。

中华美育会成立后，1920 年 4 月 20 日创办了中国第一本美育学术刊物——《美育》月刊，主张“‘美’是人生的一种究竟的目的，‘美育’是新时代必须做的一件事”[②]。《美育》月刊作为美育界公开的言论阵地，明确告示其创办目的和要求是：“新文化运动需要同仁共同努力推动，而作为新文化运动一部分的艺术教育运动也需要活跃起来，并利用这个时机号召美育界人士通过‘学校教育’和‘社会教育’的艺术教育形式来建设时人的‘新人生观’，试图救济一般烦闷的青年，改革主智的教育，实践美育代宗教的思想。”[③] 这便是《美育》月刊得以创立的思想基础。《美育》月刊每月一册，八月、九月两月停刊，总共出版了 7 期，后来由于社会因素以及经费紧张没有出到当时预计的第 10 期。月刊的内容都是在结合中国国情的基础上，探讨在中国实施美育的理论问题和实践问题，这也对推动中国的新美育起了重要作用。

总编辑吴梦非是中国著名的艺术家，中国美学界的奠基人之一。他师从李叔同先生学习音乐、绘画，立志振兴中国艺术教育事业，曾先后在上海、浙江、江苏等地任音乐美术教师，并在 1919 年的秋天和丰子恺、刘质平等志同道合之辈创办了中国第一所私立师范专科学校——上海专科师范学校（曾更名上海艺术师范学校，后扩建为上海艺术大学），并任校长兼教艺术理论课。同年冬天参与了中华美育会的发起，并任《美育》月刊的主编。1928 年，在江西庐山举行的中学校长会议上主讲艺术教育，影响遍及全国。他是中国“五四”时期最具有影响力艺术教育家、新美育的拓荒者之一。他发起和主持的“中华美育会”，对集结南方各省的艺术教育师资，共同切磋音乐、美术教学业务，起过积极作用。在上海艺术师范学校办学的七八年间，培养出一批音乐人才。他为小、中学和师范学校编纂的歌唱、乐理等音乐教科书 10 余种，并著《和声学大纲》（开明书店 1930 年版）等书，在 20 世纪 30 年代被学校广泛采用，产生过一定影响。此外，

---

① 《美育界纪闻——中华美育会组织的经过》，《美育》1924 年第 1 期。

② 苏迟：《〈美育〉创刊号》，《美育学刊》2010 年第 1 期。

③ 胡崇芝：《〈美育〉杂志与“五四”时期新美育的发展》，武汉：华中师范大学，2007 年，第 17 页。

他还著有《西画概要》等美术教科书。

图画编辑主任周湘，是中国艺术教育家，也是新美育的拓荒者和奠基人之一。他出生于上海的一个官宦之家，自幼接受了当时最好的启蒙教育，在学生时代就表现出对绘画艺术的极高天赋，并得到了当时同治、光绪两代帝师——翁同龢的高度称赞，称其为“今之石谷也”。由于其在绘画方面的天赋及才能，他得以结识当时维新名人康有为、梁启超等人，在思想上受到了西方先进思潮的极大影响。“戊戌变法”失败后，为免受维新人士的牵连，他东渡日本开始了十年的海外游学生涯。在这期间他认识了许多绘画大家，也见识和研究了大量绝妙的西洋画，对其中的西洋画技感悟颇深，这为他以后的创作及艺术和美育方面的卓越成就奠定了深厚的基础。1907 年回国后，他在上海积极传播西洋画法，创办了“布景画传习所”“中西图画函授学堂”“上海油画院”和“中华美术专门学校”等艺术教育学校，还参与创建中华美育会，担任《美育》月刊的图画编辑主任，全身心地投入中国美育和美术教育事业中，并取得了辉煌的成就。民国十四年（1925 年）前后，在国民党元老吴稚晖等人的推荐下，他曾在上海圣约翰大学兼授美育、外语等课。周湘毕生从事美育和美术教育事业或与之相关的事情，在教育方面也取得非常大的成就，培养了许多优秀的学生，例如刘海粟、徐悲鸿等这些绘画大师都曾授业于他的门下，他对我国美育史的发展，可以说是功不可没。

音乐编辑主任刘质平，是著名的音乐教育家，新美育的实践者，也是我国著名的艺术大师李叔同的高足之一。他从小学业成绩非常优异，1911 年考入浙江省立第一师范学校。毕业后，在其恩师李叔同的鼓励和资助下，留学于东京音乐学院学习音乐理论与钢琴，同时研究艺术教育，学成回国，从此便将毕生精力奉献给了我国的音乐教育事业。1919 年刘质平参与创建中华美育会，《美育》月刊创立后，他被选为音乐编辑主任，此后便积极投身于美育事业。刘质平一生从事艺术教育事业，在“五四”时期为新美育，特别是新音乐的发展作出了突出的贡献。

文艺编辑主任欧阳予倩，中国著名的戏剧艺术家、戏剧教育家，新美育的践行者。欧阳予倩生于湖南省浏阳县的书香门第，祖父欧阳中鹄是晚清著名的学者，谭嗣同、唐才常的老师。欧阳予倩从小受到良好的古典文学教育和维新派思潮的影响。为获得更加新潮的知识和思想，曾留学于早稻田大学。酷爱家乡地方戏和京剧的欧阳予倩，在留日期间看到艺术唤醒民众的巨大作用，便更加热衷于戏剧，在日本参加了“春柳社”等戏剧活动。1911 年回国后，他与陆镜若等合作组织“新剧同志会”，在上海、江苏一带演出宣扬革命反对封建的新剧，为中国新剧的发展作出了积极贡献。1919 年欧阳予倩参与组建中华美育会，并被选为《美育》月刊的文艺编辑主任，他发表了许多优秀论文，并积极参与“五四”时期的新美育运动，在中国新戏剧的发展方面取得了突出的成就。

手工编辑主任姜丹书，我国现代美术教育家、美术理论家，新美育的实践者。他一生从事美术教育和美术教育理论研究，曾多次到日本等国家考察，在美术及美术技法理论领域著有大量书籍，如《美术史》《美术史参考书》《透视学》《艺用解剖学三十八讲》等。在教学之余，经常画中国画，擅长画红柿和红叶。姜丹书晚年仍以饱满的精力参加各种学术研讨活动，为中国美育事业的发展和新美育思想在中国的传播作出了突出贡献。

丰子恺为《美育》月刊编辑，中国著名的艺术教育家和新美育的倡导者，是中国艺术教育的先行者。1914 年丰子恺以优异的成绩考入浙江省立第一师范学校，师从李叔同学习绘画、音乐。此时，浙江第一师范学校是一所名家荟萃、师资雄厚、人文气息浓郁深厚的学校。校长是著名的教育家经亨颐，正是在这样的环境下，丰子恺成长为多才多艺的艺术家。1919 年，丰子恺毕业后与同学吴梦非、刘质平在上海创办上海专科师范学校，并发起成立中华美育会，创办《美育》月刊。他在《美育》月刊上先后发表了《忠实之写生》《画家之生命》和《艺术教育的原理》等多篇论文。他的“大艺术科”的观点，对“五四”时期的美育思潮起到了推波助澜的作用。同时他提出艺术教育宗旨“就是美的教育，就是情的教育”。也就是说，他所要表现的艺术教育不单单是为了培养专门的艺术人才的教育，而是为了让人们自己拥有一双发现美的眼睛，让他们用自己所体验的美去抚慰由社会现实所带来的躁动不安的心灵，从而形成正确的人生观、世界观、价值观。也正因为他的这些观点加深了人们对新美育内涵的理解，推动了新美育的发展，为我国美育事业的发展作出了卓越贡献。

刘海粟为《美育》月刊编辑，师从蔡元培，一代艺术宗师、中国新美术运动的拓荒者。在上海创立了中国第一所正规的、持续时间最长的新型私立美术学校——上海图画美术院，并在报上发表了办校宣言：“一、我们要发展东方固有的艺术，研究西方艺术的蕴奥；二、我们要在惨酷无情干燥枯寂的社会里尽宣传艺术的责任，因为我们相信艺术能够救济现在中国民众的烦苦，能够惊觉一般人的睡梦；三、我们原没有什么学问，我们却自信有这样研究和宣传的诚心。”① 同时他开创了我国美术教育的先河，容纳和接受西方的新兴画风（印象主义、后期印象主义、野兽主义），解放思想，提倡男女平等，在学校同时招收男女学员，尊重自然造化，并首倡裸体模特写生教学，建立了表现体系的美学。他也是中国新文化启蒙运动先驱之一，为中国美术教育事业的开拓和新美术运动的实践，以及中华民族艺术的发展立下了不可磨灭的功绩。

综上所述，我们不难看出《美育》月刊的精神领袖及主要人员的背景具有惊人的相似性。

首先，他们所有人所从事的工作都是艺术类教育工作，而且在各自的领域内对艺术教育都有自己独特的观点和思想。例如，丰子恺的大艺术观，刘海粟的体系美学等。其次，他们大都接受了国外的高等教育，有海外留学经历，并很好地接受了外国新知识和新思想的影响，试图用自己学到的东西回报正处于多灾多难的祖国。最后，受新文化运动高潮的中国社会改革浪潮影响，这些有志青年想通过宣传美育，提倡美育，来弘扬“美育救国”的伟大救国理想。他们都是为国家的前途和命运以及美育的发展而不断探索的思想进步的爱国知识分子代表。所以《美育》月刊在这群有学问、有爱国理想的青年手中大放光彩。他们所要表达的思想理念通过《美育》月刊获得了更加充分的体现，结合他们在留学期间所吸收的世界美育的先进思想和美育经验，并结合中国国情开创了适合中国实际需要的新美育，也让更多迷茫的中国人看到了希望的曙光。

随着“西学东渐”的逐渐深入，西方的文化思想和中国传统文化产生了强烈的碰撞，以梁启超、康有为为首的近代新知识群体逐渐产生。新思想的陶冶和新文化运动的兴起，使那些受过西方先进思想影响的知识分子对待西方文化的态度产生很大变化，他们“不但努力介绍西方思想和体制，还致力于对中国固有传统文化进行重新评价和批判，这种观点不是某一个人计划和指导的，而是代表了许多具有不同思想的人汇合到了一起的共同基础”②。在这种思想指导下，人们开始尝试利用西方文化思想进行国民教育，美育界也不例外。在中国古代传统美育之中，孔儒之道以及那些强调伦理道德秩序、遏制个性自由发展的封建思想已不再适应20世纪初新

① 朱金楼、袁志煌：《刘海粟艺术文选》，上海：上海人民美术出版社1987年版，第16页。

② 周策纵著，周子平等译：《五四运动现代中国的思想革命》，南京：江苏人民出版社1999年版，第58页。

形势下的中国社会，这时，崇尚西方美学的知识分子大量引进西方美育理论。他们试图用自己的方式建立一种新美育思想来唤醒和改造国民，以提高国民的审美能力。吴梦非的《美育是什么》一文即指出当时人对美育的漠视，提出“美能够纯化我们的肉欲，可以说是入德的门径。……美同道德的关系，就是能够养成我们人高雅的品性”①，他阐述了其美育观点，强调了美育的重要性，对近代美育研究进行了相关评价，也提出了自己对于实施美育的一些意见与看法。他的《女子对于家庭美育的责任》，则专门研究了实施美育的方法与措施，主张由家庭成为一个美感教育的组织。

《美育》月刊的内容主要涉及相关美育理论的研究与宣传、音乐教育的实践反思、图画创作的作品展示、西洋音乐的译介与鉴赏、手工制作的作品推广、戏剧规律的探讨、歌曲创编与诗词创作的景观等。② 从《美育》月刊所刊发的文章来看，其一，它比较注重中外文化思想的沟通和交流，如第 1 期就刊发了汪振华、李荣锦翻译的《桑代克教育学》等五篇翻译文章。除此之外杨介夫译著的《大戏曲家莎士比亚小传》，使人们能够了解欧洲文学史上著名的戏剧家莎士比亚的生平、创作过程和辉煌成就。如《文艺复兴时期之三大画杰》，介绍了西方著名美育界代表人物列昂纳多·达·芬奇、米开朗基罗、拉斐尔三人的经历和作品。在第 3 期有李鸿梁的《西洋最新的画法》，介绍了西方新出现的艺术派别如印象派、新印象派。它既有理论文字，又有戏剧、小说等文学作品，如创刊号上即载有萧伯纳的戏剧《巴布拉大尉》和樊树芬的小说《难道学校就是牢狱吗?》。该刊的不少文章介绍了图画、音乐、戏剧、手工等文艺美育的具体方法，如第 2 期所载的吴梦非的《艺术品应该怎样制作》，第 3 期连续登载了姜丹书的文章，即《日韩考察中关于美育材料之纪实》。文中详细介绍参观日本的中小学、师范学校、工业学校中美育的情况，并就西方各国展览馆美术品的丰富陈列，建筑装饰的高度艺术化、工业品设计式样的独特创意和教室美育设施的合理完备等方面作了翔实的论述，表达出对日本美育社会生活熏陶式教育的欣赏之情。还有如俞寄凡《德漠克拉西的艺术》、张志彭译的《十六世纪时代的英国剧》、杜丹成的《英国手工教育发达之原因》等，他们都从不同的角度论述了自己对开展美育所寄予的热望。这些都展现出了《美育》月刊融合中西文化的特色。此外，还辟有《美育界纪闻》和

---

① 吴梦非：《美育是什么》，《美育》1920 年 4 月第 1 期、5 月第 2 期。

② 李姝：《我国近代第一份〈美育〉杂志的创办》，《文艺争鸣》2011 年第 6 期。

《调查·研究·通讯》专栏，这些都很好地起到了信息交流作用。

其二，《美育》月刊发表的文章大都有相当的理论深度，而且具有现实意义和时代气息。由于受到西方学术思想的影响，因此具有很强的现代性。《美育》月刊对音乐教育问题的研究特别重视，在每一期，都保留一定的篇幅来讨论音乐等艺术教育问题。如第5期吴梦非的文章《艺术家之主义及态度》，其文先分艺术为有目的与无目的两类，又广引莱辛、康德等人的理论来确定艺术的派别，最后把艺术分为写实主义、理想主义、写实理想主义、表现主义、自然主义等九类。同期杜丹成《英国手工业教育发达之原因》详细探讨了英国手工业教育发达的原因，他认为第一是国家对美育教育的经济政策的倾斜。第二是教育经费的投入，从本质上来说教育是建立在一定经济基础之上的。第三是师资质量和教育环境的改善。从而分析英国手工艺术进步神速的主要原因在于政府对于美育的支持和倡导。由此我们可以看出，在当时的社会中不少教育大家，已经站在世界美育发展的角度来思考中国美育的现状。作者也希望中国可以仿效他们的做法，推进手工业的发展。周玲荪的《新文化运动和美育》一文，认为国人最缺乏的是美术思想，从而造成思想上、精神上、行为上的狭隘，因而在提倡新文化运动的同时必须提倡美育。同时在文章中对美育和家庭、社会、政治、一般教育、实业的诸种关系进行具体论述，提出许多有远见的发展美育的建议，如建设国立美术学校，建立美术教育与艺术研究机构，设立奖励制度，高等专门学校增设美术科，加强培养美术人才，采取国家资助私立美术学校的措施，号召和组织美术研究机构开展普及美育的美术运动等。这些都是对我国近代艺术教育状况进行分析与批判的代表作。虽然，我们今天来看前人的这些文章与思想，会认为某些观点过于牵强，但是对当时中国刚起步的艺术教育而言，却是有着指导性意义的。

《美育》月刊是我国关于美育的第一份专业期刊，其创刊号上的“本志宣言”宣示了该刊的宗旨，即在“学校教育”和“社会教育”的基础上开展“艺术教育的运动”；通过“‘艺术教育’”来建设一个‘人生观’”。围绕这一宗旨，《美育》月刊既重视美育的一般理论与规律的研究和宣传，又注重美育的实践交流。[①] 由于中华美育会会员遍及全国，尽管《美育》月刊从创办到停刊只有两年多的时间，但《美育》月刊的影响却是十分深远的。它的创办显示了时人对美育在改造国民性的过程中所起作

---

① 苏迟：《〈美育〉创刊号》，《美育学刊》2010年第1期。

用的重视，而它也因为处于新文化运动的浩荡潮流之中，因而显现出极浓的现代学术色彩，对西方理论的大力推介，使它成为西方文化在中国传播的一座桥梁，也对中国美育思想产生了很大的影响。

2.《美育》杂志与西方美育东渐

1927年1月，诗人、雕塑家、美术家李金发创办《美育》杂志。李金发出生于广东梅县梅南镇罗田径上村的一个华侨之家，原名李权兴，“李金发”是他用得最多的笔名。李金发早年就读于香港圣约瑟中学，后至上海入南洋中学留法预备班。1919年赴法勤工俭学，1921年就读于第戎美术专门学校和巴黎帝国美术学校。由于当时“五四”已经落潮，被“五四”惊雷唤醒的青年一代普遍感到前途渺茫、无路可走的悲哀，而童年时代性格内向的李金发，由于幼时诸多问题的困扰，在彷徨中埋下的孤独、忧郁的种子，经过时间的发酵，使孤独忧郁、多愁善感成为李金发的一种精神气质甚至于成年后的审美情趣。而正是这种精神气质和审美情趣，成为他与以忧郁为重要美学特征的感伤颓废情绪的象征主义相融合的重要原因。回国后李金发开始创作象征主义的诗歌，在中国新诗坛引起一阵骚动，被称为“诗怪”，成为我国第一个象征主义诗人。1925年加入文学研究会，并为《小说月报》《新女性》撰稿。1928年任杭州国立艺术院雕塑系教授，创办了《美育》杂志，该杂志共出版四期，印刷考究，纸张华美，图文并茂，在当时社会条件之下，此杂志能够注重读者对刊物外在审美感受的特色，让人对艺术更容易产生一种愉悦感。

从当时的情况来看，在此之前已有吴梦非等人所创办的《美育》月刊，李金发为什么还要单独创办《美育》杂志呢？这与他的美育思想是分不开的。

他在《美育》杂志创刊号“编辑后的话”中明确表示，他办这个刊物是为了让读者从艺术中“能觉到人生尚到处是美，尚有一息可以留恋”，文中写道“我们所厌弃现世社会、经济、政治的纠纷，要把生活简单化，人类重复与自然接近”；“我们崇尚享乐的人生，就是奥奈萨斯（Dionysos）的创造冲动的人生，在此乌烟瘴气中，过我们的艺术生命”①。在发表于《美育》杂志第2期上的一篇文章中，他强调“对于民众要尽力鼓吹艺术教育，使他们于生计疲乏之余，得到精神的慰藉”。他极力主张，通过引介欧美艺术，主要是欧美造型艺术图片，使国人耳濡目染；并基于中国

① 李金发：《美育》，上海：上海商务印书馆1927年版，第145页。

社会美育的发展程度，不纯粹登载美术作品，而杂以新颖的影片及小说等，以引起读者的趣味①，这成为《美育》杂志的一大特色。在这一艺术特色的导向下，《美育》杂志刊载了大量的西方造型艺术图片和具有文学价值的文学作品，使人们能够更加直接具体地欣赏和感受造型艺术作品，而文学性作品的刊载不仅可以使杂志趣味性的特色得到体现，而且使杂志的受众群体不单单只是从事美育教育工作和美育研究的知识分子，还包括社会其他人士，从而达到扩大艺术理念在国内传播的力度。由此看来，李金发所坚持的趣味欣赏和感知艺术，和纯粹性的、非功利性的艺术观，使艺术发挥了应有的快慰身心、陶冶情操的作用。

另一方面，由于李金发是华侨，他 19 岁左右离开祖国，远渡重洋，在法国留学直到 1925 年才学成归国，而恰恰在他离开祖国，赴法留学这一时期是五四学生运动爆发，掀起新的高潮之际。因此，五四思想启蒙，以思想文化为阵地而改造社会、唤醒国民、挽救民族危亡，由美学艺术而救治人生、社会的思潮，对李金发思想并无半点影响，甚至可以说他从未处于这一思想潮流之中。正如在杂志第 4 期“复刊感言”中，李金发所说，在“国防”“抗敌”“革命”为主题的时势中，“专研究艺术的刊物殆绝无仅有了”，“我们在尽我们的天职，我们有我们坚决的信仰。社会制度，政治活动，将来都次第变迁消灭，艺术才是永远，无限，我们憧憬着埃及希腊罗马的光辉”②。因此，五四运动时期，时代的、社会的历史主题在李金发的艺术主张中从未过多地体现，更多的是一种使人远离社会现实的各种影响，纯粹而不带任何杂质的艺术。在他的思想中美育艺术是陶冶人的性情，提高国人的审美性的最佳良药，而不是达到民族的、国家的、个人的某种目的的手段。

为了办好《美育》杂志，他广泛地向社会大众征集文稿，同时联系当时各大名家寻求支持，如当时向鲁迅约稿和索取照片时，鲁迅回信说：

金发先生道鉴：

手示谨悉。蒙嘱撰文，本来极应如命，但关于艺术之事，实非所长，在《北新》上，亦未尝大登其读［谈］美术的文字，但给译了一本小书而

① 殷波：《由三本〈美育〉杂志看中国二十世纪美育进程》，《文艺论丛》2006 年第 6 期，第 32 页。

② 李金发：《美育》，广州市市立美术学校，1936 年第 4 期，第 1 页。

已。一俟稍有一知半解，再来献丑吧。至于将照片印在刊物上，自省未免太僭。希鉴原为幸。

弟鲁迅　5月4日

后来李金发将其发表在第4期的《美育》上。在第2期还登载了李金发的《记以美育代宗教的思想家》，他非常赞同蔡元培先生所提倡的科学与艺术相融合的现代精神，尤其支持蔡元培创建的现代美育事业。

另外，由于这是个人主办的杂志，因此主办者李金发个人喜好在《美育》杂志表现得非常突出。如他崇尚希腊文化和欧美艺术，其广泛传播西方尤其是法国的文学艺术作品，所以《美育》杂志较《美育》月刊有更浓郁的西方艺术气息。如李金发本人，在这份杂志上即刊登了不少他自己的诗作，作为早期的象征主义诗人，由于醉心于西方的现代派艺术，他的诗歌从形式到内容都有鲜明的西方艺术风格。如他在创刊号上刊发的组诗《同性恋歌》，第3期的组诗《灵的囹圄》等都有这方面的特色。除了文学，该杂志还注重对西方雕塑、绘画等艺术的介绍，如第2期就刊有卜德尔的《德国戏院之任情舞》《亚尔威将军》两幅雕像，同时还附有李金发的介绍文字《卜德尔的雕刻》，该文详细介绍了卜德尔的出身经历和他的艺术追求，以及他在西方雕塑界的地位，由于李金发本身为雕刻家并且具有在西方游学的经历，因而他的这篇评价文章写得相当深入，通过这篇文章也使当时的中国人对西方最前沿的艺术有所知晓。第4期有李慰慈女士的《丹麦美术》一文，该文从丹麦旧画、丹麦新画、丹麦雕刻、丹麦建筑、丹麦陶瓷、丹麦金银术六个方面全面介绍了丹麦美术的过去和现状。由于本文是丹麦美术于1928年在巴黎 Yeu De Paume 展览室引起世人注意的展览之后写作的，因此具有一定的即时性，显示出作者追踪先进的国际美术潮流的敏锐性。同期还有林绍昌翻译的《希腊文化与东方主义之分歧》、觉侪翻译的《希腊文化在东方的发展》、李金发翻译的《与华格纳绝交》等文章，着重介绍西方的文化流派和思潮。

由此看来，李金发所主编的《美育》杂志，因其以纯粹的艺术为出发点的美育理念，以及推崇和引介西方艺术，而具有鲜明特色。并因其面向大众，发挥了富于趣味的、纯粹艺术的作用来实现美育效能，因而在中国现代美育进程中具有特殊意义。

《美育》月刊和《美育》杂志作为中国现代最早创办的两份专业性美育期刊，在美育史上具有重要的意义，为西方思潮在中国的传播和中国美育的现代化作出了重要贡献。同《美育》月刊相比，《美育》杂志关于美育理论方面的文章相对较少，主要刊发艺术作品，如李金发的诗、罗丹的雕塑、徐悲鸿的素描、蔡元培的书法、林风眠的画等。这些文艺作品让读者感性地了解到美是什么，美在哪里，从而达到美育的目的。《美育》月刊则更注重专业性、学术性和实践性的结合，并且极具使命感，自觉配合当时的文化潮流，注重对艺术教育的评论和指导。由于编辑和作者多为一时大家，因而文章的理论水平比较高，缺点则为专业性太强，通俗性不够。同时，《美育》月刊较多着眼于国内的艺术教育，对国外的艺术教育和文艺思潮关注较少，相较起来《美育》杂志在这方面做得更好些。

3. 上海洋画运动与西方美育东渐

在中国近现代美育的发展历程中，上海有着得天独厚的地域优势和举足轻重的文化地位以及独特的桥梁作用。晚清时期，由于清朝政府的无能，上海被西方列强瓜分租借，大量西方移民涌入中国，同时带来不同于中国传统美育思想的西方美育思想。正因为如此，上海形成了一种“华洋杂居”的社会模式，在这样的社会环境驱使之下中西方文化在这弹丸之地产生了激烈的碰撞与融合。此时的中国深处于民族危机深重、内忧外患的困境之中，一批留学归来先进的中国知识分子认识到只有学习先进的知识和教育才能救国救民。从洋务运动到戊戌变法，从“师夷长技以制夷”到“变法图存”，从“中体西用”到“除旧布新”，等等，这一系列寻求变革举措催生了无数以上海为中心从而辐射全国的文化运动，而堪称20世纪初中国美术史上新文化运动的上海洋画运动就是从这里开始的。

所谓“洋画运动”又称为“西洋画运动”。“洋画”一词源自日本，是日本美术界特指明治以后日本人以西洋素材、样式而作的绘画[①]。1942年，著名的画家陈抱一在《洋画运动过程略记》一文中提到：“西洋画流入我国，年代已甚古远。惟我国画界之开始洋画运动，还不过是近今三十余年间的事情吧。而上海方面洋画运动的发端，也可以说是中国洋画运动的开始。”[②] 简单来说，洋画运动是20世纪初中国画家学习西方绘画方法从而创造出与中国传统绘画相融合的美术运动。同时也是中国绘画从古典

① 徐立：《陈抱一与洋画运动》，《美苑》2011年第2期。

② 陈抱一：《洋画运动过程略记》（1942年），原刊于《上海艺术月刊》，1942—1943年，第5-12期，收入郎绍君、水天中编：《二十世纪中国美术文选》（上卷），上海：上海书画出版社1999年版，第544-574页。

形态转向现代形态重要过程和近代美术史上的重大变革。

西洋画传入上海可以分为两个方面：一方面，在清末列强入侵的历史背景下，1843 年 11 月，上海开始开埠通商，西方商人的入驻，工商业快速发展，渐而超过广州成为全国的经济中心。同时大量的租借区域，以及人口的快速增长，也吸引着许多西方传教士前来传教。而他们恰恰在这场上海的洋画运动之中充当着西学传播者的角色，对上海早期的洋画教育起到了启蒙和催化作用。如 1852 年西班牙传教士范廷佐创办的“土山湾画馆”是传教士在上海建立的最早以学徒方式培养中国西洋画人才的场所，这种规模化的西画传授机构在中国是前所未有的，它为我国培养了一批中国近代西画活动的先驱，如徐咏青、张聿光、丁悚等对中国近代美育的发展具有深远的影响。另一个方面，20 世纪初期五四运动及新文化运动，在“西学中用”思想影响下大批远渡重洋的留学生陆续学成归国，由于上海经济、政治、文化的繁荣，其中大多数人选择上海作为他们施展才华和实现救国理想的先锋站，如李叔同、陈抱一、刘海粟、吴法鼎等均在上海各类私立美术学校任教，这使上海的洋画队伍不断壮大，也为洋画运动注入了大量新鲜活力。他们积极投身于洋画教育之中，办美术学校，参与各种洋画活动。

此外，还有上海洋画运动的先驱之一李叔同，他首次将西方美术教育理论完整地引入近代中国美术教育，李叔同对待中西绘画艺术的融合态度和对审美教育的提倡，为当今美术教育的改革和发展提供了值得参考的价值和意义。康有为也曾经提出“中国近世之画衰败极也”，他如此写道：“中国画至国潮衰败极也，其精均益无文化人者。其余二三名宿摹写四王，二石（石涛、石溪）之糟粕味同嚼蜡。其不能传后，亦于今日欧美日尽剩其可为哉。”“概以四王二石稍存元人一笔，亦非唐宋正宗。比之宋人，亦同鄙下。唯恽蒋（恽南田、蒋廷锡）二男，略有古人意，其余则为一丘之貉无可取处。郎世宁乃出西法。他日当有合中西而成大家者。”这一中国画西洋画的“中西融合”论与李叔同的观点不谋而合，李叔同随着自身对西洋画理解的不断加深，从艺术的根本来感化国民，这是他艺术教育的进一步现实化和具体化。

著名的画家陈抱一作为中国 20 世纪早期西方油画的开拓者之一，在中国洋画运动中占据举足轻重的位置。和当时许多中国知识分子一样，他积极投入中国近代的留学运动的热潮之中，抱着挽救中华民族文化的理想留学日本，接受先进的西方艺术的熏陶，留学归来创办多所美术学校，并任职教授传授艺术教育，并且在传播西画教育过程中，探索多种艺术形式，从而创作出中西结合的艺术审美形态。如果说“二十世纪是陈抱一倡导西画教学教育为主的时代，那么当时上海美术界也正是留学回来年轻画家们倡导西画的鼎盛时期，他们致力于对美术教育、致力于对学生的培养、致力于艺术对国人思想及观念的开化。表面上看他们所做的都是与美术教育相关的一些活动，实际上是以美术带动美育、以美育带动国人的素质教育，推动国人建立科学世界观的运动”[①]。同时，蔡元培为了进一步推广艺术教育，在《国立美术学校成立及开学式演说词》中提出“甚望兹校于经费扩张时……增设雕刻专科，以助西洋画之发展也”[②]，由此奠定了西洋画的学科思想。这与陈抱一通过美术教育提高国民素质的道理大致相同。由此可以看出陈抱一对于时代、社会始终是敏感而关心的，由美术教育进而转向美育有着独特的见解。

刘海粟作为上海洋画运动的先驱之一，他与江新等发起成立了天马会，以研究西洋画为目的，汇聚了20世纪20年代上海美术界一大批风云人物，如黄宾虹、潘天寿、李毅士、庞薰琹、傅雷、姜丹书、吕凤子、吴梦非、刘质平、丰子恺、陈抱一、汪亚尘、张光宇等。天马会的信条是“一、发挥人类之特性，涵养人类之美感；二、随着时代的进步，研究艺术；三、拿“美的态度”创作艺术，开拓艺术之社会，实现美的人生；四、反对保守的艺术、模仿的艺术；五、反对游戏态度来玩赏艺术”[③]。在成立的十年间会员最多时曾达到200余人，天马会的成立是上海洋画运动的重要标志之一，对上海的洋画发展起到了积极的作用。天马会之后，摩社、决澜社等重要艺术社团都与上海洋画运动有着千丝万缕的关系。另外，刘海粟还积极推进展览会在中国的发展，“美术展览会这种形式被广泛应用起来是在五四新文化运动之后。这时期美术教育和艺术社团蜂起，展览会被作为艺术救国和社会美育的一种手段，受到美术界推崇”[④]。自1919年12月起至1928年6月止，天马会先后举办过9次展览，大大活跃了当时的艺术氛围，适时地推进了上海洋画运动的发展。他在1923年《我们为什么要开美术展览会》一文中写道：“为什么要举行美术展览会？

① 徐立：《陈抱一与洋画运动》，《美苑》2011年第2期。
② 高平叔编：《蔡元培美育论集》，长沙：湖南教育出版社1987年版，第48页。
③ 刘海粟：《天马会究竟是什么?》，《艺术》周刊，1919年9月29日。
④ 刘海粟：《天马会究竟是什么?》，《艺术》周刊，1919年9月29日。

现在的社会可说浑浊极了！黑暗极了！一般人们的思想、趣味，也觉得很卑下。金钱的压迫，权势的压制，是人们的悲哀！虚荣的引诱，物质的役使，尤其使青年们堕落！美术可以安慰人们的绝望和悲哀，可以挽救人们的堕落。要使群众享受美术，只有到处去举行美术展览会。"① 通过此文可以看出，刘海粟和他创立天马会的目的是让更多的人民群众参与到艺术中来，使艺术不再是高高在上的奢侈品，而是用来陶冶大众的精神食粮，从而促进艺术发展，推动社会美育历史进程。

当时中国画地位式微，大家脑海中有的只是西洋画，最大限度便是将中西方的风格融于画中。中国画确实是多元的，中西融合确实不错，引进西洋画、雕塑这本是时之所需，但思考一个问题，一味地追求西洋，一味模仿出来的画真的跟中国画有关系吗？这样失去自我的"邯郸学步"可取吗？所追求的美育治国、新思想治国还有意义吗？因此，一些学者对此提出批评性意见，如傅雷，他是20世纪前期杰出的美术批评家，也是中西美术比较研究的先驱者，他对中西融合后的中国画持驳斥态度。他曾在给黄宾虹的信中写道："甚至一二浅薄之士，倡为改良中画之说，以西洋画之糟粕（西洋画家之排斥形似，且较前贤之攻击院体为尤烈）视为挽救国画之大道，幼稚可笑，原不值一辩。如若真理澌灭，识者日少，为文化前途着想，足为殷忧耳。"② 他总结近世绘画式微之因，就其大者，可归纳为以下几点：一是笔墨传统丧失殆尽；二是真山真水不知欣赏，造化神奇不知捡拾；三是古人真迹无从瞻仰；四是画理画论暧晦不明，纲纪法度荡然无存。③ 然而正是因为这些学术的百家争鸣，上海洋画运动得到了较大的推动和发展，也促进了中国美育的快速发展。

① 朱金楼、袁志煌编：《刘海粟艺术文选》，上海：上海人民美术出版社1987年版，第43页。
② 傅雷：《傅雷文集·书信卷》，北京：当代世界出版社2006年版，第499页。
③ 参见傅雷：《傅雷文集·书信卷》，北京：当代世界出版社2006年版，第499页。

第三节　中国近现代美育的基本特征

鸦片战争之后，当外国的坚船利炮打开中国人愚昧落后的精神世界，中国人便开始长时间陷入了一种彷徨不安的状态。而当时一些先进的中国知识分子意识到要想拯救自己的国人，首先要将他们从思想的泥淖里拯救出来，只有当他们具有创新意识和独立精神的时候，我们的国家、我们的民族才有希望。因此，这一时期中国知识分子大量引进西方美学思想，他们希望借助美育教育这种艺术的形式和途径来完善、充实人的精神世界，进而启蒙思想、改造社会，以达到“美育救国”的目的。

在这种思潮的影响下，许多思想家、教育家和艺术家纷纷著书立说，发表文章，表达自己的观点。从而形成了我国美育发展进程的第一次美育热潮。然而，由于受当时中国复杂的社会文化背景影响，这些美育思想大都蕴含以下几个基本特征。

一、从宗教伦理到科学技术：以美育代宗教

“以美育代宗教”学说是著名教育家蔡元培提出的主张，比较集中的论述见于他1917年的《以美育代宗教说》和1930年的《以美育代宗教》。19世纪末20世纪初，西方文化及社会思潮纷纷涌入我国，蔡元培以振兴国民教育为己任，对欧洲教育与中国教育进行了研究和比较，提出了“以美育代宗教”的观点。早在1912年，蔡元培就在《对于新教育之意见》中论及美育与宗教的关系：“教育家何不结合于宗教，而必以现象世界之幸福为作用？曰：世固有厌世派之宗教若哲学，以实体世界观念之故，而排斥现象世界。因以现象世界之文明为罪恶之源，而一切排斥之者，吾以为不然，现象实体，仅一世界之两方面，非截然为互相冲突之两世界。吾人之感觉，既托于现象世界，则所谓实体者，即在现象之中，非必灭乙而后生甲。”① 蔡元培认为现象世界与实体世界并非互相对立不可调和的，实

① 蔡元培：《对于新教育之意见》，《蔡元培全集》（第2卷），高平叔编，北京：中华书局1984年版，第133页。

体世界即寓于现象世界中，好好把握现象世界胜过对实体世界的盲目推崇。他反对宗教家那种为了提倡实体观念，而完全排斥现象世界，甚至把现象世界之文明视为罪恶之源的看法。因为他认为从现象世界到实体世界并非是“必灭乙而后生甲”，要想进入实体世界还必需具备现象世界的种种前提条件，而宗教家的上述做法则完全忽视了这种种条件。在蔡元培的思考之下，他认为在现象世界与实体世界之间有一座精神的桥梁，就是人类的意志。他在其著作中表明：“超物质形式之畛域而自在者，惟有意志。于是吾人得以意志为世界各分子之通性，而即以是为世界之本性。”① 由此可见，这两个世界之间的紧密联系就是以意志为中介而得以实现的。在围绕这一话题的讨论下，蔡元培也提出了自己的教育主张，即作为教育者，应该是“立于现象世界，而有事于实体世界也”，应该是“以实体世界之观念为究竟之大目的，而以现象世界之幸福为其达于实体观念之作用”②。他的这一教育观念，成为他整个教育理论的基础，也深深地影响了他后来“以美育代宗教”思想的提出。

1917 年 4 月 8 日，蔡元培在北京神州学会上作题为“以美育代宗教说”的演讲。他认为宗教是原始或过时的教育，应该以美育取代宗教在教育中的地位。蔡元培谈到宗教相关问题时说：“我曾经把复杂的宗教分析过，求得他最后的原素，不过是一种信仰心，就是各人对一种哲学主义的信仰心。各人的哲学程度不同，信仰当然不一样，一个人的哲学思想有进步，信仰当然可以改变，这全是个人精神上的自由，断不容受外界的干涉。我愿意称他为哲学的信仰，不愿意叫作宗教的信仰。因为现今各种宗教，都是拘泥着陈腐主义，用诡诞的仪式、夸张的宣传，引起无知的人的盲从的信仰，来维持传教人的生活。这完全是用外力侵入个人的精神界，可算是侵犯人权的。我所尤反对的，是那些教会的学校同青年会，用种种暗示，来诱惑未成年的学生，去信仰他们的基督教。”③ 蔡元培对宗教的种种不合理行为进行了概括。在他看来，宗教起作用大多在民智未开之时，例如，关于世界的本原、人的生死等问题，人的智力尚无力认识，只有宗教勉强借助神道来解答。因此他认同宗教是人类处于初级阶段的一种教育

① 蔡元培：《世界观与人生观》，《蔡元培全集》（第 2 卷），高平叔编，北京：中华书局 1984 年版，第 288 页。

② 蔡元培：《对于新教育之意见》，《蔡元培全集》（第 2 卷），高平叔编，北京：中华书局 1984 年版，第 133 页。

③ 蔡元培：《蔡元培全集》（第 4 卷），高平叔编，北京：中华书局 1984 年版，第 79 页。

活动，同时包含着德育、智育、体育、美育等各种因素，对人的知情意方面的教育和陶冶起到一定的作用。但是，当社会文化进步，科学能够探索和解答古人不可思议的问题后，随着人们对世界和人本身的探索和研究不断深入，知识便令这离宗教独立存在为科学教育，他认为宗教对于美育就有害无益了，宗教禁锢人的心灵，使人的思想无法自由发展，因此“宗教只是人类进程中间一时的产物，并没有永存的本性”。但同时，宗教与美育又有内在的联系。蔡元培敏锐地发现，在知、意、情三者的作用中，“知识、意志两作用，既皆脱离宗教以外，于是宗教所最有密切关系者，惟有情感作用，即所谓美感”，这可以从宗教的建筑、装饰、经文、礼仪中表现出来。而且，美以普遍性无宗派利害之虞，美育能够取代宗教。宗教之所以能长存于社会，靠的是情感慰藉、美感动人。“以此两派相较，美育之附丽于宗教者，常受宗教之累，失其陶养之作用，而转以激刺感情。盖无论何等宗教，无不有扩张己教、攻击异教之条件”而“纯粹之美育，所以陶养吾人之感情，使有高尚纯洁之习惯，而使人我之见、利己损人之思念，以渐消沮者也。盖以美为普遍性，决无人我差别之见能参入其中”。他借此对美育的超越性与普遍性加以详细说明，正是因为美感教育有这样的特性，故而他认为“故教育家欲由现象世界而引以到达于实体世界之观念，不可不用美感之教育”①。针对当时部分国人热衷于宗教，一方面欲以基督教劝导国人，另一方面欲以孔子为教主组织孔教，已知当时东西宗教之弊端的蔡元培作出比较后，断然呼吁：“鉴激刺感性之弊，而未尚陶冶感情之术，则莫如舍宗教而易以纯粹之美育。”

1930 年 12 月，蔡元培在《现代学生》杂志上发文，再论《以美育代宗教》，再次说明了宗教与教育的关系。所不同的是，这次不是以知、意、情三种功能为出发点，而是直接从智育、德育、体育、美育着眼。他认为：“宗教本旧时代教育，各种民族，都有一个时代，完全把教育权委托于宗教家，所以宗教中兼含着智育、德育、体育、美育的原素。”随着科学、历史学、社会学、民族学、医学的发达及各种物质条件的改善，智育、德育、体育都相继从宗教那里独立出来，甚至无须与宗教相关。那么，是否保留宗教以行美育？蔡元培认为相对宗教来说，美育是自由的，进步的，普及的，尤其因为宗教中的美育原素与宗教中的智育、德育等原

① 蔡元培：《对于新教育之意见》，《蔡元培全集》（第 2 卷），高平叔编，北京：中华书局 1984 年版，第 134 页。

素相互影响，往往会引起审美者的宗教感情，不能成为纯粹的美感。美育与宗教相比，具有更广泛的特性，也具有更明显的优越性与先进性。所以他呼吁“以美育代宗教”，“我所以不主张保存宗教，而予以美育来代他，理由如下：一、美育是自由的，而宗教是强制的；二、美育是进步的，而宗教是保守的；三、美育是普及的，而宗教是有界的。因为宗教中美育的原素虽不朽；而既认为宗教的一部分，则往往引起审美者的联想，使彼受智育德育诸部分的影响，而不能为纯粹的美感，故不能以宗教充美育，而只能以美育代宗教”①。所以他主张，以美育来取代宗教，用美来唤醒国民的良知，取代僵化的宗教对民众思想的侵蚀。蔡元培提出的“以美育代宗教”主张，实际上是要以新的科学、民主的文化来取代陈旧的封建迷信文化，用一种积极、创造、进取的精神来取代落后、盲从、萎靡的精神。因此，不能以宗教当美育，而只能以美育代宗教。

蔡元培的“以美育代宗教”是当时影响比较大的一种理论，我们也应当注意到当时的另一种论点，那就是：美育无以代宗教。美育无以代宗教的论者大多为一些在文化态度上具有守成倾向的纯粹知识学的学者们。反对以美育代宗教说者，大都认为此说比较笼统、简单，没有区别美育或美、艺术与宗教的异同，没有指出二者范围的大小。其中尤以杨鸿烈最具代表性，在其《驳以美育代宗教说》中认为“凡以美的理论、方法、制作品，来陶冶美的情操，就是美育”。相对来说，美育是实存的、正面的、积极的，而宗教则是虚设的、反面的、被动的，所以他引用吕澄的话为证：“艺术的活动，直观的去求知同时表现为去求解释，自概括人生的全部；还有宗教的活动信解行证，一时圆融，也自概括了全体的人生。但艺术的极致是认明各个分离独立的我，宗教的活动是舍去一切我的执着；一是人生的正面，一是人生的反面，正当的人生，便只有这两面，我始终不敢赞同美育代宗教的话，也是这种理由。”② 同时杨鸿烈还从美育与宗教范围与价值的不同上来引用哈托孟（Edward von Hartmann）的话进行论证，认为一是“拿美来代替宗教，便是拿有感觉对境之美而代与感觉绝缘的宗教”，二是“补哲学宗教之所不及，那么宗教和美的范围是有大小的不同了，如何能代替呢？这是从美和宗教的本质及其范围来否认以美育代宗

① 高平叔编：《蔡元培美育论集》，长沙：湖南教育出版社 1987 年版，第 207 页。

② 杨鸿烈：《驳以美育代宗教说》，《哲学》1923 年第 13 期。

教”。[①] 由此出发，他认为美育和宗教不是一回事，美育是不能代替宗教的。同时还有一些观点，以胡先骕《说今日教育之危机》[②] 为代表，不仅反对“以美育代宗教”而且反对“西学”，新教育乃至新文化。

当然，在今天我们已经对“以美育代宗教”这一命题作出辩证的认识。首先，作为人类文化的类型和存在方式，宗教与美育同样拥有存在的合法性。人类生活需要靠实存来支撑，可是虚拟与梦幻也时常能给人带来依托和慰藉。就审美效果而言，艺术优于宗教；就精神依托而言，宗教则胜于艺术。所以从逻辑意义上来说，“宗教和艺术都是文化的类型之一，无论哪一个都不能代替哪一个的。所以宗教在形式上虽和艺术有密切关系，即所谓美感；可是宗教除却这美感作用，尚有其他解脱的要求，是与艺术具有绝不相同的特征的”[③]。因此，从这个意义上来说，美育是无以代宗教的。其次，美育之所以要代替宗教，其根源在于美育与宗教背后隐藏着某种内在的关联，尤其是当宗教为纯粹、抽象的游戏形式而不是作为具体、功利的实存状态的时候，两者都可以慰安人的心灵，寄托人的情感，营造人的精神家园，而且相比起来，美育具有比宗教更进步、更强大、更纯粹、更自由的品质。最后，美育是否可以代宗教这不只是一个美育知识学的命题，而且更是中国人生命精神现代转换的象征。从本质上说，中国语境中的“以美育代宗教”，是以科学代替迷信，以自由代替限制，以自由代替专制的总体性的文化变革。

中国现代美育不同于传统美育的一个主要特点便在于它的科学性。蔡元培“以美育代宗教”论即是顺应美育发展的趋势而提出的一种十分有价值的理论。朱光潜曾写道：“现在我们受西方文化思想的洗礼，几千年来儒家文化的传统突遭动摇，几千年来根深蒂固的社会制度也在剧烈的转变，这种一发千钧的时刻应该是中国新文化思想生发期的启端。”[④] 只有我们对“以美育代宗教”这一命题作出辩证的分析时才能明白它所具有的文化内涵，并作出正确的判断。当然，在承认美育代宗教所具有进步文化意义的同时，我们也要清醒地认识到，美育和宗教作为两种文化类型、两个不同的领域、两门独立的学科，都有其独自存在的必要性。从这个意义上

---

① 杨鸿烈：《驳以美育代宗教说》，《哲学》1923 年第 13 期。

② 胡先骕：《说今日教育之危机》，《学衡》1924 年第 31 期。

③ 朱谦之：《文化哲学》，北京：商务印书馆 1990 年版，第 69 页。

④ 朱光潜：《朱光潜美育文集》（第 2 卷），上海：上海文艺出版社 1982 年版，第 498 – 499 页。

来说，美育是不能代替宗教的。如果盲目地理解和传诵美育代宗教的思想，那将导致文化传统的变异和民族信仰的失落。

二、从综合的整体到独立的单一

中国以伦理为起点的传统文化，具有浑整性和综合性的特点，但随着西学东渐，中国学术同样受到西方科学的影响，不再可能保持自足自立的发展。在西方学术的影响下，学科分化越来越剧烈和明确，当然，我们也应该注意到，学科的独立和分化是由中国学术发展自身的趋势所在，西方学术的传入和被大量借鉴只是起了一个催化剂的作用。

对于中国美育史来说，其重要意义在于，美育被作为一门独立的学科在这个时期被提出来。在这个过程中，王国维起了重要的作用。“王国维的主要贡献在于：一是参照西方现代美育的框架，确立了美育作为一门学科存在的独立地位，将隶属于传统文化内部的艺术理论转化成西方学科分类意义上的美育；二是美育的话语形式也发生了从传统的经验的、印象式的、重体悟的表达向逻辑的、理智的和思辨的方向的转化。”[①] 王国维的哲学思想深受康德、叔本华等人的影响，而康德曾将人的心理分为知、情、意三个部分，则王国维也把智育、德育和美育作为心育的重要组成部分。在王国维的体系中，心育与体育并列，美育同智育、德育作为心育的组成部分具有独立性。王国维《论教育之宗旨》一文中，认为美育就是“情育”，艺术是美育的主要手段，通过审美使人“忘却物我关系”，摆脱痛苦。

蔡元培作为中国现代美育的开创人物，最重要的观点是他的“以美育代宗教”论。他认为宗教是人类处于初级阶段的一种教育活动，同时包含着德育、智育、体育、美育等各种因素，但随着社会和科学的发展，宗教对于美育有害而无益了，因此美育代替宗教是必然的事。蔡元培对于美育的贡献还在于1912年9月其任教育总长时把美育写进了国家的教育方针，主张“注重道德教育，以实利教育，军国民教育辅之，更以美感教育完成其德”[②]，这是在中国教育史上第一次把美育写进国家的教育方针，充分体现了蔡元培对美育的重视。在蔡元培看来，美感教育是进行世界观教育的主要途径，是培养人们由现象世界走向实体世界的桥梁。同时蔡元培还确

---

① 邢建昌：《20世纪中国美育的现代发展》，《文艺理论研究》2001年第1期。

② 蔡元培：《教育宗旨令》，《蔡元培教育论著选》，北京：人民教育出版社1991年版，第1页。

立了三种美育方式，这在本章第二节我们已经作了详细的叙述。

中国近现代美育从传统美育以综合为主要特征的形态中独立出来的，其主要表现有如下三点：

1. 市民生活成为美育实践的对象

这一点随着中国传统社会生活的现代性进程，从很早的时候就开始了。晚唐以后，战争的连年爆发促使商业经济十分活跃。冯天瑜就对白居易《盐商妇》中“本是扬州小家女，嫁得两江大富商”的生活进行过描述①。宋明以后，随着社会生活现代性进程日益加剧，市民阶层更日益成为美育实践的对象。张择端的《清明上河图》由于直接表现了商贾云集的市民生活而成为中国美育现代性发生史上具有标志性的作品。进入近现代以来，随着西方列强的入侵，中国半封建半殖民地社会的形成，传统自给自足的封建经济受到彻底的破坏，资本主义经济迅速发展起来，城市经济日益繁荣，市民成为现代生活的主体，作为美育实践主体的地位也日益稳固。

2. 知识分子成为美育活动的主体

明代以后，新兴的哲学思潮和西学东渐的影响，使中国人不断地陷入现实的冲突与文化的困境之中，直接促使知识分子成为美育活动的主体，直接推进美育现代性进程的，则是西方现代艺术精神和西方现代知识学的传播。1595 年，利玛窦著《交友论》；1860 年，王韬编译《西学辑成六种》；1885 年，博兰雅和应祖锡共同翻译英国人钱伯斯兄弟主编的“教育丛书”之一《佐治刍言》。这些都对中国文化的现代化产生了很大的影响。在美育科学化、现代化的进程中，蔡元培、王国维、梁启超、鲁迅、陈独秀等人起了十分重要的作用。王国维的《论教育之宗旨》（1903 年），鲁迅的《文化偏至论》（1907 年），陈独秀的《吾人最后之觉悟》（1916 年），蔡元培的《以美育代宗教说》（1917 年），梁启超的《论趣味教育与教育趣味》（1922 年）等著作，全面系统地体现了中国知识分子的现代思想和美育精神。在美育理论研究和社会实践中，他们不仅系统地建立了现代中国美育的知识学谱系，而且在中国自己的思想、文化和教育实践中形成系统的运行机制。这种现象表明，20 世纪初的中国知识分子已真正成为中国美育活动的主体。

① 冯天瑜等：《中华文化史》，上海：上海人民出版社 1990 年版，第 692 页。

3. 国家制度成为美育实施的保证

在中国美育现代性形成的诸多因素中，教育制度的变革与创新和现代民族国家的建立是美育得以最终实施的根本保证。早在1902年，《癸卯学制》已经率先把美育编进了"三段六级"的教育体系之中。美育课成了优级师范学堂的课程设置之一[①]。1903年，王国维从学理上把美育写进了教育宗旨。特别是1912年中华民国成立，不仅呈现出政治、经济、文化的现代性变革，而且美育也被写进了国家的教育宗旨[②]。尽管中国美育的现代进程历尽坎坷，但这毕竟是中国现代美育形成的最终标志，也是中国现代美育制度实施的根本保证。

在20世纪初中国现代学术领域内，由于市民阶层对美育的渴求以及中外学术文化的发展，美育这一学科概念逐渐得到厘清，其理论上也自有相对完整的建构，同时国家美育制度的实施，确立了美育的独立地位。总之，现代美育已经不同于传统美育，而是从附丽于道德培养或宗教活动中的一部分脱离出来，成为一门独立的科学。

三、从重内在的个体思想到重外在的社会实践

近代以来是中国美育勃兴的时代，当时的知识分子自觉地将美育纳入民族自救、振兴中华的时代潮流，在继承古代传统美育的基础上又自觉吸纳西方进步文化和近代美育思想，对美育的性质、功能、特征、办法重新加以阐释，逐步建构起具有近代意义的贯穿着科学、民主精神的美育思想体系，确立了近代意义上的美育制度并进行美育实践。这一切都标志着中国近代美育开始进入独立发展的自觉时代，并开始向现代美育转换。

在西学东渐、变法维新的声浪中，维新派首先倡行美育，并开始体现于教育制度与实施之中。1887年，谭嗣同等维新派在长沙开办了时务学堂，倡导美育的梁启超为该校拟定了《学约》十章：立志、养心、治身、读书、穷理、学文、乐群、摄生、经世、传教，其中就贯穿着以美育育心、修身、经世的内涵，这些条目中当然也包含美育的内容。

随着维新新思潮的发展，清政府迫于压力，也不得不对适应不了时代

---

① 舒新城编：《中国近代教育史资料》（上册），北京：人民教育出版社1981年版，第692、683页。

② 舒新城编：《中国近代教育史资料》（上册），北京：人民教育出版社1981年版，第223页。

需要的传统教育制度作出改革。1898 年，清政府下诏废除了八股，改试策论。1902 年 8 月 15 日，清政府颁布由清末管学大臣主持拟定的《钦定学堂章程》，又称“壬寅学制”，包括《钦定蒙学堂章程》《钦定小学堂章程》《钦定中学堂章程》《钦定高等学堂章程》《钦定京师大学堂章程》及《考选入学章程》。这是中国近代由国家颁布的第一个规定学制系统的文件，它详细地规定了各级各类学堂的目标、性质、年限、入学条件、课程设置及相互衔接关系。1904 年 1 月，清政府颁布由张百熙、张之洞、荣庆等奏拟的关于学制系统的文件——《奏定学堂章程》，同时废止“壬寅学制”，因这年为癸卯年，所以又称“癸卯学制”。该章程是中国近代第一个以教育法令公布并在全国实行的学制，它根据初等教育、中等教育、高等教育等几个阶段进行划分，对学校教育课程设置、教育行政及学校管理等作了明确规定。它对中国近代教育产生了重大影响，因为它首次较全面地反映了我国近代教育史上关于新式学堂的较完整的体系，是中国近代化教育的开端。其中就包含了美育的课程，如在初等、高等小学堂尤其是师范学堂里除设修身、读经、算术、历史、地理、格致等课外，还专设文学、图画、体操等课程。至于幼儿教育机构如蒙养院等，则更是通过游戏、歌谣、体操、谈话、手技等教养方法传授知识和开展美育。1903 年清廷颁布的《奏定蒙养院章程及家庭教育法章程》即指出，游戏能使儿童“心情愉快活泼，身体健适安全，且养成儿童爱众乐群之风气”，有“节其进退”的教育作用，歌谣“可使幼儿之耳目喉舌运用舒畅以助其发育，且使心情和悦为溶性涵养之质”。蒙养院对儿童的教育，包含了体育、德育、智育、美育的内容；在教育原则上，提出了应该照顾儿童惰性及心理特点，指出教育要量力适度，还要利用榜样的教育作用。这些美育思想在光绪年间得以初步实施，也正是维新派在同顽固派的斗争中所取得的积极成果。

1905 年，清政府宣布废止科举取士；次年，学部公布教育方针，以“忠君，尊孔，尚公，尚武，尚实”为教育宗旨。这种教育方针、宗旨贯彻于教育实践中，在当时的中小学堂里，除修习修身、读经、算术、历史、地理以及博物、物理、化学、外语外，还修文学、图画、体操，在这些教育科目中，渗透着一定的美育内容。在大学堂里，除设经学科、政法科、医科、格致科、农科、工科、商科等分科外，还专设文学科，修中外文学和历史、地理。为培养中小学师资，在优级师范学堂里，除修人伦道德、群经源流、文、史、地、数、理、化、生等课程外，还加习“美育”科。这些制度说明了美育在当时的教育中得到了相当的重视，并且付诸于一定的实践，也使得美育对社会的影响日益扩大。

与此同时，时人还创办了一些宣传新学、新教育的学会和刊物，其中影响较大的有：第一，1902 年蔡元培、蒋观云等发起成立的“中国教育会”。在其章程中宣布“本会以教育中国男女青年，开发智识而增进其国家观念，以为他日恢复国权之基础为目的”。中国教育会提倡教育，是出于改造中国的政治目的，是为在中国建立民主共和的国家而办教育。它强烈地反对封建教育和奴化教育，鲜明地揭示了民族主义、民主主义的教育宗旨。为了实现这一宗旨，中国教育会计划从事造就“共和的国民”这一工作。它设立了教育、出版、实业三个部，预备设立男女学堂、编印教科书、教育报，创办商店、工厂、公司。1901 年 5 月，由罗振玉发起、王国维任主编的《教育世界》创办于上海，这是我国最早的教育刊物。至 1908 年 1 月停刊，共发行 166 期，该刊对近代中国教育理论和教育事业的发展具有积极的影响。第二，商务印书馆 1909 年创办于上海的《教育杂志》，该刊创刊时即注意广泛介绍外国资产阶级教育思潮和各国教育制度，讨论国内教育问题，对扩大教育界视野、建立适合中国国情的教育制度和方法起过一定作用。除教育学、心理学外，对图书馆等辅助教育手段，对中小学技能课、职业教育、社会成人教育亦皆注意介绍。该刊是中国早期的专业性定期刊物，前后出版达 40 年，发行量较大，对当时教育界人士、教育理论和实践起过重大影响。这些期刊致力于传播西方教育学说、教育制度，探讨学校教育、家庭教育和职业教育等问题，也倡导学校美育、家庭美育和社会美育，对中国美育的发展作出了很大的贡献。

南京临时政府时期，民国政府的美育制度初步确立，美育事业获得了新的发展。其标志之一是在全国各省和特别行政区纷纷成立“教育会”，研究包括美育在内的各项教育事宜，并创办了《中华教育界》（1912 年）等刊物。本着“为民国服务”的宗旨，广泛探讨新兴教育思想、教育内容、教育政策、教育设施和教育方法等，进行教育调查，译介西方教育思想，努力倡导美育，这是中国最早出版的教育期刊之一。1915 年还在天津成立了“全国教育会联合会”，以体察国内教育状况，并适应世界趋势，讨论全国教育事宜，每年集会一次，这是五四前后颇有权威的全国性民间教育学术团体。1916 年，蔡元培、李煜瀛、吴玉章等人在法国巴黎成立“华法教育会”，次年又在北京成立此会，其宗旨是“发展中法两国之交通，尤重以法国科学与精神之教育，图中国道德、智识、经济之发展”。1917 年，黄炎培等人在上海成立“中华职业教育社”。1921 年，蔡元培等人在北京成立“中华教育改进社”，以“调查教育实况，研究教育学术，力谋教育改进”为宗旨，该组织是当时中国最大的教育社团，有力地促进了中国教育科学化、世界化的进程。这些社团、刊物都为民国教育、美育的发展作出了贡献，显示了中国近现代美育较为注重实践的特点，在这一点上与注重思想性的传统美育明显不同，有了较大的变化。

民国初年，在孙中山、黄兴等人的支持下，以蔡元培为总长的教育部便把美育写进了教育方针，使“美感教育”与“军国民教育”“实利主义教育”“公民道德教育”及“世界观教育”具有同样的地位，这是中国教育史上第一次把美育写进国家的教育方针。这一方针在教育改革工作中得到了具体的落实。1912 年 1 月 9 日颁布的《普通教育暂行办法》即规定：“小学手工课应加注意”“高等小学以上，体操应注重兵式”①。1912 年 3 月，袁世凯成立了北京政府。其时教育方针中仍包含美育，教育宗旨为：“注重道德教育，以实利教育、军国民教育辅之，更以美感教育完成其道德。”美育的实施情况也基本照旧。《学校系统令》规定：“初等小学校的科目为修身、国文、算术、手工、图画、唱歌、体操。女子增加缝纫课。高等小学的科目为修身、国文、算术、本国历史、地理、理科、手工、唱歌、图画、体操十种。”“中学校的科目为修身、外国语、历史、地理、数学、博物、物理、化学、法制、经济、图画、手工、乐歌、体操 14 种”。②

随着历史的发展，各种思潮涌入中国，推动中国现代美育实践的进行。如“五四”时期的“工读互助主义”“新村主义”等都积极开展了平民教育和平民美育活动。“工读互助主义”在 1919 年初成立，主要倡导者是王光祈、陈独秀、李大钊等，主张劳心与劳力相结合，教育与职业合一，学问与生计合一，把工读互助团办成“人人工作，人人读书，各尽其能，各取所需”的新组织。而诞生于日本的“新村主义”由周作人、恽代英、郭绍虞等人介绍到中国，并在国内形成一定的影响，提倡“人的生活”。毛泽东、蔡和森、张昆弟等人也曾受过“新村主义”较大的影响。早在 1919 年 3 月，周作人就开始着手对“新村主义”的宣传工作，在《新青年》上对日本的新村主义系统作过专门的介绍。“平民主义”，在

① 毛礼瑞、沈灌群主编：《中国教育通史》（第四卷），济南：山东教育出版社 1988 年版，第 350 页。

② 毛礼瑞、沈灌群主编：《中国教育通史》（第四卷），济南：山东教育出版社 1988 年版，第 354 – 355 页。

“五四”时期从欧美传入中国，曾为实用主义、民主主义和早期马克思主义教育家所共同接受。他们都提倡平民教育，反对封建专制主义教育，但在平民教育的内容、目的、方法上存在着差异。

当时，陶行知、晏阳初等民主主义者都是倡导平民主义教育并付诸实践的教育家。陶行知对杜威实用主义教育思想采取“同者借镜”的态度，努力推行平民教育，尤重艺术美育。晏阳初自20世纪20年代开始致力于平民教育，被誉为“世界平民教育运动之父”，与陶行知并称“南陶北晏”。1919年3月，陶行知、邓中夏等人创立了平民教育讲演团赴各地讲演，并且以“增进平民知识，唤起平民自觉心”为宗旨。1923年，他与朱其慧、晏阳初、王伯秋等人创立了“中华平民教育促进会”，以平民教育作为救国和改良社会的措施，在二十个省区设分会，并开办晓庄学校等多所平民学校，尤重乡村平民教育，侧重于教平民识字、扫除文盲工作；1939年还创办了育才学校，为平民美育培养师资，分音乐、戏剧、绘画、文学、舞蹈等小组，培养艺术人才。

晏阳初认为中国农村存在贫、愚、弱、私“四大病”，须以生计、文艺、卫生和公民“四大教育”加以救治，即以生计教育培养“生产力”，以卫生教育培养“强健力”，以文艺教育培养“知识力”，以公民教育培养“团结力”。其中“文艺教育”是指用“平民文学”和艺术开启民智，丰富和美化农村的平民生活。他认为平民教育不限于“扫盲教育”“识字教育”，在识字以后，还要继续深化教育工作，以便实现平民教育的“除文盲，作新民”的目标。1929年，他曾以河北定县作为“平民教育实验区”，探索平民教育。他说：“启发农民的智慧也就是植入，造人必须有造人的教育”，必须“与一般人的生活发生关系”，“本会在定县的实验工作，意在深入民间，根据一般人的生活习惯，创造新民教育的内容和形式”。他后来著成《平民教育的真义》一书，认为“平民教育不只是贫民教育，也不是社会教育、义务教育或成人补习教育，它不是与贵族教育相对立的，是一种精神和态度教育”。他的所作所为是“教育救国”论的一种表现，在当时是颇有进步意义的，其中也渗透着美育的内容，是美育思想在当时实践中的切实体现。

除了平民主义之外，还有在五四时期即已出现的由早期共产主义者所倡导的平民教育，其代表人物是陈独秀、李大钊、邓中夏、毛泽东等人。他们成立“平民教育社”，开办平民学校，如“湖南自修大学”“平民夜校”“平民女学”等；创办平民教育刊物《平民教育》《劳动界》《劳动者》《劳动音》等；还组织“平民教育讲演团”，努力开展平民教育。他们倡导的平民教育以工人和农民为主要对象，以宣传马克思主义，引导人民群众进行革命斗争。他们主张在人民群众取得教育权利的基础上推翻政治上、经济上、社会上一切特权阶级，实现纯和平的平民政治。为了满足劳动大众对“知识的欲望”，全面推行平民教育，他们还深入工农大众，广泛开展平民教育的社会实践活动。邓中夏等在北京大学成立的“平民教育讲演团”，毛泽东在湖南一师附小创办的平民夜校等，他们都注重教育与实践的结合，吸引了大批工农群众，向大众普及美育。

总之，中国近现代美育更多地走入平民的生活中，切实地体现于人民的实践活动中。无论是清末的学部章程还是民国时的教育方针，美育都被列入教育制度，并且在教学活动中得到了实施。五四时期各种思潮如平民主义、新村主义的涌入，乡村运动的进行，使美育实践在社会上得到了更深入的展开，已经不再局限于学校和上层社会了，这些都体现了不同于传统美育注重内在思想性的特点，也是现代美育独立为一门学科的体现。但是美育多元化以后，暴露出一个问题，那就是美育到底该倾向于哪个方面？从中国美育初建时定向与定型的过程回顾中，中国美育已经融进了许多价值学、人类学的内容，并且还在不断吸收新的思想、新的方式，这才是中国美育转型的开始。转型后的美育应具有世界性的眼光，以自身的独特性和鲜明的民族特色来让整个世界趋之若鹜。①

总而言之，如果说，重理性、重规范、重伦理和轻感性、轻个性、轻情感的价值取向是中国古代传统美育的不足，那么，近现代美育则一方面在理论上借鉴康德和席勒等人的美育观，倡导美育是专注人的情感的教育；另一方面又将美育的功能夸大化，将其与救国存亡的实际功利联系起来，注重美育的启蒙功能和道德教化功能，正如杜卫所说：“在中国现代美育理论中，由于过分注重美育的启蒙功能，特别是道德教育功能，现代美育理论中本来占据着核心地位的感性和个性被相对忽视了……在诸多的现代美育论著中，感性的作用似乎只是促进理性发展的基础或改善德育的路径。”②可见，在现代美育的历程中，美育的理论和实践虽得到很大的发展，但其独立性并没有得到真正的凸显，审美实践的推行更是任重而道远。

---

① 章长城：《试论蔡元培的审美主义思想》，《厦门广播电视大学学报》2010 年第 1 期，第 79－83 页。

② 杜卫：《论中国美育研究的当代问题》，《文艺研究》2004 年第 6 期。

第三章

中国美育的当代形态与历史代价

在中国近现代美育顺利实现了古今转换的背景下，科学主义和人文主义的悖离与互补已成为时代的主潮。科学主义认为自然科学是真正且唯一的科学知识，将自然科学作为人类最权威的世界观；人文主义则强调对人性的关怀和宽容，主张将自由平等作为世界观。在漫长的人类历史发展中，这两种主义呈现出不断斗争和结合的态势。在民族救亡的年代，长期动乱、战争摧残、人们流离失所、暴力破坏等各种主观和客观的因素，导致许多珍贵的西学、国学著译大量流失。在科学与理性的现代传统尚未建立的情况下，西方实用主义等新思潮涌进当代中国，世俗化与技术化更助长了人的欲望，从而导致传统文化与精神信仰的严重亏损，这便是当代美育的历史背景与时代特征。

第一节　中国当代美育的时代背景

科学观念未曾建立与经济状况比较落后，是构成中国当代美育时代背景的基本要素。

一、美育未代宗教

中华人民共和国成立以来，中国美育的现状并未如蔡元培先生当初所设想的那样代替宗教在社会教育中的作用，而是远没有得到重视。

蔡元培先生于1917年提出“以美育代宗教”一说，可谓是他审美教育思想体系中最为尖锐和锋利的一笔，因为当时中国正处于新文化运动时期，亟待一种新的思想来破除旧的思想和观念对人民的束缚，所以毫无疑问这种观念的提出是很需要魄力和勇气的。正如潘知常先生所说，“蔡元培提倡的‘以美育代宗教’，显然是对20世纪初中华民族所遭遇的意义困惑、作为终极关怀的信仰维度层面在中国传统文化中的缺席以及西方宗教（尤其是基督教）文化的大举入侵这三重时代课题的敏锐回应”[①]。宗教在特定的历史时期，可以通过其强大的凝聚力维持社会的稳定秩序，也可以影响和规范一个社会的道德观念和社会风气。但是，随着历史的不断推进

---

① 潘知常：《“美育代宗教”——中国美育的百年迷途》，《学术月刊》2006年第1期。

和时代的不断发展，宗教的弊端和劣势也会显得越发明显。宗教所导致的人们对世界虚幻的追求和对社会各种自然和生活现象的不确定的描述，使得它所倡导的真理被打上了双引号。这种“真理”的准确性遭受越来越多的质疑，或者说是存在着已被事实推翻或随时被实践推翻的风险。自然科学的快速发展，使得人类对各种现象的认识得到了更加客观和科学的解释，毫无疑问这削弱了宗教的作用，宗教的社会地位明显下降。而美育之所以被蔡元培认为可以取代宗教对人们精神世界发挥作用，是因为美育具有的鲜明直观的特点，人们可以自觉主动地对生动活泼的形象进行欣赏和认识，也可以被动接受美的熏陶，从而在对美的体验和感悟中，产生自觉地对美的创造和美感的素养，这是当时中国社会的民众急需的一种能力。对美的追求也是对自由和解放的追求，这也就意味着人们开始掌握了一种自己判断和主宰自己的想法的能力，在思想上破除旧观念的束缚。因此，美育的发展在理论上讲应该是不可阻挡的，即美育会随着时代的发展而得到更大的发掘和完善，也必将发挥出更大的作用。但是美育在20世纪初的中国被冠以救国图强的社会功能又有明显将其作用夸大化的趋势。

因此尽管蔡元培先生在当时提出了“以美育代宗教”学说，也将美育写进了国家的教育大纲，但是美育被过多地赋予启蒙的色彩，使得它的教育体系依附于德育之中，缺乏足够的独立性。从具体的国情和美育实际的发展演进来看，美育在中国的发展相当缓慢，远远落后于其他一些国家。美育在当代中国也同样面临着不小的困境，美育并没有像蔡元培演讲中所宣扬的那样发挥出那么大的作用，即“美育并未代宗教”。相反，美育的发展受到了重重的阻碍，美育的发展步伐远远地落后于经济的快速发展和政治文明的推进，没有得到足够的重视。

仔细分析一下便不难发觉，美育在当代所处的尴尬地位的原因更多的是由于当代市场经济体制所形成的经济决定论被无限夸大所造成的负面影响。这种“经济决定论”最早是源于代表第二国际理论家的伯恩斯坦和考茨基对马克思历史唯物主义的歪曲，也就是对马克思历史唯物主义的庸俗和错误的解读，认为马克思将“经济”作为社会进步的唯一的决定性的因素。在当代中国，也有一部分人认为在市场经济体制内，经济是促进社会进步的因素且是唯一的因素；认为人类只要严格遵守和有序按照经济发展的规律就可以实现社会的进步，从而在思想和意识上忽视了其他因素即政治、道德、法律和文化等因素对社会的影响。这种“经济决定论”被无限夸大，必然对社会造成直接的负面影响，使人们陷于功利、实用、追逐利润最大化的恶性循环，而渐渐失去对精神层面的执守。这直接影响到人们对待美育的态度和行为，直接导致美育的发展受到阻碍，因为人们的观念中削弱或者淡化了美育的功能，美育便缺少了发展的助力和条件支持。

美育在当代发展的滞后与中国当代教育的落后现状和国民人文科学素质的欠缺有密切关系。因为美育除了需要靠自觉的发现和创造外，还需要大量的途径和方法去刺激人们对美的敏感度、培养和锻炼人们对美的认识和了解。审美教育机制的强大介入、社会环境的整体美化、家庭氛围的着意营造等都是推动个人的美感能力大幅度提升的必备条件。教育和文化水平的参差不齐等因素导致技术训练、心灵培育等和美育密切相关的内容都较难推进，无从谈起，没有这些媒介支撑和得以展现的平台，美育就只能呈现缓慢的发展状态。

2003 年 2 月 13 日教育部公布了《中国教育与人力资源问题报告》①，这是我国首次发布的教育与人力资源报告。教育可以改变个人的命运，同样它也能够改变一个国家的命运。中国作为人口大国，沉重的人口负担如何转变为人力资源优势是实现教育强国目标的关键。报告通过庞大的数据和资料、纵向（时间维度）和横向（不同区域和国家）的强烈对比，从中可以大体认识到我国人力资源整体国民素质偏低，中高层次人才缺乏，整体水平与发达国家和新兴工业化国家相比存在较大差距的基本现状。

据报告统计，我国 15 岁以上国民人均受教育年限仅为 7.85 年，25 岁以上人口人均受教育年限为 7.42 年，两项平均起来还不到初中二年级水平，和美国 100 年前的水平相仿，比韩国低近 4 年，与发达国家有明显的差距。另外，专家们在报告中还指出，我国国民受教育年限与发达国家的差距主要表现在接受高层级教育人口比例过低和初中以下学历人口比例过大。另据报告显示，2000 年我国 15 岁以上人口中仍有文盲 8 699.2 万人，其中3/4分布在农村。我国文盲基数过大，相当大一部分人连基础的教育水平都没有达到，这说明教育的形势仍然很严峻，这对于教育大规模的普及也是一种严厉的考验。但值得欣慰的是，改革开放以来的这几十年里，我国实施了一系列教育措施，通过全面普及九年制义务教育和扫除青壮年文盲等工作，文盲率有所下降。因为文盲聚集较多的地区往往是经济落后的西部边远地区，所以国家在制定政策的同时还应考虑将扫除文盲与脱贫致富、改善农村卫生条件等联系起来统筹规划，可谓是任重道远。我国农村和城镇人口受教育水平也有差别，农村劳动人口人均受教育年限为 7.33

① 郭蓝燕：《我国首次公布中国教育与人力资源问题报告》，《人力资源报》，2003 年 5 月 1 日。

年，城市是10.20年。城市、县镇和农村之间劳动力人口受教育水平的比重情况分别为：具有大专及以上受教育水平的人口比是20∶9∶1；受过高中教育的人口比为4∶3∶1；受过初中教育的人口比为0.91∶1.01∶1；受过小学教育的人口比为0.37∶0.55∶1。可见，我国城乡之间劳动力受教育水平层次结构存在明显差距，农村人口整体文化水平偏低。教育落后是农村最为严重的问题之一，也是农村长期处于贫困的最根本的原因。农村与城镇的教育水平的差异如果没有得到有效的缩小，势必会对整个社会的发展造成困扰。地域人口素质和受教育程度的差异，使得美育在夹缝中艰难发展，这加大了美育普及和实现的难度，在一定程度上延缓了美育的发展进程。

另据报告统计，高中文化程度人口比重偏低，成为制约我国人力资源素质提高的瓶颈。我国目前初中毕业生升学率仅为52.6%。如青海的高中入学率只有53%，宁夏的高中入学率只有48.65%。尤其是中部地区一些省份的初中毕业生升学率多年徘徊在45%左右，导致超半数初中毕业生无法升学。从地区分布来看，东部和西部地区的升学率相对高一些，分别为56.7%和55.7%。中部地区相对低一些，只有47.3%。一半的初中毕业生不能升学，其后果很明显，即对我国高中阶段的教育发展产生一定影响，对我国人力资源整体素质的提升形成不利影响。中高层人才的缺乏是社会发展的致命伤，没有足够的智力支撑和保障，社会的发展将会受到极大的影响。2000年中国25~64岁人口中，受高中及以上教育水平者只占18%，受初中及以下教育水平的占82%，受小学及以下教育水平者比例高达42%。每百人中受过大专及以上教育的人不足5人。高中以上文化程度人口比重偏低，成为我国人力资源素质提高的一大阻碍，因为这也就意味着有相当大一部分人在初中毕业后没有进入高中就读，而是选择就业或者在家待业，由此国家积聚了大量的初中及以下学历的劳动力资源。接受高等教育的人口比例更小，而高等教育培养出来的一批人才恰恰是当代中国最迫切需要的，因为高等教育或者是大专以上的教育培养可以促进和极大提高我国的生产力水平、科技水平、文化水平。这两方面的人才断层，使得美育处在一个教育素养偏低的社会中，缺少快速发展的广阔空间和普及美育的良好平台。而在发达国家和新型工业化国家中，接受过高等教育和中等教育的人口所占比例较高。如美国和韩国，25~64岁人口中具有高中及以上受教育水平者比例分别占87%和66%。其中，接受过高等教育的人口比例分别占35%和23%。从中可以看出我国与发达国家直接的差距是很大的，美育在中国这片土地上没有得到应有的快速的发展，而是受制于文化水平和教育培养的不足，落后于发达国家和新型工业化国家。

据报告统计，中国的教育现状同样令人担心的还有作为教育主体之一的教师资源的缺乏。1999—2001 年期间，与普通高校学生规模近一倍的增长速度相比，教师总量只增长了 31%。这样全国高校生师比达到 18.2∶1，有的高校甚至超过 35∶1。高校生师比过高，导致部分课程的班级规模越来越大，一些高校上课拥挤不堪，高校大课室和阶梯教室教学在一定程度上能有效利用教师资源、提高对大部分学生传递知识的效率，但是也容易造成一些负面影响。麦可思研究机构提出了一个新的观点——大型教室之困，这种观点认为大课室教学不利于兼顾每个学生的上课情况和课堂参与度以及讨论的积极性，“大课让学生缺乏参与感和沉浸感”①。这样的教学效果必然受到影响。同时，教师配置也存在严重的专业结构不合理问题，一些基础课及与高新技术相关专业任课教师严重缺乏，基础课甚至由缺乏教学经验的应届本科毕业生和在读研究生担任主讲教师。教学经验不足和师资力量的薄弱，将直接影响到学生对知识的了解和接受程度，不利于大学生思维和知识的提升，这对国家未来教育发展的影响是巨大的。按照国家教育发展“十五”计划，全国普通高校生师比应该达到 15∶1，这样算来，高校教师队伍缺口仍将达 11 万。

同样令人担忧的还有高中教师的短缺问题。以全国为例，目前普通高中共有专任教师 84 万人，生师比为 16.7∶1；职业高中共有专任教师 26.9 万人，生师比为 14.3∶1。按照“十五”计划的发展目标，高中阶段毛入学率要达到 60%。高中阶段教育的规模需要急剧扩张，教师数量不足的矛盾会非常突出。如果以 18∶1 的生师比来算，还需要补充专任教师 116 万人；再考虑到高中阶段教师退休高峰到来的现实，则需要补充的教师数量可能达到 120 万人左右，即平均每年需补充 24 万人。而 2001 年仅补充了 8.3 万人，相当于缺口的三分之一，高中教师缺口仍将达 120 万。高中教师队伍的质量直接关系到中学教育的成败，高中阶段教育规模急剧扩张，但是高中师资力量的缺乏，甚至是大量的缺口，导致高中教学资源得不到最合理的分配和安排，师资力量紧张，师生比严重失衡，不可能兼顾到每个学生具体的发展。

---

① 麦可思研究：《大课教学难？也许是教室太“方”了》，搜狐教育，http://learning.sohu.com/20160907/n467799780.shtml。

从拔尖创新人才的需求来看，我国教育存在的一个问题为研究生教育比重太小。2001 年在校研究生仅占高校在校生的 3.2%。71 所教育部直属高校在校研究生与本专科学生的比仅为 1∶4.84。而国际上一些著名高校研究生与本科生的比一般为 1∶1 或 1∶2，与之相比，我国研究生教育还存在着巨大的差距。研究生教育代表着更高一种水平的知识教育，然而我国研究生所占比例非常小，专业型、学术型的人才大量缺乏。研究生质量下降和研究生就业问题也是我国目前研究生教育所面临的问题。[①] 我国确立了立足国内自主培养高层次人才的战略目标，也在一定程度上建立起了完善的研究生教育系统和体系。但是王顶明的研究表明，我国的研究生教育与国际高水平研究生教育相比，存在明显的距离。他认为究其原因在于我国的研究生教育发展的观念尚未完全转变、教育的条件和水平相对落后、创新能力培养明显不足等。[②]

《2001 中国公众科学素养调查报告》显示：我国公众中具备基本科学素养的比例仅为 1.4%。而在 20 世纪 90 年代初，欧共体国家的公众具备基本科学素养的比例就已达到 5%，英国甚至达到 12%。截至 2001 年，我国尚有 522 个县未实现“普九”，占全国总人口 10% 左右的地区。部分西部地区小学适龄儿童净入学率在 96% 以下，甚至小学五年保留率最低的省份只有 64%。若以 2001 年 75% 左右的 9 年义务教育按时毕业率估算，我国每年将有约 500 万初中生不能按时毕业，相当于小学新生入学人数的 1/4。我国东、中、西部地区小学适龄儿童净入学率分别为 83.0%、78.2% 和 62.0%；西部比东部整整落后 21 百分点；低于 50% 的省、自治区有 3 个，即宁夏、贵州和西藏。同时据统计我国的粗文盲率（15 岁及以上文盲人口占总人口的比率）为 6.72%，美国、日本的粗文盲率不到 0.5%。据联合国教科文组织在 2014 年发布的报告显示，中国在消除文盲上的表现是突出的，在过去的 20 年间，成年人文盲率逐步下降，但是仍然高于其他发达国家，这说明我国在全面扫盲这条路上仍有很多工作要做。

从以上的统计情况可以看出，我国国民的素质状况是不能令人满意的。教育水平的低下使得美育教育并没有成为全民族的教育背景，也是制约我国美育发展的一个重要因素。缺少可以发展美育的平台和推动其发展

---

① 参考张箭：《对当前中国研究生教育的忧虑和思考》，《当代中国研究》2008 年第 1 期。

② 参考王顶明：《我国研究生教育事业发展现状分析》，《北京教育》（高校）2016 年第 10 期。

的媒介，美育的发展受到限制。因此大力发展教育，提高国民素质是我国当前的一项重要任务。

二、相对落后的物质条件

同样制约我国当代美育发展的还有我国相对落后的物质条件，我国现阶段的物质条件对于美育状况具有深刻的影响。

1996 年世界各国人均国民生产总值排行榜，据世界银行出版的《1998 年世界银行图表集》资料显示，1996 年官方或市场汇率法计算的人均国民生产总值（GNP）排名，卢森堡以人均 45 360 美元居世界第一位，居第二位与第三位的国家分别为瑞士和日本，中国居第 103 位；按购买力平价（PPP）计算的人均 GNP，卢森堡以 34 480 美元仍居世界第一位，居第二位与第三位的国家分别为美国和新加坡，中国居第 88 位。在 2015 年各国人均 GDP 国内生产总值世界排名中，卢森堡仍旧以人均 103 186 美元居世界第一位，瑞士和卡塔尔位列其后，中国居第 73 位，[①] 排名较 1996 年前进了几十个名次，但是仍旧处于相对落后的地位，与很多国家存在明显的差距。采用“世界银行图表集”的调查结果和分析数据，我们可以放眼世界，通过国际的横向对比，看出中国与世界其他发达国家和发展中国家的差距，有助于找准中国在国际社会中的地位。我国的人均国民生产总值排名远远落后，而人均国民生产总值是发展经济学中衡量经济发展状况的指标，是最重要的宏观经济指标之一，它是人们了解和把握一个国家或地区的宏观经济运行状况的有效工具。

根据联合国发展计划署《1999 年发展报告》提供的材料，日本公民发展指数中，出生时预期寿命（年）为 80.0，各级教育综合入学率（%）为 85，人类发展指数为 0.924%；在高人类发展指数中，出生时预期寿命（年）为 77.0，各级教育综合入学率（%）为 89，人类发展指数为 0.904%。在中国公民的发展指数中，出生时预期寿命（年）为 69.8，各级教育综合入学率（%）为 69，人类发展指数为 0.701%；在中人类发展指数之中，出生时预期寿命（年）为 66.6，各级教育综合入学率（%）为 64，人类发展指数为 0.662%。这个人类发展指数是根据人均国民收入（GNI）、预期寿命及教育情况要素综合计算得出的指标，目的在于把无法以经济尺度衡量的富裕程度数值化。综合考量收入、寿命长短和教育这三

---

① 来源于世界经济信息网《2015 年人均 GDP 国内生产总值世界排名》。

个指标，可以看出日本已经或者接近于高人类发展指数的标准，而中国还处于中人类发展指数之中。我国与日本存在一段距离，处于不同的层次阶段。此外，联合国近期发布的人类发展指数中，中国的进步幅度居世界第二位，但是水平仍然比较低，只相当于1990年的韩国。

北京现代化进程研究课题组在对世界各国的现代化水平进行比较研究的结果表明，中国与中等发达国家相比尚存较大差距。社会现代化包括第一次社会现代化和第二次社会现代化，其中第二次社会现代化代表了社会现代化的方向和先进水平。就中国现阶段的国情来看，我国还处于第一次社会现代化阶段。按照课题组设立的现代化进程标准，世界各国被划分为发达组、较发达组和不发达组三大类，每大类又细分不同等级。在发达组中，瑞士、日本、挪威、美国和丹麦为最先进发达国家，紧随其后的是瑞典等12个先进发达国家和爱尔兰等4个发达国家。较发达组包括10个中等发达国家和21个初等发达国家。不发达组分为较不发达国家和不发达国家两个等级，中国在25个较不发达国家中排名最后，这意味着中国与中等发达国家至少相差45个位次。

北京的现代化综合指数在国内各省、自治区、直辖市中位居第一，在这里采用的城市现代化评价指标体系评价出的结果，可以反映北京在全国和国际不同城市现代化进程中达到的水平。但编写《北京现代化报告2003》的专家却指出，与纽约、伦敦、巴黎、东京四个世界级城市相比，北京还存在较大差距。北京作为中国现代化的代表，其实就是中国社会的缩影，它与四大城市的差距也体现了中国与发达国家相比在物质上的相对落后。

这些统计数据充分说明了我国在人均国民生产总值上同西方先进国家的差距，物质条件的相对落后、贫富差距的日益加大也是制约我国美育不能得以普遍实施的原因之一。所以中国当代美育的建设，必须考虑到当代中国人的科学水平、生命生态、生活质量和总体素质的发展与提高，因此，发展我国的经济，提高我国的经济水平，是美育建设的必要前提之一。

第二节　改革开放与西方思潮的二次东传

一、西方文明的第二次东传

改革开放以来，中国长期封闭的大门重新对世界打开，各种文化思潮蜂拥进入中国，长期同外界隔绝的国人也以迫不及待的心情去接受这些理论思潮，并以之对中国当时的处境和出路作出思考和探求。这个时期宛如“五四”前后那样，体现出思想启蒙的特点，有的学者称这种现象为第二次“西学东渐”，而它确实也是中国人在经过政治动荡之后对五四精神的接续，启蒙运动的延伸。

1976 到 1986 年这十年间，西方 19 世纪以来的各种流派思潮，先后传入中国，令国人目不暇接，如尼采、弗洛伊德、萨特等，在中国掀起一次又一次思想热潮和文化运动，为中国思考自己的问题提供了许许多多的参考。国外学术思想的引进，促使美学、心理学、文化学、社会学、人类学、人口学的复兴，以及对许多边缘学科的探索和建立。这一切，汇合成为思想文化领域空前未有的新局面，促使中国思想文化界空前活跃。中国学术领域十余年间的一个重要成绩就是完整、系统地介绍了从前马克思到后马克思时代的西方学术史，在这个大的环境下，德国古典哲学被大规模翻译出版，西方哲学史开始受到重视。在哲学界，存在主义、萨特、尼采、弗洛伊德、逻辑实证主义、维特根斯坦、卡尔纳普直到德里达的理论风行一时，这些思潮受到热烈的欢迎；它们被广泛地讨论，并用来分析和解释当时所存在的问题，影响到时人对社会、文化等各个方面的看法。这些讨论的“理论范式大体上仍然是薄伽丘和费尔巴哈式的，但此时大量引进的尼采、弗洛伊德、萨特等，又把本能的解放、自由选择、无意识冲动等现代学说混合进较多古典色彩的人道主义思潮；对这些其实是反启蒙、反现代性思想家的误读，也反映了中国历史的前现代性质及启蒙思想的强大逻辑”①。

就当时的情况来说，仅是社会科学就有多种名著被翻译进来，十余年

① 单世联：《迟到的光——当代启蒙及其面临的问题》，《东方艺术》1999 年第 1 期。

间各家出版社有若干种汉译丛书问世。如商务印书馆的“汉译世界学术名著”；北京生活·读书·新知三联书店的“文化与世界丛书”；北京大学出版社的“现代西方学术文库”和小型名著，都出版有上百种；华夏出版社有“二十世纪文库”；上海译文出版社和人民出版社各有一两种译丛；江苏人民出版社有“海外中国研究丛书”；浙江人民出版社有“世界文化丛书”；四川人民出版社有“走向未来丛书”“西方马克思主义研究丛书”“人与宗教丛书”等；贵州人民出版社有“现代社会与人丛书”，等等。短短的十余年内，形形色色的西方思想被先后引进国内，受到了人们的热烈欢迎，而它们的传入更对国人的文化观念产生强大的冲击。如存在主义、精神分析心理学、神话原型理论，符号学、阐释学、交往理论、文化人类学，柏格森的生命哲学，法兰克福学派的异化和人道主义思想，康德、叔本华、尼采的精神哲学等，这些西方现代思想大量传入中国，对我们的社会文化产生了巨大的影响。西方学术著作的大量被译介反映了改革开放以来国人对西方文化的渴求，而这些思想文化的引入也起到了开启民智的作用，对中国当代的文化建设产生了一定的影响。

就文艺理论来说，西方自19世纪末以来的文学思潮，从现代主义到后现代主义，纷纷涌入中国，呈现在国人的视野中。这些流派和思潮异彩纷呈：象征主义、表现主义、印象派、意象派、未来主义、存在主义、荒诞派、意识流、达达主义、超现实主义、黑色幽默、迷惘的一代、垮掉的一代、愤怒的青年、魔幻现实主义等。许多学者积极撰写研究文章和学术著作。出版界集中推出《外国现代派作品选》《二十世纪外国文学丛书》《荒诞派戏剧选》等西方现代主义作品，以及《现代小说技巧初探》《西方现代派文学研究》《西方现代派文学简论》等一批研究著作，使现代主义思潮持续升温。1982年徐迟发表了《现代化与现代派》一文，将现代派文学与中国的现代化问题挂上钩，引发了一场轰轰烈烈的讨论，使现代派及现代主义，成了理论界、学术界的热门话题。西方现代派理论对中国的文学创作产生了较大的影响，韩少功的《爸爸爸》及《马桥词典》、马原的《冈底斯的诱惑》、莫言的《透明的红萝卜》等作品从形式到内容上都透露出浓郁的西方气息。王朔的小说更是以“流氓”的姿态风靡一时，显示出现代主义对其内在的影响；阿城的《棋王》、陈忠实的《白鹿原》等则在对传统的深沉反思中，透露出西方视角的特点。

进入20世纪90年代之后，随着市场经济的建立和国家经济的发展，西方文化传入中国也越来越兴盛，而且更为细致和深入。由于文化产业化的发展，出版业更是紧跟市场要求，出版了为时人所需要的外国理论著作。如始于1980年上海三联书店的“当代经济学系列丛书”；又如贵州人民出版社的“现代社会与人丛书”，该丛书每两年推出一批新书，选题从人文心理学、基督教哲学到政治哲学，画出近十年学术思想热点的嬗变轨迹。另外还有北京生活·读书·新知三联书店出版的“学术前沿”，中国社会科学出版社的后现代理论系列“知识分子图书馆”等，这些丛书都以输入西方理论为宗旨，在中外文化交流上起了十分重要的作用。

其他，如引介基督教思想的有四川人民出版社的“世界与宗教丛书”，偏重宗教学和宗教哲学；上海三联书店的“历代基督教思想学术文库”和“基督教学术研究文库”；山东大学出版社的“汉译犹太文化名著丛书”，译介犹太教思想经典。引介现代化理论在20世纪90年代也有一些丛书，如北京大学出版社的“世界现代化进程研究丛书”；上海学林出版社的“现代化冲击下的世界”，主要把土耳其、西班牙、俄罗斯的现代化历程引入学界。俄国的现代化道路对中国的现代化道路产生过直接影响。云南人民出版社的“俄罗斯白银时代文化丛书”；上海学林出版社的“白银时代俄国文丛”“二十世纪俄国新精神哲学精选系列”① 等都侧重于引介俄罗斯的思想。

总之，改革开放后的二三十年来，西方思想大量涌入中国，堪称继清末以来的第二次西学东渐，它们继承了“五四”的启蒙精神，力图担当起文化启蒙的重任，使中国在重新回到世界行列的同时，在思想观念和文化理论上能够紧跟世界潮流。

二、两种文明的再次碰撞

随着改革开放的深入，中国重返国际舞台，不仅把经济推向了世界经济的舞台，而且把文化推向了与世界文化融合的大潮之中。在第二次西学东渐的过程中，中外文明不可避免地再次发生碰撞，由于其所处的环境的独特性，在中西方文化的融合中也表现出新时期中国文化发展演进的特征。

改革开放以来，长期封闭的中国人，再次回到世界行列中，在同外部世界的比较中，中国人不仅看到了经济上的较大差距，同时也看到了文化上的不同。国外的学术著作、文学艺术作品、理论思潮和艺术形式，全方

---

① 遇资州：《九十年代中国学术思想丛书漫议》，《二十一世纪》1999年第51期。

位地传进。中国进入了第二个高歌猛进、如火如荼的时代，这是一个思想文化新潮迭起，让人时时想到新文化运动的时期，不同的是，这次不仅是西方文化的开禁，也是中国传统文化的复兴，新一轮的东西之争和文化交锋重新开始，东西之争、古今之争与雅俗之争等一系列文化冲突和对抗一直贯穿在20世纪80年代。

“文革”结束后人们主体意识高扬，突出地表现为个性意识的觉醒，对自身和现实进行新的审视。主体意识在改革开放的时代，已不只是一两位理论家的主张，而是时代共同的心声，并成为文化建构的重要组成部分，而且渗透时代精神成为社会文化开始变革的强大动力。其间西学的影响是相当引人注目的，李泽厚在《批判哲学的批判》中，阐述康德哲学时，对康德主体性哲学思想进行了深入论述，对当时的思想文化界影响很大。刘再复将其引进文学中，提出了“文学的主体性”命题，认为文学就是要以人为主体，人是文学的目的而不是手段；认为“主体性”已在中国失落于历史的荒郊野地，现在应当把“它”找回来，并在文学中为其树立起一块石碑，“恢复人作为精神主体的地位”，考察“人的精神世界的能动性、自主性和创造性”，张扬主体的自由①。总之，西学思想对当时人本意识的觉醒起到了较大的催化作用。

自20世纪40年代的人性论和阶级论讨论发生以后，人性、人道主义话题就被主流话语有意冷落了，50年代初虽然有人想重提人性之类的话题，但不久进行的反右斗争使人性和人道主义几乎成了资产阶级的同义词。在那个人人自危的环境下，人性、人道主义和人情成为文化讨论的禁区。接下来的“文化大革命”更不允许有这方面的探讨。因此，直到80年代西方人道主义理论的传入，才使人道主义、人性论和异化话题得以重提，并接续五四时期的人道主义话语，进而在文化界、思想界和文艺界展开热烈讨论。而这种讨论的意义和实质，则正如单世联先生所说：“在80年代中期兴盛的文化讨论中，启蒙思想明确地被理解为中国现代化的必需。以中西比较、传统批判的方式，文化讨论集中地探讨了如何更新中国社会，完成现代转换的启蒙主题，人道的贫困被溯源到传统文化的等级秩序和专制本质，主体性的呼号浸透了对中国现代性艰难的焦虑。”② 这些思想和认识，毋庸置疑，都是在东西方文明的碰撞中产生的。

---

① 刘再复：《论文学的主体性》，《文学评论》1985年第6期。

② 单世联：《迟到的光——当代启蒙及其面临的问题》，《东方艺术》1999年第1期。

在当时短短的几年时间内，中国将西方从文艺复兴到20世纪几百年的人道主义思想历程中所产生的思想理论重新遭遇了一番，将西方不同时代的话语压缩在同一平面，引起热火朝天的讨论。在文艺上一方面挖掘和揭示人性美、人情美的内涵；另一方面开始注意展现人物性格的复杂性和丰富性，写出众多具有复杂人物性格内涵的丰满的、立体化的人物形象来。在理论上还破除了二十世纪五六十年代所盛行的人性等于阶级性，推翻了在阶级社会中阶级性高于一切的错误认识，掀起了关于“共同人性”“共同美”的大讨论。到了80年代中期，受西方文学“寻根热”的影响，中国文学界也开始了寻根。这种寻根有两种类型：一类是以阿城为代表，试图表现中国传统文化的精妙与优秀，在他的代表作品《棋王》里，中国传统文化的代表“棋道”被他刻画得精细入微，而他文笔中也透露出对其由衷赞赏与喜欢。因此他们希望能从“五四”启蒙对中国传统文化的过度批判中回转过来，重新续接中国的传统文化。另一类则是以韩少功为代表，着力批判中华民族所具有的某些固有的劣根性。在他的作品《爸爸爸》中，落后愚昧的代表怪胎丙崽在全寨得到了奉若神明的崇敬，他的无意识的胡言乱语被当作上天的神秘暗示，而且在全寨受到毁灭性的灾难，几乎灭绝之后，丙崽却奇迹般地存活下来。丙崽深含寓意的形象象征着中华民族所固有的劣根性，而他的存活也说明劣根性的顽强和不易消除。因此韩少功认为应当继续“五四”启蒙的未竟事业，彻底清除中华民族身上所具有的劣根性，这样才能使我们的国家和民族具有新的希望，并最终繁荣昌盛。但是不管怎么说，“20世纪80年代的文学思潮充满着浓厚的人道主义氛围，从美育的角度来说，是因为文化的失落与危机，呼唤着一批代民立言，敢为天下先的文学家起来用文艺唤醒民众，教育民众，文艺的美育功能明显地表现在启蒙民心，呼唤真善美价值观念的重建上面”①。

20世纪80年代以来，西方马克思主义也相继传入中国。所谓西方马克思主义，是指20世纪20年代左右卢卡奇、柯尔施等人创立的不同于列宁、斯大林的马克思主义学派，形成黑格尔主义的马克思主义，他们强调马克思主义与黑格尔思想的连续性，把马克思主义解释为一种人道主义。尽管这种思想在当时就受到第二国际、第三国际的批判，卢卡奇本人也被迫作自我检讨，并且宣布收回自己的观点，但他们的影响却越来越大，并且不断发展壮大。至20世纪30年代到60年代末，达到发展的鼎盛时期。

① 袁济喜：《传统美育与当代美学建设》，《思想战线》2001年第5期。

这个时期出现了法兰克福学派、存在主义马克思主义、弗洛伊德主义马克思主义、结构主义马克思主义、新实证主义马克思主义等流派。他们用各种西方社会思潮解释、补充、重建马克思主义，自足于寻找《1844 年经济学——哲学手稿》中“哲学家的马克思”、分析法西斯主义兴起的心理根源、反思启蒙精神、工具理性、科学技术、大众文化，致力于发达工业文明批判、构筑批判理论的哲学基础。西方马克思主义从国际共运内部的非正统马克思主义观点，逐步演化成为具有国际性影响的非正统马克思主义与非马克思主义结合的社会思潮。20 世纪 70 年代以后，西方马克思主义进入了转向时期，向多元化发展，出现了分析主义马克思主义、生态学马克思主义、后现代马克思主义、女性主义马克思主义等。他们重点探讨科学技术的社会效应、生态危机等问题。在研究过程中，有些学者由非正统马克思主义转向了非马克思主义。如分析学派的马克思主义，代表人物为 G. A. 柯恩，主张语义分析，认为马克思原著不准确，概念含糊，强调重读和加工马克思原著，使之更加严谨更加精密；解构主义的马克思主义，代表人物分别是法国学者雅克·德里达和米歇尔·福柯，他们试图解构马克思主义，前者极力在语言和文本中找到社会中潜在的权力压迫关系，后者注重微观社会中权力压迫关系；文化马克思主义，代表人物是英国文学教授雷蒙德·威廉斯，用马克思主义眼光看待晚期资本主义的文化作品，讨论文化霸权主义，试图说明资产阶级如何用文化霸权控制人民大众，这种霸权怎样导致人的异化；社会运动的马克思主义，代表人物是美国经济学家詹姆斯·奥康纳，该学派关注女权主义、生态主义、和平主义和同性恋等社会运动。女权主义的马克思主义，代表人物是法国社会学家克里斯蒂娜·德尔菲，该学派研究阶级压迫和性压迫的关系问题，以及女人在未来社会主义社会应起什么作用。这些带有“异端”色彩的马克思主义思想的大量涌入，一方面破除了马克思主义在中国人头上“神化”的光环，使人们看到国外对马克思主义理解的多元化，深化了国人对马克思主义的理解；同时也推动了对马克思主义的研究，并在此基础上逐渐形成了有中国特色的马克思主义的观点。

总的来说，20 世纪 80 年代是一个“对话”和“商榷”盛行的时代。人们在各种讨论与对话中努力寻求中国本身文化的长处和不足，希望能对中国文化的现状作一清楚的判断，中国文化在世界上的位置作一准确的定位，并满怀理想主义的激情希望推动国家和民族的进步。

进入 20 世纪 90 年代之后，随着市场经济体制的建立，中国以经济建设为中心方针政策的实施，经济被提到了至高无上的地位。一切活动中无不萌动着一股无法遏抑的经济冲动，突然间汹涌澎湃的商品潮，对人们的心理造成了巨大的冲击。在这种形势下，中国刚刚兴起的启蒙思潮迅速受到冲击。“90 年代的知识场景是，一方面是结构性的社会存在并未获得现代重塑，另一方面是崭露姿容的生命欲望和利益冲动在经济中心的支持下选择的‘性解放’和‘向钱看’。初潮涌动的启蒙既未建构一套健全的人生观更未推向社会重建——中国启蒙并不具备 18 世纪的思潮力量，也并未收获法国大革命那样的制度性落实。”①

20 世纪 90 年代以后，中国当代文化思想显示出在中西方文明碰撞下，大众文化、商品文化的凸显，精神和价值的失落，引起了不少文化人的忧虑与反思，社会批判和文化批判应运而生。时代的前进使人们面临着一种问题转换：知识分子的使命不仅止于抨击守旧意识，为改革鼓与呼，而且要从价值层面对现代化的方向、后果或伴随现象加以监督，做社会公正的发言人，精神和文化的守护者。中国当代知识分子在寻求文化转型出路过程中的自觉探求，即使是在国学研究的层面上，从方法和思想上都显示出不同于以前的特点，体现出文明碰撞下的新特点。如王葆玹的《今古文经学新论》就大声呼吁要复兴儒教；蒋庆的《公羊学引论》则要求以公羊学的精神治理国家；黄奇逸的《历史的荒原：古文化的哲学结构》则要发明经书中的宗教精神。90 年代的中国文化思想史研究，不再像 80 年代那样大而化之地奢谈中国古代思想，而日益讲究扎实与缜密，如杨向奎的《自然哲学与道德哲学》用数理逻辑语言解释中国古代自然哲学；阎步克的《士大夫政治演生史稿》、陈明的《儒学的历史文化功能——士族：特殊形态的知识分子研究》，采用历史社会学论析古代知识分子在特定政治文化处境中的历史话语，把知识分子地位的升降演化放到历史的大背景中去考察，同时紧紧抓住知识分子所津津乐道的“道统”等概念在国家社会上的地位，关注知识分子使命感的发展变化等，这与前人的著作迥然有别；葛兆光的《七世纪前中国的知识、思想与信仰世界：中国思想史》（第一卷），抛开经典著作中的话语，着力从考古和民间资料等方面研究民间思想中的天命鬼神观等，显示出同主流思想史颇不相同的尝试。在这些学术著作中，西学理念方法的烙印十分明显，这当然是西方学术给予我们传统文化的宝贵礼物，使我们能够更准确地观照和把握历史上曾经存在的东

① 单世联：《迟到的光——当代启蒙及其面临的问题》，《东方艺术》1999 年第 1 期。

西，而视角和方法的转变也使我们在历史中发现了新的亮点。

在西方学术的催发下，中国传统文化的价值日益受到人们的重视。20世纪80年代上海书店影印“民国丛书”，90年代更是精印“民国丛书”，如北京东方出版中心的“民国学术经典文库”、华东师范大学出版社的“二十世纪国学丛书”、天津人民出版社的“中国现代社会科学家选集丛书”、河北教育出版社的“中国现代学术经典”等。这些民国学术的重新被认识显示了现代人继续“五四”启蒙精神，向“五四”回归的趋向，其中也带有对中国文化的深深热爱。

国外学者研究中国文化的著作也被大量介绍进来，如辽宁人民出版社有“中国学汉译名著丛书”，江苏人民出版社有“海外中国研究丛书”，上海三联书店有“海外中国学研究系列”，中华书局有“日本学者研究中国史论著选译”，这些丛书的出版说明中国学者开始关注域外对中国的研究，对中国文化的研究开始从多侧面多角度进行，并注意不同视角间的交流。上海学林出版社的“‘中国：现代性与传统’论丛”，北京大学出版社的“学术史研究丛书”，北京生活·读书·新知三联书店的“三联·哈佛燕京学术丛书”，则表现了当代学术研究新旧结合的特点，注重学术研究上现代性与传统性的结合。

改革开放以来，随着西学东渐，东西方文明的再次碰撞，文化的多元性特点十分鲜明，同时，随着市场经济的确立，中国的社会经济也由落后到进步，这些都对中国当代的美育产生了很大的影响。

第三节　中国当代美育的发展与历史代价

1949年中华人民共和国成立，为社会发展带来新的契机，审美教育的理论研究和实践呈现出新的面貌。大体上来说，当代中国美育发展可以改革开放作为一个分界点分为两个时期：中华人民共和国成立之后到改革开放前，是当代美育的初创期，有过短暂的发展，但是因为受到政治运动的冲击，美育的发展缓慢甚至停滞；改革开放之后，国内学术研究重新焕发活力，美育研究和美育实践在国家政策的引导和物质条件不断丰富的背景下，出现一个新的高潮，呈现出多姿多彩的面貌。但是，随着市场化的深入，西方实用主义、消费主义、享乐主义的思想影响到当代一些国人的观念，使他们越来越丧失精神信仰的追求，越来越唯利是图。世俗化与技术化更助长了人们对欲望的追逐，从而导致传统文化与精神信仰的亏损，这也对美育的当代发展造成了一定的冲击。

一、美育在当代的历史发展

中国当代美育发展历史的轨迹并非一帆风顺。教育事业的繁荣离不开政府的支持，与时代背景相适应，中国美育事业的发展和经受的挫折都与中华人民共和国成立的时代背景的变化相关联。下面将以中华人民共和国成立为起点，根据历史的发展以及历史事件来梳理美育发展历史，描绘美育在历史画卷中的发展情况。

近代以来中国所遭受的侵略战争以及国共两党的十年内战都给中国的教育事业带来了不同程度的灾难。1949 年中华人民共和国成立，各项事业百废待兴，可以说当时教育的起步是缓慢而沉重的，而美育作为教育的新事物更加是在不太肥沃的黄土大地上萌芽成长。20 世纪 40 年代与 50 年代是中国当代美育发展的起步阶段，审美教育的目标也在此阶段初次提出，德智体美成为教育的培养目标。

1949 年，在中国共产党确立了以毛泽东为核心的领导集体之后，毛泽东的文艺、美育理论成为文艺、美育的指导思想。毛泽东十分重视艺术的美育功能，他提出文艺要为广大人民群众服务，提出“百花齐放、百家争鸣”，“古为今用、洋为中用”等文艺方针为新中国文艺事业的发展指明了方向和道路。“毛泽东把文艺美育和中国革命的历史任务紧密结合在一起，并因此确立了文艺美育的两个标准：一是政治标准，一是艺术标准。”①

1949 年 9 月，中国人民政治协商会议通过《共同纲领》，规定“中华人民共和国的文化教育为新民主主义的，即民族的、科学的、大众的文化教育”②。1951 年 3 月 31 日，教育部召开第一次全国中等教育会议，马叙伦——著名的书法家和现代学者，担任新中国的第一任教育部部长，他在会议开幕词中提到“使受教育者在智育、德育、体育、美育等方面获得全面发展”的教育方针，这是新中国成立后首次将美育纳入国家的教育方

---

① 汪宏、赵伶俐等：《现当代中国美育史论》，北京：北京师范大学出版社 2016 年版，第 53 页。

② 《中国教育年鉴》编辑部编：《中国教育年鉴(1949—1981)》，北京：中国大百科全书出版社 1984 年版，第 79 页。

针，吸引了众多教育界人士的目光。马叙伦提出的教育方针得到毛泽东的充分肯定，具体表现在1952年毛泽东在《关于人民内部问题》讲话的再次论述，并且在1957年作为重要的指示刊登在《人民日报》上。美育不但在政治领域、教育领域得到重视，也在人民群众中得到认同。1952年3月18日，教育部颁发了《小学暂行规程（草案)》以及《中学暂行规程(草案)》，其中都对在学生中“实施智育、德育、体育、美育全面发展的教育”作出明确规定，甚至对幼儿园也提出类似规定，“幼儿园‘在美育方面，培养幼儿爱美的观念和兴趣，增进幼儿想象力和创造力’，小学‘在美育方面，使儿童具有爱美的观念和欣赏艺术的初步能力’，中学‘在美育方面，陶冶学生的审美观念，启发其艺术的创造力’”①。培养未成年人的美学素养，颇有“美育从娃娃抓起”的意味。从美育发展目标的初步确立到落实关于美育的教学程序，从法律的角度来保护美育这件新生事物的成长，从1949年中华人民共和国成立到1952年德智体美全面发展教育的明确规定出台，花费了三年时间，三年时间不足以培养一代人，却能够积蓄改变一代人的力量，为中华人民共和国教育事业的发展以及青少年学生现代化素质的培养打下了不容小觑的牢靠基础。

中华人民共和国成立以来，作为第一项比较重要的教育方针以及培养素质人才的教育目标，“德智体美”成为当时的教育热词，国家政府给予足够的重视并寄予关切的期望。1955年5月19日，“全国文化教育工作会议”由国务院召开，会议中强调：“提高中小学教育的质量必须贯彻全面发展的方针，注意学生的智育、德育、体育、美育。”可见，教育部门与国家领导对美育有着较准确的定位，能够把德、智、体作为教育方针的培养目标，将综合培养学生素质以及将美育提升为教育的目标。

为了把该项主张落实，教育部从中小学生的教育实际出发，为中小学的审美教育提供具体的指导，为美育发展调准桅杆、扬起风帆，为高素质多方面发展人才顺利起航助力。“1956年4月教育部在《关于指导小学生阅读少年儿童读物的指导》中指出要‘组织学生在课外进行活动，如诗歌朗诵、戏剧表演、讲演会等’，强调了课外美育形式。”② 其中《指导》提

① 汪宏、赵伶俐等：《现当代中国美育史论》，北京：北京师范大学出版社2016年版，第53页。

② 唐兵：《当代中国美育观念演变历程考察》，《西南师范学院学报》（社会科学版）2000年第5期。

出多项建议，例如，慎重选购少年儿童读物。远离浅层阅读以及可能产生不良影响的低级趣味的小人书，故指导学生课外阅读的第一步，应该是慎重选购少年儿童读物。通过有益的少年儿童读物的阅读，不但可以使学生在课堂教学中所获得的知识得以巩固和加深，而且能扩大学生的科学知识领域；不但可以使学生爱好文艺、科学，提高阅读和写作能力，而且能增进学生的共产主义道德品质。为实现上述目的，学校应该根据学生的年龄特征、知识水平，并且结合各科教材内容和各种课外活动，慎重地选购优良的少年儿童读物，以供学生阅读。[①] 为学生设立阅读有品位有营养的书籍的时间以及开展校园的阅读检测，充分发挥教师在指导学生美育发展，开拓学生视野，自由灵活教学的重要作用。此举无疑为美育教育的规定落到实处打下一剂强心针，美育发展又上了一个新的台阶。

可以看出，从 1949 年到 1957 年，美育在学校教育中始终是有一定地位的，怀着建设社会主义的热情，美育事业的初步发展如地平线上升起的太阳，一点点地爬上人才建设与教育事业发展的阶梯。但是由于过于热切地盼望社会主义社会的建成以及共产主义目标的实现，1957 年也就是从三大改造基本完成的第二年开始，特别是“文化大革命”期间，“左”倾思想如蔓延的毒草，文艺和美学被上升到阶级斗争的高度——谈美爱美成为小资产阶级情调，包括美育在内的多项文化教育事业被彻底排斥，认为这是资产阶级同化甚至是毒害中国青少年的工具和手段。

1957 年美育成为左派的打压对象，美育方针也在这一时期被取消，美育陷入困境。1957 年，毛泽东在《关于正确处理人民内部矛盾的问题》一文中指出：“我们的教育方针，应该使受教育者在德育、智育、体育几方面都得到发展，成为有社会主义觉悟有文化的劳动者。”文中没有提到美育，这样美育便无形中从教育方针中被取消了，“在以后长达二十年的时间里，凡是党和政府颁布的教育政策、法令、指示和规定，统统不再提美育，各种教育学著作、教材、讲义也都把美育从教育学的理论体系中去除掉了，不再提及”[②]。1958 年由中共中央、国务院颁发的《关于教育工作的指示》也不再将美育纳入我国的教育目的，在学校教育中美育被取消。面对美育事业被叫停与打压的局面，不少有识之士心有不甘，为刚起步的

---

① 参考《关于指导小学生阅读少年儿童读物的指导》，《中华人民共和国国务院公报》1956 年第 15 期。

② 汪宏、赵伶俐等：《现当代中国美育史论》，北京：北京师范大学出版社 2016 年版，第 59 页。

中国美育事业而慷慨陈言。1961 年《文汇报》组织发起一场“美育大讨论”，与会人员一致认为美育是社会主义教育不可忽视的一个重要方面，但仍未挽救美育的命运，还美育一席之地，新中国美育事业建设就此中断。

在“文化大革命”十年时间里，美育发展遇到极大的挫折，各种政治阻力使其陷入历史发展的最低谷。在此期间，不但以音乐、美术为代表的艺术类美育被强制取消，甚至连正常的文化教育也走向一个政治化、阶级化的极端。中断的美育事业不仅打乱了中华人民共和国完善美育体制的节奏，而且使得成千上万的青少年学生错过美育培养的完整过程与最佳年龄阶段。

1976 年“四人帮”被粉碎，“文革”正式结束。1978 年拨乱反正，在思想路线上确立“解放思想，实事求是”；在政治方面着力于平反冤假错案，在经济上提出了“改革开放”；自由开放的思想环境为美育的浴火重生提供了必要的条件。政治上的纠正错误使得政治与教育方面的联系回归一个相对正常的距离；经济方面的改革开放使得中国以全新的姿态进入世界舞台，中外的交流合作学习愈加和谐与密切。在这样的历史背景和时代条件下，美育正式昂起头颅踏上来之不易的复苏之路。可以说，1978 年作为中国现代美育新发展的里程碑之年，美育事业同各项文化事业一样，开始拨乱反正。在此之后，众多知识分子、教育人士开始对美育慷慨发声，提出许多为美育发展筹谋与建设的主张与想法。

1979 年 5 月 10 日，教育部副部长张承先在回答《人民音乐》记者的提问时说：“音乐，还有美术，是进行美育的重要手段。美育是培养学生德、智、体全面发展的重要组成部分……”① 此番回应彰示着音乐、美术两项艺术形式在接下来的教育学科建设与发展中得到重新正视与尊重，为新时期的学生教育与人才培养全力助跑。

1979 年 10 月，中国著名的教育家、音乐家贺绿汀在《文汇报》发表题为“对目前音乐教育的设想和建议”的文章，指出：“目前一般学校把音乐课作为装饰，看作可有可无……像这样不正常的状况，当然不应该无止境地拖下去。”“我们必须全力实现四个现代化，其中最关键的问题，就是加速培养科学技术人才……但是人民的文化艺术修养也不能完全忽视。

---

① 唐兵：《当代中国美育观念演变历程考察》，《西南师范学院学报》（社会科学版）2000 年第 5 期。

人们必须有正当的文化娱乐，要有一定的政治思想水平和文化艺术修养。否则我们的后代会变成没有灵魂的科学匠人。”① 美育之音乐现代化建议得到关注，文化兴国，教育造才，美育教育方向有了实质性的进展和着力点。两年后教育部颁发的《全国六年制重点中学教学计划试行草案》，其中提出的相关规定，与贺绿汀的《对目前音乐教育的设想和建议》相辉映，提出了美育中具体的教育目标和评判标尺，要求校园的音乐课堂要在音乐美育教育中使得青少年学生具有初步的唱歌能力和对音乐的感受能力、审美能力，学会艺术鉴赏。除了音乐课，还对美术美育添加说明与补充，要求通过美术美育的课堂教育来培养学生对自然美、社会生活美以及艺术美的感受能力，培养其美术艺术的爱好，使其具备初步的美术艺术的审美能力。

20 世纪 80 年代，美育步入“春风得意马蹄疾”的崛起时期，关于普及以及完善美育的呼声日益高涨。1980 年 6 月 4 日至 11 日，第一次全国美学会议在昆明召开，会议围绕美的本质、审美教育、形象思维、中国美学史方法论等议题展开积极讨论，更多学者积极为重振美育摇旗呐喊。与会人员认为，美育的价值应该在于使人们端正美的观念，提高社会与个人生活中一切方面的审美文化水平，使人的行为、思想、情感、举止、仪表，乃至整个生活方式都越来越文明。在会议召开期间，中华美学学会、全国高等学校美学分会先后成立。会后许多报纸杂志纷纷组织美学讨论，刊发美学论文，一些出版机构还出版了相关美育教科书，将什么是美育、如何实施美育等问题进一步深化。湖南人民出版社还创办新中国第一本美育专业杂志《美育》。《美育》创刊于 1981 年，由陈望衡主持，朱光潜、王朝闻、蔡仪、李泽厚、蒋孔阳、洪毅然等人任杂志顾问。《美育》创刊号的发刊词“致读者”，也为其办刊宗旨作出解释，在文章的开篇就指出“美育是培养健全的人不可缺少的教育，犹如维生素之于生命”，将美育视作教育的根本和基础。“文革”十年，“美”被践踏、美育被毁弃。正是基于清除不良影响的需要，以及培养全面发展的社会主义新人的需要，才创办了这本刊物。刊物的宗旨是“以普及美学知识、进行审美教育为基本内容，以广大青少年、中小学教师、文艺工作者、美学爱好者为自己的主要服务对象”，“以马克思主义为指导，强调联系实际，干预生活，从现实生

---

① 郭声健：《新中国学校美育地位变迁的四个阶段》，《美育学刊》2011 年第 1 期。

活和艺术实践中提出人们感兴趣的美学问题，进行探讨”。[①] 创刊号一经发表便得到中国美育界以及社会人士的积极反响。湖南《美育》创办于1981年，在1988年停刊，总共发刊46期，文章内容主要涉及美育知识的普及以及审美教育，包括中国现当代美学、中国古典美学和西方美学。通过这些文章，《美育》不仅传播了基础的美育理论知识，更是掀起中国知识分子讨论、思考美学思想、美育问题的热潮。西方的美学思想也继五四运动之后，再次在中国美学文化界形成热播的态势。

1984年10月，中华美学学会、全国教育学研究会和《美育》编辑部联合在湖南召开全国美育座谈会，把美育作为会议的主题深入广泛探讨研究，提出许多高质量的建议与美好设想，呼吁“社会各界都来关心美育、重视美育、支持美育”。有关学者在会上提出相关的倡议——首先呼吁社会人士投射更多的关注目光于美育，各界有识之士都能关心美育教育，重视以及支持美育事业；其次，要集合社会力量丰富以及拓展美育的活动形式，不只是让美育进入学生课堂，也要把美育带给最广大的人民群众，熏陶良好的审美趣味和爱好，从而提高国民素质。1985年，贺绿汀等37位音乐界人士联名向国家有关部门提出关于振兴美育的十项建议，提倡加大对美育的关注与重视，以音乐教育为切入点大力发展美育事业，督促国家教育相关负责人加快完善美育发展规划与建设体系，制定合理的教育工作方针、指导思想以及法律条例确保美育的地位与责任。

由上可知，无论学界、艺术家，还是政府层面都意识到重振美育的必要性和重要性，但是我们也发现当时的教育体系仍未将美育纳入教育目的，如在1985年版的《中国大百科全书·教育》中仍然写道：“中华人民共和国宪法中规定的教育目的，是国家培养青年、少年、儿童在品德、智力、体质等方面全面发展。”[②] 不仅如此，美育的观念也存在一定的局限性，因强调的是美育育德的功能，而未能跳出将美育等同于艺术教育的局限。例如郭声健曾回顾了几十年中国美育发展的历程后总结道：“人们片面地认为艺术课程不仅是为美育服务的，理所应当也是为其他几育服务的，而反过来艺术课程之外的其他各科课程则堂而皇之是无须为美育服务的，如此，美育的唯一所属就是音乐和美术课了，这便是目前美育的最大

① 《美育》编辑部：《发刊词》，《美育》1981年第1期，第3页。

② 董纯才主编：《中国大百科全书·教育》，北京：中国大百科全书出版社1985年版。

悲哀所在。”[①] 对于美育认识依旧存在偏差，这给美育发展的规划以及任务建设、体系完善都带来了一定的影响。

美育正式作为一项重要的教育方针重返教育舞台是在1986年，因为其正式具有了法律和政治的保障。1986年3月，全国人民代表大会六届四次会议在北京召开，大会决议通过了《关于第七个五年计划的发展报告》。报告指出，各级各类学校都要认真贯彻执行德育、智育、体育、美育全面发展的方针，根据各自的特点加强劳动教育，这样美育重新被列入国家的教育方针。同年7月，《中华人民共和国义务教育法》正式执行，在法律上保障了未成年人的受教育权利，并明确提出教育教学工作应当符合教育规律和学生身心发展特点，面向全体学生，教书育人，将德育、智育、体育、美育等有机统一在教育教学活动中，注重培养学生独立思考能力、创新能力和实践能力，促进学生全面发展。在中小学教育中，贯彻德智体美全面发展的方针。此外，《中华人民共和国义务教育法》对于美育的教育内涵有进一步的丰富和拓展：首次把劳动教育归入美育教育之中，鼓励并支持青少年儿童进行力所能及的义务劳动，树立积极的劳动观念，培养勤奋独立的品质与能力，树立马克思主义基本理论中的劳动观点，树立正确的劳动观，热爱劳动，热爱勤劳奋斗，反对懒惰享受。

1986年12月，国家教委成立艺术教育委员会，强调美育对培养全面发展人才的重要性。该会委员贯彻德智体美劳全面发展的教育方针，对全国的美育予以指导与建议，准确地向全国各地的教育部门以及相关负责人传达美育精神，人才全面发展的政策，强调了美育的重要性与迫切性，鞭策着美育一步步发展与开花结果。

1987年，北京市教育局组织编写了《北京市中小学美育纲要》。纲要进一步重申美育教育的丰富内涵以及确立学校教育对于美育教育工程的基础作用，明确培养全面发展高素质人才的教育目标刻不容缓。“德智体美劳”（“五美”）美育观逐渐明朗与完善。1989年原国家教委艺术教育委员会指导、制定了《1989—2000年全国学校艺术教育总体规划》，其中依然重申：“我国学校教育的根本任务是坚持为社会主义建设服务的方向，培养德、智、体、美、劳全面发展，有道德、有文化、有纪律的一代新人，

① 郭声健：《美育期待：科学表述与具体实施》，《教育理论与实践》2000年第1期。

提高全民族的素质。”①

20世纪90年代后期，教育部相继制定发布多项保护支持美育事业的政策法规，从法律角度巩固美育在国民教育中的地位。1993年3月颁布的《中国教育改革和发展纲要》指出：“要提高认识，发挥美育在教育教学中的作用，根据各级各类学校的不同情况，开展形式多样的美育活动。”在1996年11月召开的全国艺术教育工作会上，原国家教委副主任柳斌指出：“美育（包括艺术教育）是我国教育事业的有机组成部分。在整个教育事业中美育是非常重要的……美育对德、智、体各方面都能发挥重要的作用，而且这种作用是其他学科所不能替代的。”1999年6月，《中共中央关于深化教育改革全面推进素质教育的决定》指出：“实施素质教育，就是全面贯彻党的教育方针，以提高国民素质为根本宗旨，以培养学生的创新精神和实践能力为重点，造就‘有理想、有道德、有文化、有纪律’的德智体美等全面发展的社会主义事业的建设者和接班人。实施素质教育，必须把德育、智育、体育、美育等有机地统一在教育活动的各个环节中……要尽快改变学校美育工作薄弱的状况，将美育融入学校教育全过程。”1999年中共中央国务院颁布的《关于深化教育改革全面推进素质教育的决定》指出，完善素质教育要将德智体融入学校教育规划中，并且将美育列入党的教育方针，让美育的教育地位得到提高。除此之外，教育部还积极组织美育交流活动，为美育发展建设集思广益。2000年12月教育部在青岛市召开了全国学校艺术教育工作经验交流会。2001年11月，全国美育专业委员会第十七届学术年会在长沙召开后，国家教育部制定了若干有关学校艺术教育的法规文件。2002年7月，教育部以部长令的形式发布《学校艺术教育工作规程》（中华人民共和国教育部令第13号），这是新中国成立以来制定颁布的第一个学校艺术教育法规。2002年5月，教育部印发了《全国学校艺术教育发展规划（2001—2010）》（以下简称《规划》）。《规划》强调指出：新的形势对教育在培养和造就我国21世纪的一代高素质新人方面提出了新的、更加迫切的要求。切实加强学校美育工作，是当前全面推进素质教育，促进学生全面发展和健康成长的一项迫切任务。《规划》确立了学校艺术教育的指导思想、发展目标和主要任务，是21世纪前十年我国学校艺术教育事业的发展蓝图。

---

① 唐兵：《当代中国美育观念演变历程考察》，《西南师范学院学报》（社会科学版）2000年第5期。

2014年1月10日，教育部深入贯彻党的十八大和十八届三中全会精神，发布了《教育部关于推进学校艺术教育发展的若干意见》，明确提出要改进美育教学，提高学生审美和人文素养，促进学生健康成长，其中特别提及美育教育的思想目标是要立德树人，要最大限度地通过美育教育、艺术教育培养青少年学生感受美、表现美、鉴赏美、创造美的能力，引领学生建立正确的审美观念，陶冶高尚的道德情操，培养深厚的民族情感，积极通过审美教育增强中小学生的审美素养以及人文素养。此外，美育教育还要积极适应时代的发展需要，加快速度推进学校艺术教育体制的完善。在高等学校和中小学艺术教育课程相互衔接的体系初步建立，课堂教学、课外活动和校园文化三位一体的艺术教育发展机制初步形成的基础上，还要统筹兼顾，建立完善的艺术素养评价制度、艺术工作者自评公示制度、学校艺术教育发展年度报告制度，健全教育保障和督导机制，推进全国各区域之间、城乡地区之间的美育平衡协调发展，在课程形式、师资力量、设备条件方面尽最大的努力，为美育教育的普及与完善提供必要的支持。从这一方面，也能看出美育制度体系不断走向科学化、规范化，越来越从实际出发，以人为本地考虑美育落实的相关问题与情况，切实保护青少年学生的美育权益。

2015年5月26日，教育部发布了《中小学生艺术素质测评办法》，教育部还制定了《中小学校艺术教育工作自评办法》《中小学校艺术教育发展年度报告办法》。建立中小学艺术教育测评制度，进行区域试点中小学生艺术素质测评实验区，教育单位每学年要按照规定进行艺术教育自评，地方各级教育行政部门按时提交艺术教育年度报告，从制度规范以及督促艺术教育在全国各地中小学中有序开展。

2015年9月15日，国务院办公厅发布《关于全面加强和改进学校美育工作的意见》，更明确地指明了美育的内涵："美育是审美教育，也是情操教育和心灵教育，不仅能提升人的审美素养，还能潜移默化地影响人的情感、趣味、气质、胸襟，激励人的精神，温润人的心灵。美育与德育、智育、体育相辅相成、相互促进。"并指示各地教育部门通过构建科学的美育课程体系、大力推进美育教育教学、统筹整合学校与社会美育资源、保障学校美育健康发展等方面进一步推进美育工作的开展，为实现美育的总体目标（2015年起全面加强和改进学校美育工作。到2018年，取得突破性进展，美育资源配置逐步优化，管理机制进一步完善，各级各类学校开齐开足美育课程。到2020年，初步形成大中小幼美育相互衔接、课堂教学和课外活动相互结合、普及教育与专业教育相互促进、学校美育和社会家庭美育相互联系的具有中国特色的现代化美育体系）而努力。这一文件成为以后美育工作的指路明灯，使人们对深化学校美育综合改革充满热情和信心。

2017 年 3 月，全国人民代表大会和政治协商会议上通过了关于艺术教育改革的新政策。美育中较有代表性的音乐和美术将计划逐步纳入初中升学高中的中考之中。首先在江苏地区进行相关有序的试点实验，试图以考核为动力推动学校对审美教育的重视，提高学生普遍的美育素质，此项举措再次证明国家对于美育事业以及国民素质培养教育的重视与支持，也可例证我国美育事业在 21 世纪以来逐步进行由浅入深的有序改革，国家越来越重视国民修养与素质的培养，倾注越来越多的资源与关注在美育事业中，中国美育事业在经历了那个冰封许久的“文革”后，正在走向全面振兴。

由以上梳理可以看出，中华人民共和国成立以来美育事业大致可划分为四个阶段，第一阶段是中国美育的起步阶段，美育被提出并且开始确立其在国民教育中的地位与任务，时间跨度为 20 世纪 40 年代到 50 年代中期。1957 年美育事业被暂停，接下来被卷入“文化大革命”，因此 1957 年至 1976 年可视为中国美育事业的衰败阶段，美育成为政治斗争的批判对象以及阶级斗争的牺牲品。此为美育第二阶段。“文革”结束后经过两年多迷茫徘徊期，1978 迎来了改革开放，美育获得重生，开始一系列的美育事业的改革与体系重构。此为美育第三阶段。90 年代以来直到今天，为美育第四阶段，国家推出一系列政令法规来保护扶植美育事业的发展，着眼于全民特别是青少年美育素质的提高，可视为美育的巩固阶段和深度改革阶段。在不断改革试验中发展壮大美育事业，国家致力于国民素质提高的目标与任务，全面进行国民美育素质建设，发挥美育的灵魂建设与精神导航的作用。

二、当代美育与现代化的代价

世纪之交，处于全球化的语境，西方工业文明发展所带来的利益和弊端在我们的现代化进程中都有所体现。正如 W. E. Connolly 在 *Political Theory & Modernity* 中所提到的，完全的消费文化、商业世界，使人们远离了传统的安宁祥和，离心灵的和谐完善越来越远，并且社会和个人越来越僵化，越来越失去活力。现代化社会并不意味着完美无缺、毫无问题。从马克思的原始出发点——人的解放，消除异化，个人自由、全面的发展来看，现代发达社会中的人一方面得到了物质享受，另一方面却在人性上付出了极大的代价，迷失甚至丧失了自我。人们可以享受方便快捷的高科技产品，却面临着人类生存环境的逐步恶化；可以自由选择文化消费方式，但忽视了文化对价值观具有引导和整合作用。同样，现阶段的消费文化也对消费价值观具有导向作用，人们的价值观念和行为很大程度上受到社会消费文化影响，却无法避免形象思维的模式化和想象力的贫乏。大批量制造的商品使艺术作品的创造性、批判性和想象力萎缩乃至消失。它们不是按照艺术品的内在逻辑创造出来，而是按投资者和制造商出于收益最大化的估计批量生产，它们的价格越便宜，内容就越贫乏，品质就越低劣。但大众的口味就这样被调配，以至于人们在表述内心生活和倾诉感情时，都按照文化工业提供的单一模式进行。因此，当代美育在发展中除了不断受到政治意识形态的冲击外，也承受着来自市场化、现代化的压力和考验。在消费时代如何坚持对真善美的执着追求也是美育在21世纪的一个挑战。

1. 美育与信仰的挫伤

消费文化在西方已经形成了比较成熟的理论体系，在社会学中消费文化是消费社会中重要的研究范畴。西莉亚·卢瑞认为消费文化是20世纪后半叶出现在欧美社会的物质文化的一种特殊形式。费瑟斯通指出，所谓消费文化就是指消费社会中的文化，而且消费文化产生后，它的后期发展趋势就是将文化推至社会生活的中心。它与西方的核心价值、制度和生活实践相联系。所以，消费文化最早表现出来的内容是与西方资本主义社会物质发展及价值理念有关的东西。

我国对消费文化的研究始于20世纪80年代末90年代初。最初对消费文化的理解是居民消费中所体现的文化，也就是指“消费者在消费结构和消费行为等方面的价值观念”。后来随着消费文化日益受到关注，人们对消费文化的学理内涵有了更深入的讨论，比较有代表性的观点有如下三种：其一，从广义的文化概念出发，认为消费文化是文化在人类消费活动中以特定方式存在和体现的“全部社会传统，即全部知识和习俗的总和”。其二，强调消费文化是人们消费活动中的价值取向与价值规范。其三，认为消费文化即消费主义或消费主义文化。这三种观念具有完全不同的认识，也导致了截然不同的两种研究取向，一种是对消费文明的倡导与建构，另一种是对消费文化的批判性审视，无论是倡导还是批判，都是为了建设一种健康的生态的理性的消费文明，这也是我们社会发展必然面对的问题。①

当今的中国正迅速朝着信息化、全球化的方向迈进，高科技和信息化浪潮日益高涨，电话、电视、计算机和互联网的日益普及，给中国人的生产、生活、社会交往和行为方式以强烈冲击，改变着国人固有的价值观念和思维方式，影响着国人的情感模式、认知模式和心理结构，并引发了深刻的变革。现代化的通信工具和传播媒介，极大地缩短了信息传递的周期，扩大了文化的交流频率，特别是广播电视、卫星传输以及国际互联网发展的突飞猛进，使世界迅速进入电子和数字传播的时代，文化得到了空前的普及和发展。据相关资料显示，平均发一次邮件只需要 3 秒钟，传播速度之快、传播范围之广是前人不可企及的，也是前人不可想象的。世界各地发生的重大事件，通过谷歌、雅虎等网站，或者是脸书、微博、微信等软件，顷刻之间就会传遍全球，成为全球共同关注的热点话题，在世界各地激起极大反响，引起民众强烈的反应和讨论。例如叙利亚的战乱、北极冰川的融化等，我们都可以从飞速发展的信息化社会中轻而易举地了解到这些讯息。毫无疑问，21 世纪是数据信息大发展的时代。科技的发展，大大缩小了世界各个民族和地区之间的时间和空间差距，真正实现“足不出户”也可以一览天下事。

当前社会的文化语境比之 20 世纪 80 年代又呈现出明显的不同。那时的主调是理想主义的，基本延续了“五四”以来以启蒙为核心的文化传统；文化的话语权主要由少数公共知识分子掌握；学术话语的基本形式是文人式的、激情化的、修辞化的，但是在凸显思想魅力的同时，却缺乏对自身话语的反思和知识学意义上的规范，影响了学术研究的厚重和深度。然而，随着我国从传统的农业形态向现代的工商业形态转型的加速，工商主义大潮以汹涌之势席卷了神州大地，市民阶层凭借着强大的经济优势进入了社会权力结构的中心。一个由主流文化、精英文化和大众文化三足鼎立的格局发生了结构性的变化，大众文化的决定地位越来越突出。

所谓大众文化，从严格意义上说，实际是改革开放以后中国社会分层，市民阶层诞生所催生的一个新的文化种类，它反映了市民阶层对话语权力的渴望和重新组织文化的努力。从改革开放之初港台大众文化在大陆的传播，到 20 世纪 80 年代大陆大众文化生产的成熟，再到 90 年代大众文

---

① 以上参读董天策：《消费文化的学理内涵与研究取向》，《西南民族大学学报》（人文社会科学版）2008 年第 10 期。

化在文化市场和现代科学技术装备下的全面扩张，大众文化在文化格局中的地位日益凸显出来。大众文化所固有的原则和逻辑有力地改变着文化产品的生产方式和消费方式。追求感性化、快餐化和平面化的文化消费模式盛行，而对意义的寻觅和人文理想的憧憬却被弃置一旁，理想褪色，热情淡化，精神因素稀薄。人们日益体现出对日常生活及其欲望张扬的强烈兴趣，内在的非理性的欲望与科技物质的理性，都以公开的、公共的形式出现在日常生活中。神圣的思想观念和生活方式，已随世俗化进程而逐步烟消云散，美学与伦理学被看成是可有可无的东西，科学与来自生活实践的技术，获得了广阔的生活空间，并理性地操纵人们的生活。生活在当今都市的人们，正无时无刻不受到大众文化潜移默化的影响。大众文化塑造人们的情感、思维思想，为人们提供生活方式的样态，成为人们日常生活中不可或缺的组成部分。比如我们的服饰、谈吐、消费、休闲娱乐、对媒体的依赖都体现着大众文化的影子，在生活中随处可以发现大众文化的发展及其对我们的影响。在我国，大众文化是伴随着市场经济的发展而发展起来的，以现代信息技术和传播技术为支撑。在现代工业社会中，大众文化也有所发展，它在不断进步与更新，随着世界化的进程、科学与技术的发展，文化的创造性和自由性发生了多面的变化。一方面，它扩大了现代人群的文化视野，满足了现代人日益丰富的文化需求，成为精神文明的重要组成部分；另一方面，丧失了升华作用的大众艺术变得越来越平庸化、通俗化和平面化了。对大众文化的利弊比较中，可以发现评论家都能够触及大众文化的负面特征，并且尖锐地批判和揭露大众文化对文化创造和解读上的种种冲击。除了大众化之外，当代社会中，较引人注目的还有美育的商业化和世俗化。美育不再是高高在上，超越基本生活状况的阳春白雪，而是日益普及到人们的日用行藏当中，褪去其身上耀眼的光环，显示出在现实视角观照下的平凡来。伊格顿尔认为，大众文化利用网络钳制人们的行为准则和思维方式。媚俗的大众文化通过世俗的甜腻意趣填充现代人苦涩的心灵，不给人们留下反思的空间。同这一过程相伴的则是通俗文化的泛滥，美育的思辨性和哲理性降低，美育被普泛化了。中国的大、中城市，举目皆是耀眼的商业广告，电视、报纸更成了商业文化的传声筒。从当今都市现象来看，在当代艺术中提出商业文化这个概念是很有现实针对性的，商业文化从根本上讲仍然是属于大众文化范畴，商业文化这个概念可能更集中概括了大众文化的本质，也更具有 20 世纪 90 年代中国的现实特点。90 年代是文化的泛滥和扩张时期，有酒文化、茶文化、烟文化、企业文化、社区文化、校园文化、广告文化、电视文化等，仿佛冠之以文化，身价就能倍增，无论如何粗俗庸俗之事也能变得高雅、纯洁、高尚起来。文化在这里仿佛成了一个应景的东西，只要需要随时可以拉来进行装点门面。但是我们也可以看到，在商品越来越丰富、物质生活日益提高的同时，“产生了新的匮乏，即精神的空虚和痛苦：人们成为商品的俘虏，他们被动地接受传媒铺天盖地的广告，这些广告营造出虚假的、强迫性的需求，人们的情趣在不知不觉中完全被大厂商调度和控制，毫无理性地一味追求高档、名牌商品；在虚假的满足中，人丧失了自己的天性，甚至丧失了痛苦的感觉，这并不是说明痛苦不存在，而是说明人已被异化得失去了自我”①。

在商品经济大潮的冲击之下，以往高贵娴雅的艺术，显得日益步履维艰。一个十分明显的事实就是，“纯文学”的创作和接受越来越没有市场，日益陷入低谷；而言情、武打等注重感官刺激的作品却泛滥于文艺消费市场；一些颇有成就和才华的作家、艺术家放弃了原先的艺术信念和追求，或向通俗文艺靠拢。文学如此，其他艺术呢？在商品经济时代，高雅文艺扮演的乃是多余人角色，失去了自己的舞台和观众的高雅文艺只好在低谷中沉迷。艺术家在商品经济的大潮中，很难固守住原先的艺术理念，为了经济的利益而毫无激情的创作，最终只能如福柯所提到的那样，导致创作主体个性的失落与消亡。正如张玉婷所指出的大众文化发展存在以下问题：全球文化冲击，大众文化发展模仿化；社会价值取向紊乱，文化生态环境失衡；大众文化过度商品化导致人文精神失落；科技代替了艺术，大众文化的标准化消解着大众的主体性等。② 因此，科技的发展给大众带来极大的便利，但也带来了独立思考意识的淡化和创新能力的弱化。

这些变化当然是由经济—文化转型、消费者审美心理机制变化和人们对文艺功能的认识转换等一系列原因所引起的。由此，原先神圣的东西也遭到消解，一个十分突出的现象就是调侃“革命歌曲”作为一种活动方式被抛入大众消费文化之中。在这些活动中歌曲本身原有的革命色彩和悲剧意义已经被消解殆尽，变成了拼贴后现代艺术情绪的碎片和佐料。如20世纪90年代的“毛泽东热”又称“红太阳热”，无疑也是一次后现代文化活动的搬演，它以旧歌新唱的形式，形成一种包含着浓重的大众消费文化色

---

① 孙文静：《解读马尔库塞〈单向度的人〉》，《华人时刊》2013年第3期。

② 张玉婷：《对当代中国大众文化现状的思考》，《理论界》2013年第11期。

调的现象。正如陈晓明所指出的，“《红太阳》歌带显然不是简单地‘再颂’毛主席，它唤起的是对‘文革’时代的特殊记忆，重温旧梦掺杂了现在的形式，而形式改变则重新指认历史再现的意义。不管是‘怀念’之情还是‘重温’之情都夹杂着复杂的成分。昔日的颂歌采用现代打击乐配器，猛烈而乖戾的现代节奏，给那个时代的革命忠心和豪情重新编码，现代音乐手法创造出重叠两个时代的效果，给人以置身于两个时代交接的临界点上的感觉。这两个时代相去未远，其精神风貌，情趣格调却有天壤之别，似曾相识的词句、音调也有隔世之感”，“这种‘重唱’几乎是不认真的娱乐，也许可以称之为一种‘后革命’的文化形式。革命的悲剧意义在商品社会的文化中为喜剧形式所消解”。而且歌手采用了“性感十足的气声唱法，缠绵悱恻的现代浪漫风情，将革命、历史、红太阳、翻身、万寿无疆……变得不伦不类、面目全非，那些缠绵幽怨、娇柔多情的女声，与其说唱出革命歌曲的特殊韵味，不如说唱出‘革命历史’的末世情调”①。这是对于上一代人所进行的政治、革命活动的故意曲解，也是对政治的有意冷漠、消解，这类活动反映了视生活、艺术为游戏的人生态度。调侃人生，亵渎神圣，并从中获得一种颓废的满足，它呼应着影视界的“戏说”风尚。美术界的政治波普艺术时尚、音乐界的嬉皮风格等，一同汇入中国的后现代主义文化大合唱。

客观地看，文艺政治、教化功能的弱化和愉悦、娱乐消费功能的增强，正是文艺活动趋向独立和正常化的表现，是人们精神生活趋向正常的标志，也是历史进程趋向进步的一种表现。当艺术作品成为道德说教的传声筒时，艺术就会受到限制，渐渐僵化，失去本身的生气和活力，直至最后腐化死亡。在强劲的外在因素干扰中，艺术被搞得晕头转向，最终迷失了自身，成为人类精神现象中一个不伦不类的畸形儿。非正常的艺术是无法展现正常的人类精神的。尤其是艺术沦落为某种意识形态的工具时，我们就无法把它同宣传、道德或宗教等区别开来。而 20 世纪 80 年代以来，文化的大众化、世俗化、商业化趋势从某种意义来说，正体现出一种进步。

市场经济体制的确立，文化产业的出现，带来了文化观念的转换，意味着文化与政治相对疏远。文化变成商品以后，作为一种商品进入消费市

---

① 陈晓明：《填平鸿沟，划清界线——“精英”与“大众”殊途同归的当代潮流》，《文艺研究》1994 年第 1 期。

场，文化在社会中的地位和作用也随之有了改变：意识形态中立，由宣传品变成了消费品，变成消遣、消闲和娱乐的对象，并由精英文化的“生产者导向”转化为大众文化的“消费者导向”。文化介入市场后，文化产品也开始运用市场杠杆进行调节，按照商品规则和商业原则来生产和流通，市场法则贯穿在文化产品的生产、传播、流通和消费的各个环节。经济的商业的价值从其他价值中脱颖而出，变成文化产品的主导价值规则。经济为核心的价值观给传统文化精神带来巨大的冲击。中国传统文化是一种追求崇高、神圣的泛伦理主义，轻视物质生活，重视精神生活。而随着市场经济的来临，交换关系成为社会关系的直接基础，经济利益越来越突出，谋取财富越来越重要，拜金主义泛滥，世俗化、商业化盛行，人格意识衰落，个人的修养和道德的完善同样被弃置不管，因而引起社会上的道德危机。

社会转型期的当代中国，知识经济时代成就了文化时尚。各种新文化层出不穷，文化作为一种精神载体和气质象征受到广泛追捧。20 世纪 80 年代中国的流行文化还是港台的天下，率先由港台流入的大众文化迅速风靡大陆，刮起阵阵流行文化和大众文化的旋风。先是邓丽君的流行歌曲等涌入，接着是琼瑶的言情小说、金庸的武侠小说、迪斯科等，在刚开放的大陆洋溢着激情和浪漫。一种消费性的大众文化很快地扎下根来，商业化气息迅速弥漫。而到了 90 年代，大陆自己的流行音乐及摇滚歌星、艺术偶像也发展壮大，鼎盛一时。同时，作为精英文化代表的知识分子也在努力履行自己的职责，针对现实社会的人文精神缺失、道德沦丧的弊病大声呼吁，希望建立起既不背弃传统又能适应当代社会现状的道德文化。总之，从文化结构上说，90 年代中国文化是一种精英文化与大众文化并存的文化。

大众文化与精英文化在我国当代审美文化领域占有重要位置，两种文化形态间的博弈逐渐引起关注，尤其是在新媒介这个特殊的时代背景中。曾红极一时的《百家讲坛》栏目，在一定程度上满足了受众的猎奇心态和求真求是的精神需求。一方面《百家讲坛》的很多节目内容抓住了观众的猎奇心态，将受众比较感兴趣的话题和史实以推理的形式呈现。另一方面，依靠主讲人深厚的专业知识背景和相关研究经验，传授事实真相，使受众感到获益匪浅。现如今，中央电视台推出的一系列节目——《朗读者》《中国诗词大会》等，也是通过一种全新的形式进行文化的推广，受到网友和观众的一片好评。

文化时尚满足大众的心理欲望，当代文化时尚与大众传媒联系在一起，逐渐形成文化消费。文化消费促进文化多样化，但多样化文化发展良莠不齐。因此，文化消费需要理性引导和正确指引，才能更好地为大众服务。从文化精神上来说，90年代的格局是西方文化、传统文化和马克思主义文化三足鼎立。西方前马克思主义、马克思主义和后马克思主义都被介绍和引进到中国来，使中国学人的视野得到开阔。中国当前主文化、亚文化、反文化形成相互消长、相互渗透的关系，对当代大众文化建设都存在着不同程度的积极作用，在文艺领域，特别是电影界，存在主旋律电影、商业娱乐电影和艺术探索电影并存的格局。当前社会，无论从内外各个方面，人自身都处于一种十分窘迫的状态。从外部环境来说，工具理性的片面膨胀，应试教育的盛行，科技拜物与市场本位的发展以及生态的破坏，都给人的身心以巨大的压力。城市化的加速、生活节奏的加快，则使人产生较大的精神压力，造成全世界近4亿人口、中国近1 600万人口罹患不同程度的心理疾病。就人自身来说，由于市场本位、金钱拜物与消费文化的影响，人的价值取向错位，以追求物质利益为目的的工作与消费使相当一部分人处于一种浑浑噩噩的状态，极大地降低了人的生存质量。

在这种情况下，如何重新树立人们对真善美的追求成为一项十分重要的任务，因此有人说“90年代的文化主题是如何在市场经济负面效应的统治下拯救精神”。也正因为这样，所以在“一种重物质，轻精神；重经济，轻人文的工商主义的文化背景里，一批天性以批判现实，憧憬理想为天职的人文知识分子，发出了‘重铸人文精神’的呼唤”，因为只有“重新回到对神圣意义的发掘上来”，真正树立起对真善美等超出实际物质利益的道德伦理的追求，呼唤信仰的回归，我们才能在科技日益发达的今天保持内外的和谐，不致迷失自我。

2. 美育与纯粹性的减弱

20世纪90年代是中国文化产业化、规模化以及工业化的发展初见端倪的时期。由广播电视、报纸杂志、电影、电视剧、磁带唱片、录像带、影像VCD、国际互联网、时装表演等组成的文化产业大军，在这个时期迅猛发展，它们不仅成为文化领域一道引人注目的风景线，而且成为经济领域一支有生力量，在全国建立起一个庞大的文化市场，并开始与国际文化市场接轨。文化产业的兴起是工业化、都市化、自由市场经济和技术进步的必然产物。产业革命使人口相对集中形成了前所未有的城市及市民大众，自由的市场经济更把供求关系和商品交换的逻辑法则推演到社会生活的各个方面，技术的不断进步则从根本上改变了物质和精神产品的生产消费行为，同样的，这种法则也开始在文化产业中发挥作用了。最具有代表性的是电影业，海外资本或国际资本大量介入中国的电影工业和电影市场，促进了中国电影向市场转轨，带来商业影片和娱乐影片热。文化走向市场，由无奈走向自觉，由被动走向主动，说明文化不再仅仅是经济活动的背景，而成为经济发展及创新的一种有效手段，并使文化第一次以能动的姿态介入经济活动之中。

技术化的盛行使以往局限在小圈子里的艺术品广泛传播，走向大众。如书籍、绘画作品等，因为现代印刷术的高度发达，可以复制出千千万万个与原作一模一样的摹本来，因而使得文化在大范围内得以广泛传播。即使如音乐之类的艺术品，以前除了现场聆听外无法感受到，现在由于科技的高度发达，使它的永久保留成为可能，也使它可以让更多没法到现场欣赏的人得到几乎相同的艺术享受。

以往书籍阅读是人们知识获取的主要途径，也是最为直接、最具有主动性的方式方法。但是在当今时代，由于资源条件、价格因素、情境限制、文化素质水平有限等原因，书籍虽然承载文化结晶与智慧果实，却没有条件发挥其最大的文化传播效益与育人育德的社会功能。同样，科技改变文化传播的形式以及加速丰富书籍承载文化知识的表现形式。例如电子阅读器的发明可以把书籍的文字资料“印刷”在“电子设备”上，纸张资源在新型阅读形式下得到了节约；甚至有人说电子阅读器是可以取代纸质书的新时代数字化技术的产物。如今薄薄的电子阅读器，重量轻、体积小、便于携带，很好地适应现代人快节奏的生活方式，随时随地通过网络来进行艺术和学习体验，同时给予使用者更多、更丰富的艺术类型的选择，客观上提高了越来越多的人对于艺术美育的学习积极性及主动性。创新发展的电子科技推进了美育在社会中传播以及主动接受的可能性，对于全社会全民族的艺术水平以及美育修养的普及、提高具有重要的意义。除了感受美、接触美的工具在技术水平提高上得到创新发展外，日益发达的科技同样把恩泽惠及社会美育上面。以往我们知道收音机可以通过无线电波的接收而进行文化传播、音乐欣赏、文学演绎等，而现在手机的普及，特别是智能手机的使用率在全世界达到比较高的水平。无线网络技术研究取得不俗的成绩，网络电台、网络直播等传播方式的普及，使得感染艺术体会美育的环境大大优化。人们可以通过手机或者网络自主地选择个性化的美育内容，可以在网络电台点播下载相关内容，比如有声书、音乐、相声、评书、脱口秀、节目录音、语言类教学课、名校公开课等。同样的艺术内容可以转换为不同的表现形式，这是一种进步，不同的艺术内容可以承载于同样的形式，这也是一种进步，前者着力提高现代人接受美育的效率，后者则集中人们喜闻乐见的美育资源，而这一切的变化都不能抹杀技术的功劳，一切方便与进步都离不开技术的发展，当代技术可以说是当代美育传播的加速器。

数字化浪潮的推进使得高端电子设备实现了一物多用的梦想，使得人们进行美育获取的活动更为便捷快速，“据 comscore 在 2010 年 3 月针对美国消费者的电子书阅读器相关调查中，消费者对 iPad 功能使用中‘Web 浏览’（50%）的偏好最高，其次为电子邮件（48%），此外还有听音乐（38%）、阅读电子书（37%）、记录联络人名单（37%）、看电影（36%）、存取浏览照片（35%）、阅读报纸杂志（34%）等”[①]。在《大学生群体电子书阅读情况研究——以南京地区高校为例》一文中，调查者以南京地区高校的大学生作为数据调查的标本，在 2 000 份调查问卷中获得 814 份有效问卷，分析数据得出有过电子书阅读经历的大学生占总人数的 96.8%；经常阅读电子书的大学生则占总人数的 50.49%；偏好于阅读电子书的大学生占总人数的 35%；而没有阅读过电子书的大学生仅仅占总人数的 2.46%；没有阅读过电子书并且不曾了解过电子书的大学生所占比例为 0.74%。由此可见，电子书虽然还没有取代纸质书籍成为主流，但是依然在大学生阅读体验中占有不小的比例。基本上大部分学生都曾经接触过电子书并且通过该媒介进行文学书籍或者报刊等的阅读。人们享受着高新技术带来新的方式进行文化体验以及美育感知，科技改变、优化接受各种形式的美育作品的方式，使得随时随地的自主的美育学习成为可能。总之，技术创新对于艺术接受的促进作用是显而易见的。

然而，由于大众文化是一种极力认同和迎合市场需求，遵循商品的功利逻辑的产品，具有批量生产、标准化等方面的特点。以自动控制和操作行为为基础的机械技术进入艺术的生产过程后，艺术作品就不可避免地带上了标准化、程式化、规范化的特征，艺术创造的神秘性、独特性、不可重复性被一扫而光。关于技术化对艺术的影响，本雅明的理论最有价值，他的《机械复制时代的艺术作品》一书即详细揭示了技术对于艺术作品的影响。在他看来，机械复制技术使艺术作品像现代工业社会中其他产品那

---

① 梁益铭、杨帅：《国内外电子书阅读器市场现状研究》，《高校图书馆工作》2013 年第 4 期。

样批量生产出来，众多的摹本代替了原作独一无二的存在，由于摹本的大量存在，原作的距离感及其独具风光的韵味被消解掉，从而使艺术作品的魅力大大下降，并最终导致现代危机的产生和人类人文传统大崩溃，因而技术化对于艺术来说具有不可避免的副作用。

我们时常把科技称为“双刃剑”，它有着锐利的刀锋可以划破发展路上的障碍，可以披荆斩棘的姿态为美育的多样化不遗余力，一往无前；但是与此同时，我们也应该看到科技的发展是难以自控的，人类在它身上获取了多少便利，就得做好应对它带来的无法自控与预测的负面效应的心理准备。美育的目标是培养人感受美、鉴赏美、表现美和创造美的能力，而当美育的承载体，美育的内容物发生了质变，毫无疑问，我们将丧失从书籍、音乐、影视作品等的渠道来汲取美育精华的可能性。首先，标准化、统一化的生产模式使得美育失去创造个性化的美育作品的活力空间和思维维度，千篇一律的作品最终会导致人的审美疲劳，丧失其最初的感动；其次，由于市场经济以追求利润最大化为原则，容易受到利益的驱使而一味迎合大众，忽略美育作品的内涵品质，或者为了追求“眼球经济”的效应，而大肆地制造哗众取宠、低俗趣味的作品。无论是前者还是后者，对于心智尚未发展成熟的青少年以及人生观、价值观、世界观尚在完善构建的大学生来说，这些都可能给他们带来一定的危害性影响，完全背离美育育人培德的初衷与目的。社会主义市场经济虽然受到政府“有形的手”的宏观调控，但不能完全克服市场经济具有自发性等缺点，加上近些年来书籍、杂志、报纸等呈现数字化、电子化的特点，这使得作家还有一些写手在网络上发表作品并且获得追捧，以及一些文艺作品、美育作品也变得市场化，甚至造成影视作品的陈词滥调、抄袭成风，网络小说雷同，盗版书籍散布大街小巷。归结抄袭盗版现象泛滥的原因，科技的发展无疑成为其中无辜的“帮凶”，发展的科技使得印刷成本大大降低，网络流通的畅达、资源丰富而且身份虚拟，又使得抄袭盗版所付出的成本大为下降。违法侵权的责任追究制度不健全，作者维权意识薄弱或者维权成本过高而胜诉获益不高，使得违法侵犯知识产权者的气焰更加嚣张。美育的果实被盗取以及劣质复制，其接受者自然不能从中有所裨益，更进一步说，当其接受这些“坏果实”的时候，他们已经是盗版侵权者的“帮凶”，甚至可以说未开始美育的长跑比赛，已经被品德绊住腿而摔倒。

另外，科技使得机器化生产成为寻常模式，也使得数字化不再陌生。当工艺品成为流水线上的产品，按照标准化的大小设计大规模生产出售，长此以往极大地缩小了艺术创作的鉴赏空间，失去了创新思维与创新能力。艺术家受到市场经济的制约，失去市场的价格优势，优秀的艺术品仅仅成为社会上层阶级的玩物，而缺乏普及传播与为民欣赏的媒介，这是艺术之悲，也是美育的时代之悲。因此美育内容良莠不齐，艺术作品逢迎低俗趣味的问题也值得我们时时保持警戒之心，我们必须带着标尺去评估和衡量事物当中蕴含美育的价值。

技术化是美学乃至整个学术的异化形态。在早期社会，技术和艺术是相统一的，现代社会改变了人的生存方式，也改变了技术与艺术的关系。一方面大机器及其以后的整体化生产方式的社会化，使人类生产常以集体的方式出现，技术化的集体创作，使许多真正的艺术家失业了；另一方面艺术也在许多方面明显地失去其传统时代所具有的作用，理性化的科学技术常常以直观的方式支配人的现实世界。技术化不仅支配着艺术，同时也支配着学术、文化和人们的全部生活。它使人们失去了在艺术品上所能得到的那种熏陶和感受，并最终带来个性和心灵协调的丧失。

伴随着技术化的进程，工业化的脚步加快速度，规模化、标准化的生产方式成为现代化流水线生产的普遍形式。虽然产业链式生产是适应现代化经济利用现代化技术的高端领域，但是也带来美育纯粹性的减弱，艺术作品、美育作品失去了人的灵魂。以往的纯手工制作成为回忆中的画面，机器规模化的标准性物件只能成为产品，而缺少那份独特精巧的匠心，遗失了那份经过思考雕琢的艺术独特性与艺术创作的价值。

在技术化浪潮之下，传统手工艺受到市场竞争的压迫，市场比例日减月削，老手工艺人也面临着后继无人的困境。“在全国普查的 1 881 种产品中，生产经营处于停产的 114 种，濒危的 244 种，生存困难的 535 种，发展良好的 988 种，比率为 52.53%。1979 年至 2006 年，我国共评出 365 位中国工艺美术大师，已有 1/5 去世。另外，我国 764 个传统工艺美术品种中，52.49% 的品种陷入濒危状态，甚至已经停产。”① 2005 年 12 月，北京工美行业协会调查组对北京 72 位年龄在 37～92 岁的传统手工艺人展开了走访调查，被调查对象平均年龄为 58 岁，从年龄来看可知大部分手工艺人年龄比较大，青年少年年龄段处于断层状态。调查结果显示：“近三分之二的民间手工艺人徒弟不足 3 人，70% 的徒弟年龄在 30 岁以上，78% 的徒

① 张西昌：《传统手工艺的知识产权保护研究》，西安：西安美术学院，2013 年，第 26 页。

弟学历在高中以下。近十年来，北京工艺美术行业内30岁以下的年轻人不足10%，真正能够独立设计制作的技艺人员全行业不足千人。”[①] 从中不难看出传统手工艺人的英雄末路，在技术化大工厂生产链条下，许多艺术品只能由极少数的老手工艺人提供给小圈子里的人欣赏。美育的作品不能在大范围内发挥其最大的美育价值，现代人也因技术化下的物化人格失去找寻优秀美育作品与品味美的价值的耐心。

虽然艺术不代表美育，但是艺术作为日常生活中比较常见的美育体验方式以及美育参与中最为简易方便的途径，对分析认识技术化对于当代美育的冲击力与危害性具有重要的参考价值。美育事业被技术化浪潮裹挟着前行，人在经济高速发展的当代社会开始物化甚至异化，衡量人的价值尺度不是透明存在的精神价值或者需要感知的心灵品质，而是直接地借助于金钱地位或许是其他可视化、可量化的客观物质的获取拥有。在这样的情况下，物化的人对于自我的客观存在与价值尺度开始产生怀疑，开始遗忘美育纯粹性的特点，带着最功利的目标，怀着最浅薄的思想来选择非精神化产品，以最简练的内容在最短的时间内接受。如此一来，浅尝辄止的美育活动带给接受者的精神影响是流于表面的，未能在大脑中思考与在实践中感悟，自然也不可能融入血脉之中滋养生命的灵魂。

作为美育文化发展的一种，视觉文化在当今社会受到越来越多的重视，由于现代传媒的高度发达，电视、电影、电脑、报纸杂志等媒介中，图像占据了很重要的地位，可以说人类生活在一个图像的世界里。由于人对世界的把握和理解，主要通过视觉通道，而在当今世界，图像在文化传达上的作用越来越突出，其所具有的地位也空前重要，现代文化正在脱离了以语言为中心的理性主义形态。在现代传播科技的作用下，日益转向以视觉为中心，特别是影像为中心的感性主义形态，因此有人高呼视觉文化来临了[②]。但同时，在视觉文化大行其道的今天，它所具有的弊端也是不容忽视的，这方面最突出即是视觉暴力，作为图像所带来的负面效应，它应该引起我们当代文化研究者的注意。

而视觉暴力在当代表现得越来越突出，以电影为例，1994年《黑色追

---

① 张西昌：《传统手工艺的知识产权保护研究》，西安：西安美术学院，2013年，第26页。

② “全球化：可见的与不可见的——中国首届视觉文化传播国际研讨会”于2004年5月29至30日在上海复旦大学隆重举行。

缉令》、1999 年《骇客任务》、2001 年《魔戒》等都是这方面的代表，而2003 年的《杀死比尔》更是以其极致的暴力风格创造出新视觉暴力典范！在《杀死比尔》中，镜头对准“黑蛇”，黑白面，近镜头特写，血肉模糊的脸，痛苦的呻吟和冰冷的杀戮；《拯救大兵瑞恩》，奥哈马海滩上的血肉横飞的厮杀，几十万人生命的毁灭；作为《沉默的羔羊》续集的《汉尼拔》更是显示出血腥冷酷的一面，大量血淋淋的镜头呈现在观众面前，刺激着大众的视觉神经。

对于这种由视觉暴力所产生的心理快感，已经有学者开始研究了。2000 年第 5 期的《文艺研究》刊登了周宪教授的文章《反抗人为的视觉暴力——关于一个视觉文化悖论的思考》，讨论视觉暴力这一悖论现象。作者指出，一方面，视觉文化的生产、传播和消费越来越丰富和复杂，人们面对的是一个视觉文化现实极度丰富复杂的时期；另一方面，由于影像越来越倾向于刻意的策划和刺激，人们感到某种视觉要求的匮乏或缺失。因而在一些人欢呼读图时代来临的同时，也有人在抵抗人为的视觉暴力。借助社会学和心理学的分析，作者认为这是现代文化的都市化过程中必然的现象。但是从美育的角度来看，视觉暴力的极端膨胀，恰是现代化过程所带来的恶果，它使人们的心灵离过去的祥和安宁越来越远。视觉暴力的盛行，使人们沉溺于追求感官刺激，而在这一切过后，无疑心灵会感到越来越空虚，这不利于人性的协调发展。

“从表面来看，影像是物理世界的模仿”，“从心理层面上说，影像是欲望的反映形式”①。影像的暴力大多出现在多媒体的舞台，在电影、电视剧中暴力美学也成为一个重要的观赏元素。英雄题材、功夫电影到武侠剧集，都成为人们感受体魄美、肌体美、力量美以及阳刚美的一个重要渠道，成为美育的一个重要方面，对于培养锄强扶弱的观念，锻造正确的善恶观，培养关爱世界的价值观具有非常重大的意义，给予我们一个制造创作英雄赞歌的想象空间。除了值得赞扬的暴力美学的作品，社会媒体市场也不可避免存在一些暴力失度的艺术作品。此时这些打着美学艺术旗号的作品已经不具有美育的作用了，反而会误导儿童、青年价值观的错位，会导致社会价值观、社会舆论走向一个不可控制的方向。例如，儿童美育的一个重要方面是通过早教儿童影视作品来传递观念，培养初步的美育感觉。然而关于儿童影视作品、书籍画册等一直不乏批评的声音。比如国产

① 杨洁：《影像暴力——落向大地的果实》，成都：四川大学，2004 年，第 28 页。

动画片《喜羊羊与灰太狼》，曾经被誉为国产动画片的崛起之作，由广东一家普通公司创作与开发，现已开拍多系列的动画片以及院线电影，并在香港播放以及翻译成多种语言且输出到多个国家播放。《喜羊羊与灰太狼》大致讲述的是以喜羊羊为代表的羊村众羊与灰太狼红太狼两夫妇斗智斗勇的故事，动画片每集以狼诱捕羊为开端，展开不同的小故事，结尾都以羊胜狼败而告终。然而就在开播几周年后，中央电视台的新闻联播就点名包括《喜羊羊与灰太狼》《熊出没》多部国产动画片，批评其中带有“暴力失度”“语言粗俗”等不良元素，给儿童观众带来危害性的价值观与不良暴力示范，给儿童美育培养以及成长发展招致负面影响。日前，中央美术学院教师杨珺详细地向中国经济导报记者分享了他对儿童美育教育的理解。杨珺认为，儿童美育教育的目的主要在于素质教育和基础美育两个方面。基础美育应从儿童抓起，这将对其今后的审美观产生决定性的影响。①

物质文明的畸形发展，感官享受的片面沉溺，使人的心灵越来越空虚。特别是伴随着影视、网络的发展而来的读图时代将艺术形象明确化、平白化，缩短了人们的思考时间，更能适应短平快的现代人生活。但是与此同时也带来了现代人形象思维的弱化、想象能力的贫乏、艺术感受力的模式化以及欣赏品位的肤浅化等弊端。人的心灵并没有得到一种充实和满足。其实不论世界如何发展，一切的根本还是人，人的根本则可以说是心灵。而高科技的发展对人的心灵带来的负面效应则有器官功能的弱化，长久的污染和喧嚣，部分感官的畸形发展，这些都不利于人心灵的协调发展，并最终导致人性的分裂。

心灵的畸形发展可以表现在很多方面，“以新奇为美，以时尚流行的东西为美，以怪异为美，以荒诞为美，以洋为美”，“只能对图像、声音等形式上刺激强烈的东西产生体验，追求感官刺激和生理享受”。② 它揭示了现代人的一些心理通病，追求感官上的刺激以及物质上的享受。在沉迷于感官的多元刺激，盲目追求怪异荒诞的陌生化体验，肤浅吹捧外来文化，重视图像化的物质感官世界而忽略精神家园的净化与建设，无疑会走向人格发展片面化，心灵发展畸形化的歧路，让以图像化为核心的感性主义形态操控着以语言为中心的理性主义形态，当感性与理性不能处于一个平衡

① 荆文娜：《儿童美育教育：“快餐式”不可“渗透式”当行》，《中国经济导报》，2012 年 11 月 24 日第 B07 版。

② 刘正江：《中华人民共和国美育的命运》，上海：华东师范大学，2006 年，129 页。

的状态，人的心灵世界就会陷入一种时而盲目时而麻木，疲惫无力的状态，精神世界处于空虚枯燥的环境，失去了梦想未来的展望以及人生目标的追求，漫无目的地享受这浅层表面的感官快乐，不加思考地接受没有精神营养的作品，使得心灵世界在浮游的物欲中异化变形。对于个人人生来说，“丧失生活的理想追求和价值目标，精神空虚，生命力松弛、衰竭”，如同活着的行尸走肉，任由城市弱肉强食的水泥森林吞噬，放纵于自我毁灭与安乐之中；正如一位研究者所言，“听凭本能的冲动，欲望享受难以得到节制，理性规范与道德意志极度缺失。两方面发展的极端，一是自杀，二是违法犯罪”①。技术的长足性进步使得人越来越方便去接触多媒体的产物，如电影、电视剧、流行歌曲、舞蹈艺术等，可是快餐式的艺术越来越朝着低水准、庸俗化方向靠近，接受者如同高速运转的机器一般，一边不断地改变着自己的思维方式以及行为方式去适应时代发展与技术发明，一边不停地承受来自多媒体的信息轰炸。高速的变化与内容的浩大使得自我在主动选择中失去从容判断的可能性，容易从表面获取的浅薄信息来选择美育的内容，那么低俗趣味、视觉暴力、感官刺激自然成为人们观赏作品艺术等的第一评价要素；需要时间慢慢研读的经典文学作品、古典音乐、高雅美术等自然成为小众化的代表，被大多数人忽略遗忘。此时大多数人还没意识到一旦浅层娱乐化作品的虚假外衣被撕破之后，露出的是低俗趣味的真身，放弃美育值得咀嚼的精华而去选择肤浅表层的快乐，如同吃快餐一般，贪图一时的口感滋味却会带来高热量、低营养的问题，给健康身体埋下一枚定时炸弹。由此可以说，技术化推动经济发展的加速前进，促使物质世界、精神世界每日都在不断地变化当中，身处其中的人也在每日快节奏的工作生活当中，每日不断以追赶的姿态去接受瞬息万变的世界，不断去适应上了发条似的速度，在有限的时间大多数现代人选择了表面观物、浅层吸收的“快餐式”的文化美育的接受方式，这不但不能使感受美、鉴赏美、创造美的能力有所提升，反而会导致精神世界的浅薄无知，思想内容空洞无物以及素质品德的下滑，并且在经济全球化技术高速化的社会下倍感压力与胁迫，无力去进行深层成熟的思考，迷失堕落于其中。

总之，高科技的高度发达带来了一个不可避免的后果就是美育纯粹性的减弱。在这里技术化、视觉暴力、心灵的畸形发展等都是当代社会中值

① 刘正江：《中华人民共和国美育的命运》，上海：华东师范大学，2006 年，第 11 页。

得重视的新问题。当然，这些由技术的发展带来的审美层面的种种对人的损伤以及不和谐，更表明了当代美育自身肩负的重任，因为艺术是一个具有独立价值的世界，“它代表着人类的理性，是智力的一种模式，是一种咨询或调查的行动，一种思考的方式，一种理解的方法”①。它可以“提供一种从日常生活的刻板，尤其是从理论的和实践的理性主义的压力中解脱出来的救助”②。我们只有通过美育来提高人自身的审美趣味和艺术修养，抵制垃圾文化以及其他不良事物的侵袭，才能克服社会现代化发展过程中所出现的种种弊端，并丰富道德和伦理教育，加强人文精神在当代社会对个体的熏陶和影响，从而最终实现心灵的协调发展，达到德行的自足，使现代人拥有祥和安宁的心境，精神进步和物质发展相协调。

面对技术发展带来诸多导致美育纯粹性减弱的影响，我们不能一味责备科技给我们带来的压力与困境，而是应该相信科学，在善于利用科技提高工作效率以及生活质量的同时，也能对技术发展与美育功用及其纯粹性的特点之间存在的矛盾有着清醒的认识，时时警惕防范技术对于美育纯粹性的冲击以及保持一双探究美育作品真伪优劣的慧眼。当我们重新回到以人为本的角度，开始向着人生的未来，宇宙的尽头追寻万物本源，探究自我的存在以及价值，开始思考通往心灵的宁静安适以及幸福人生的道路时，我们首先开始的是直视自我的灵魂，敲开心灵尘封的沉重大门，拨开冰冷心灵的积雪，开始怀念精神的归途，回忆起那个“车马很远，书信很慢，一生只够爱一人”的时代，开始向往灵魂的交流，哼唱起那“我有一壶酒，足以慰风尘”的诗意人生，在瞬息万变的高速运转的世界里寻找“此心安处是吾乡”的心理慰藉。

技术本身并没有善与恶，技术的发展无疑对自我发展以及人类文明进程都有其驱动作用，关键是人类作为技术的创造者与使用者，到底选择依赖于技术，退化自己的大脑思维能力与感受的敏锐性，还是能够对技术的便利与个人作为人生的主宰与技术的主人这一身份保持一颗清醒的头脑，不被技术物化自我与异化人性，时时刻刻保持对于美的感悟与欣赏，不依赖科技而是以独立自主的灵魂来鉴赏美育创造个性的美。

---

① ANNE BLOOMFIED, Creative and aesthetic education, Hull: The University of Hull, 1985, p. 4.

② GERTH & MILLS, From Max Weber: essay on sociology, New York: Oxford University Press, 1946, p. 342.

第四章

当代美育建设的使命与未来

对于中国当代美育来说，如何回应现代性的挑战，对现代性进行审美批判，在商品化和理性主义面前努力维护人的自由、守护人的精神家园，是一个迫在眉睫的问题。由于中国传统文化的独特气质，即使是现代科学的兴起仍无法取缔道德政治的权威，因此美育与民族精神的崛起仍需面对这个特别的问题[①]。这就要求我们在进行美育建设时必须要考虑到当代中国的实际情况，确定适合中国国情的美育建设。

第一节　当代美育建设的使命

从启蒙的角度来看，20 世纪初叶，美育的思路是以审美的方式去启蒙大众，如梁启超、鲁迅等人就希望用各种艺术形式尤其是大众化的小说和戏剧来传播和宣扬新的道德意识、科学观念和民族理想，以疗救国人灵魂，拯救民族危亡，重塑国民性。到了 20 世纪后半期，随着改革开放的进行，市场经济体制的建立，经济大潮的汹涌澎湃，各种现代性问题的层出不穷，使得中国美育又处于一个十分紧迫的形势之下。它要求美育能适应形势的需要，为当代浮躁的国民心理提供一帖宁静下来的方剂，使人们能够在物欲横流的社会里，注意到人性的美好，道德境界的崇高，能够超越世俗的纷扰，达到恬静的醇美之域，从而使人的精神生活能够跟上物质生活，使人们可以在世俗化、权力化、商业化、技术化的当代社会中维护心灵的宁静，并进而拯救自身。当今时代美育建设的必要性，主要表现在以下方面：

一、信仰是美育生命之根

随着经济的发展、物质的丰富和社会的转型，大众文化的日益勃兴，大众传媒对人的影响比任何时候都要大。当前有些人开始满足于一种形而下的感官愉悦，满足于日常生活层面上的形式享受，存在一种审美庸俗化的倾向。当代美育的实施和推广，不得不承担起人生价值再启蒙的重任，

---

① MAX WEBER, The religion of China: confucianism and taoism, trans, New York: Free Press, 1951, p. 299.

以此让人们知道，人除了有形的物质幸福外，还有更高级的精神价值追求。美育可以在美的愉悦中唤起人们的高尚情怀，教会他们以一种人性的目光来看待人的享受，以高雅的精神品位来支配物质的获取和享用，引导其上升到社会的、理性的层次，进而提高人的审美品位。美育能够使人的人格和人性得到充分发展。健全的人格是充分张扬个性的后盾，美育作为一种对理想人生境界的培养与向往，将个性的发展置于重要的地位。审美教育活动便是以发展个性为前提，通过人对美的感受和欣赏，培养人的个性，提升美的人生境界。

美育可以推动人与自然的和谐共生。由于科学技术的飞速发展，人类的生存环境与以前相比有了截然不同的变化。科学技术是把双刃剑，既给人类改造自然提供了更多更高明的手段，给人类的物质生活带来极大的方便，也给人类的生存造成了很大的威胁。因此，协调人与自然的关系，应是美育在当代社会的又一重要使命。美育能帮助当代人增强对自然的亲和力，缓解人与自然之间出现的紧张对立；同时，也必然会影响到人的意识，并且会渗透、积淀在人的心性之中，从而成为人的审美理想的构成要素。

1. 以信仰为根的美育与人性之拯救

自从启蒙运动以后，先是尼采宣称“上帝死了”，显示出启蒙运动中理性对神性的巨大冲击，把人们从神学笼罩下的愚昧懵懂中解放出来，但随之而来的是人的心灵也失去了皈依和宁静，没有了信仰，人们的精神就没有了可以寄托的所在，这一后果随着科学的日益发展和理性的日益强大而显得越来越严重。当科技哲学解构宗教、世俗权力粉碎人的价值的时候，一切神性与人格便荡然无存。因此，继“上帝死了”之后，福柯继而宣称“人死了”，说明理性的独断对人自身所产生的伤害。尤其在现代化社会里，工具理性大行其道，人文精神濒于灭绝，实用主义和利益主义的纯物质决定论把人的精神逼入绝境，社会的喧嚣和浮躁再也不能遏抑。对于“人之死”与“上帝之死”之间的关联，德勒兹曾给出过权威的解释。他说：“人会在哪里找到上帝缺失情况下的同一性保证？”① 说明人离开了信仰，便失去了依托，失去了根。当今之际，信仰所给人的心灵的祥和与宁静，被作为解救当代社会精神危机的良方被越来越多地提起。同样，信仰被作为人文精神的一个基石越来越受到重视。同时，作为要达到人类协

---

① 德勒兹著，于奇智、杨洁译：《福柯 褶子》，长沙：湖南文艺出版社 2001 年版，第 138 页。

调发展的手段之一的美育，为了超越自身，至于道德上的完美之境，信仰是其根本，具有无与伦比的作用。

在现代思想家的眼中，作为神性的上帝和德性的人死了，而作为物性的人还活着。因此，思想家们又在争取人性的拯救，由此为现代人建设一条通往德性之路。为了使人类不至于毁灭而获得新生，丹尼尔·贝尔主张：假如世俗的意义系统已被证明为虚幻，那么人们靠什么来把握现实呢？答案是：整个社会重新向某种宗教观念回归[①]，这是因为，宗教可以接触到人的意识源泉的最深处，所以人类的自我拯救必须依托于“重新回到对神圣意义的发掘上来”[②]。因此，圣洁的信仰对于人性的拯救和人类的生存都是不可或缺的。

同样，在西方现代和后现代的美学中，科学主义的倾向已经有了相当程度的扭转，至少从叔本华、尼采开始，尤其是在海德格尔、伽达默尔以后，现代西方美学的主流已经转到人文的向度。人文精神的高扬、人文学科的定位，其实质都在于标举一种向度，一种人学本体论的向度。如果从美学本体论的层面来审视，我们就不难发现，当代中国不仅仍有自然本体论的美学存在，而且，即使是堪称中国当代美学主流的实践美学，其实也正处在从自然本体论向人学本体论过渡的中间环节。“从自然本体论向人学本体论的转移，以本体性的人的生存价值、生存意义为对象，基于人自身的自由追求而进行的价值创造和意义创造，可以这样说，人文学科是关于人类自身自由发展的学问。在人文科学中，人的自由生存作为最高的目的论原则为人类的未来发展起着导航的作用。”[③]

在这种情况下，当代美育建设的重要性自然是不言而喻的，但我们要注意的是，美育建设不能像物质建设那样，可以引进西方的先进技术，甚至全盘模仿。它要求我们一定要从中国文化的实际出发，吸收中国传统美育里的精华，并参照西方的有益经验，建设中国自己的美育体系。

2. 以信仰为根的美育与人的心灵之完善

首先，启蒙使人从神的世界中走出，具有开启民智的意义。“启蒙”一词在德文和英文中分别是 Aufklarung 和 Enlightenment，意思是“使之光

---

① 丹尼尔·贝尔著，赵一凡等译：《资本主义文化矛盾》，北京：生活·读书·新知三联书店 1989 年版，第 17、40 页。

② KANT, Lectures on philosophical theology, New York: Cornell University Press, 1978, p. 110.

③ 刘恒健：《论中国美学的发展趋势》，《陕西师大学报》（哲学社会科学版）1995 年第 4 期。

明”。康德说：

启蒙就是人从他自己的所造成的未成年状态中走出，未成年状态就是没有他人的指导就不能使用自己的知性。倘若未成年状态的原因不在于缺乏知识，而在于缺乏无须他人指导就使用自己知性的决心和勇气，那么，这种状态就是自己造成的。Sapereaude！（要敢于认识）要有勇气使用自己的知性！这就是启蒙的格言。①

可见启蒙至少就康德来说关心的是人的知性的解放，但是启蒙绝不能只关注人的知性，因为人不能只凭借理性来拯救这个世界。只有关注人的心灵，人的总体，启蒙才能真正体现出它的价值和意义。康德把启蒙描述为人类运用自己的理性而不臣属于任何权威的时刻。就在这个时刻，批判是必要的，因为它的作用是规定理性运用的合法性的条件，目的是决定什么是可知的，什么是必需的。但福柯认为，康德界定启蒙的方式几乎全是否定性的，他只处理当代现实的问题，而不是在一个整体性上或未来结果的基础上理解现实。相对来说，阿多诺不喜欢说“启蒙运动”和“启蒙思潮”，他更喜欢说“启蒙精神”。他努力从哲学精神的角度，对前人的启蒙思想展开批判，并努力观照人的总体的心灵。他认为，启蒙精神的形成，将与宗教哲学一样，以理性取代神来统治整个世界，他同时针对人们现代性的困境提出，当知识不能解除人类困难时，应该把空间留给信仰，取消理性的霸主地位，由科学、艺术和宗教伦理信仰的整体合作来构筑启蒙精神。可见，只有如福柯所说的那样，超越知识的迷途，寻求价值问题的解答，尤其是对于自我文化身份和话语形态的追问②，现代人类的心灵才能真正获得解放，并最终获得希望与光明。

人们对于理性的批判与反思，是由于现实的困境根源于膨胀的科学主义和技术方法。人们普遍地把科学的认知看成是人的心灵中最重要的，而事实上只是最基础的。现代人则把科学主义思想予以扩张，并通过技术落实到人的生产活动和日常生活中。索雷认为：“科学主义是一种信念，它认为科学尤其指自然科学是人类知识中最有价值的部分，因为自然科学最

① 康德著，李秋零编译：《康德书信百封》，上海：上海人民出版社1992年版，第271页。

② M FOUCANLT，“What is enlightment?” in The Foucault Reader. New York：Pantheon，1984.

具权威性，最为严密、最为有益。”[①] 当今世界，科学主义已膨胀到遍及整个人类的学术研究与现实生活之中，它操纵着这个世界，并控制着人的灵魂，人只是科学技术的一部分而已。

亚里士多德认为心灵是根植于人的灵魂之中的独立的实体，在人的灵魂中，它处于支配地位。它不仅不承受作用，不会被动，而且必须是没有被玷污的，心灵可以通过灵魂来思维和判断，它是永恒的，不被毁灭的。在亚里士多德看来，就性质而言，心灵是圣洁的、纯净的，它是人类灵魂中最尊贵的部分，对灵魂的其他部分具有支配的力量；就存在方式而言，它与人类的思维、人类的灵魂同在，是人类创造力的源泉；就构成而言，它是一个整体，包含人的认知、创造和德性中最优秀的品质。总体上说，心灵具有神性一般的珍贵的品质和强大的感召力，所以对人类自身的品质和社会的文明进程，总是具有强大的推动力。首先，心灵总是与完善的人格联系在一起的，心灵包含并推进知性状况的改善，因为必须经过心灵才能打开通向头脑的道路；其次，心灵是诞生人类圣洁品性的源泉。在人的素质提高和社会文明的发展过程中，通过朴实、充满热爱和沉着有力的形式把崇高理想和坚强意志等话语放进人的心灵中，那么它们便会产生巨大的精神力量。

在人类思想史上，康德高举理性主义和人本意识的大旗，把人类从神学的笼罩下解放出来。他的理论具有划时代的意义，其本人成为古今转换的关键人物。康德最重要的主张在于他的人本意识和民本思想。在对人本意识的论证过程中，康德以理性取代上帝，证明神之存在本体论的不可能，把人从属神的工具状态中解放出来，使人不再成为为了证明上帝伟大的工具和手段，而成为主体和目的[②]。同时，在卢梭的影响下，康德形成并增强了人权意识和民本思想，在整个哲学体系中，使自然人成为德性人的最终追求，也以公民的品质为最终的追求。

当然，康德最重大的贡献还是他哲学上的知、情、意三分理论，他上承柏拉图的求知、情感、欲望三大心理功能和亚里士多德的理论、应用和创制三大学科的分类，并进行学术整合而提出中介学说，提出现代学术的三大分类：哲学、美学和伦理学。但是在康德的学术体系中，美学只是一

---

① TOM SORELL, Scientism: philosophy and the infatuation with science, London and New York: Routledge, 1991, p. 1.

② 康德著，唐钺译：《道德形而上学探本》，北京：商务印书馆 1957 年版，第 43 页。

种中介，他所看重的是纯粹理性和实践精神，所以特别关心理论与实践的关系。在康德的心目中，美学是一个最缺乏先天规定依据的学术门类，艺术与美学始终得不到理论理性与实践理性的支持。因此，人的品质大多缺少人文意识和情感品味，呈现出抽象的、物质的、机械化趋势。美学在康德的体系中充当的是感性和理性的中介，但对于美学在感性和理性间的归属以及它能否担当起中介使命，康德自己也是矛盾的。事实上康德正是抓住以智慧为内核的理性，并以理性为出发点来追求人类的德性的，却忽略了原始至善的上帝意志的神圣性，尽管他后来开始注意到信仰在人的心灵中具有特殊的价值，但同前期对理性的过分强调相比为时已晚。现代社会的种种弊端：世俗、权力、符号，还有技术形式等各种机械性的东西，恰恰反映了过于偏重理性的后果。以美学为代表的信仰等情感部分被证明对人的心灵的完善来说仍是不可缺少的。

中国当代美学理论，“就其思路来说是科学理性主义的，这种思路的专长是抽象，是通过抽象获取本质性的认识，进而通过逻辑演绎和思辨，建构由概念命题和推理组成的理论体系。这种理论从一开始就偏离了虚实相生的生存势态，抽象的表象已完全失去了虚的识度，失去了气韵和神韵，失去了生命的活性”①。之所以“我们当今主流美学津津乐道并满足于理性主义的思辨和演绎，日益走向生存性的贫乏而不知，就是跟在这种西方近代理性主义美学后面亦步亦趋太久的结果。而美学‘中国化’的深意亦正在于改变这种沿门托钵的无根状态，使中国美学实现本原性的回归。独特的气象和风神，昭示出更加玄远高深，虚实相生的美妙境界，它所独具的显隐一体，韵味深永的魅力”②。从最终指向上来看，美育旨在成就理想人格、生成一种超越世俗纷扰的、能够把自我安放在其中自由生存的人生境界。作为中国传统文化主流的儒、道、禅宗三家努力的方向和重心即在于此，因此，有益汲取中国传统美育的精华对我国当代美育追求更圆融的境界具有极大的指向性。正是在这个意义上，中国传统美学精神的回归必将成为当代美育建设的题中应有之义。

---

① 刘恒健：《论美学的转型》，《陕西师范大学学报》（哲学社会科学版）2000 年第 3 期。
② 刘恒健：《论美学的转型》，《陕西师范大学学报》（哲学社会科学版）2000 年第 3 期。

二、和谐是美育生命之魂

当今社会是技术文明的时代，科技在带来技术便利的同时也冲击着人类的精神世界，引发人格失衡和造成人类的精神危机。为此，通过培养审美态度和审美境界，提升审美趣味和能力，构建社会个体的和谐人格是恢复人性的一条重要途径。和谐是当今人类社会发展的主流，这就要求消解人与人，人与自然，人与社会相互对立的矛盾，达到一个相互平衡的状态。

从宏观上来说，和谐社会需要一个合理的政治和经济体制，能够保障社会经济的稳定发展，但是，从长远来看也许更为重要的方面，是能实现这个社会里每个个体身心健康、精神愉悦。全面和谐社会集中表现为社会的和谐完美与人的全面发展。① 个体和谐是社会的基础，也是社会和谐的重要目标和主要标志，个体的和谐可以促进社会的整体和谐，美育肩负着构建社会个体和谐人格和构建和谐社会的重要使命。

1. 以和谐为魂的美育与个体和谐人格的建构

人的身心各构成要素和各构成部分有机联系，高度和谐统一，就是常言所说的"完美人格"，或"全面和谐发展的人"②，即个体的内在心理结构与外在表现形态有机融合的状态。和谐人格是一个颇具现代性的概念，它超越了此前所有片面的人格目标，是统一和谐、具有协调能力、富有创造性和丰富情感内涵，并具有发展能力的自我统一体，具有整体性、协调性、创造性、情感性和超越性等基本特征。③

现代社会生产力高速发展，带来了经济的繁荣和物质的充裕，为人们的生存和发展提供了更加有利的条件和更加广阔的发展空间。经济、文化全球化带来了经济的发展，同时也带来了隐藏在丰富的物质之下的精神危机。现代社会生活节奏快，社会压力大，膨胀的物欲导致了人性与物性的错位，道德滑坡、诚信缺失愈演愈烈，从而对社会个体的文化心理、价值观念、信念等产生巨大冲击。人在追求物欲的过程中，并没有获得满足，反而渐渐迷失，陷入了迷茫，对生活丧失了热情，认为生活了无意思，同

---

① 贾静、宋薇：《当代美育与建构和谐人格》，《江淮论坛》2007 年第 3 期。

② 赵伶俐：《美育：使人格和谐完美的教育》，《人民教育》2014 年第 21 期。

③ 秦臻：《以美育构建大学生和谐人格研究——以河南省部分高校为例》，焦作：河南理工大学，2012 年。

时也陷入了一种无助、空虚、苍白的状态，进而形成了人格的失衡，即“理性与感性的失衡”“现实性与超越性的失衡”以及“当下性和永恒性的失衡”。越来越多的社会个体出现了这种情况，这成了一个时代的通病。

大众文化、物质文化造成感觉的钝化和情感的贫乏，成为现代社会发展迟滞的重大症候，成为社会个体失去创造力的重要根源①，这些都阻碍了和谐人格的建立。正如叶朗所说：“物质的、技术的、功利的追求在社会生活中占据了压倒一切的统治的地位，而精神的活动和精神的追求则被忽视，被冷漠，被挤压，被驱赶。这样发展下去，人就有可能成为马尔库塞所说的单面人，成为没有精神生活和情感生活的单纯的技术性的动物和功利性的动物。因此，从物质的、技术的、功利的统治下拯救精神，就成了时代的要求、时代的呼声。”② 这正是当今处于大众文化时代中国的真实写照，在这个大众文化时代，大工业生产造成的心灵压抑和心灵撕裂以及人格扭曲等“单面人”现象急需通过审美活动来纠正。为此，美育肩负着将社会个体从充满功利主义和实用主义的社会中拯救出来的任务，并且承担着构建社会个体和谐人格的重要使命。

毫无疑问，解决现代社会带来的人格失衡以及人类精神陷落的危机，重建艺术和审美之维是人本主义拯救人类实现其理想的药方，和谐人格的构建成为时代的呼声，在此种背景下，当代美育在恢复人性、建构社会个体和谐的人格，进而推动社会的全面发展，具有不可替代的作用。正如朱忠元所言，在大众文化时代，作为能够促使人类走向全面发展的重要手段的审美教育已不再是德育的手段，已不再是一般意义上的发现美、提高鉴赏水平的教育活动，审美教育成了克服技术统治、平面文化之中恢复人性完整，建构全面、和谐人格的一项社会文化工程。③ 当代美育的任务就是将人在长期的理性压抑下的感性释放出来，缓解主体理性与感性失衡的形势，用审美的精神性和理想性，培养社会个体的审美能力，提高个体的审美感受能力，培养适应个体全面发展以及新时代社会发展要求的审美观念，带动感性与理性的平衡发展，使两者达到平衡状态。美育应该立足于现实生活，立足于当今时代，用愉悦身心的审美活动使人身心愉悦、使人

① 朱忠元：《审美教育：恢复人性完整建构和谐人格的一项社会工程》，《甘肃高师学报》2002 年第 4 期。

② 转引自彭锋：《美学的意蕴》，北京：中国人民大学出版社 1999 年版，第 8 页。

③ 朱忠元：《审美教育：恢复人性完整建构和谐人格的一项社会工程》，《甘肃高师学报》2002 年第 4 期。

性得到恢复。

因此，当代美育的角色定位理应是适应新一代个体全面发展的具体要求并顺应“和谐”这一时代主流。当代美育的关注重点应该是对于社会个体的审美世界观的培养，而个体审美世界观的培养主要在于审美态度的培养，审美能力和审美趣味的提升，健全心理结构的建构，审美境界的建构，培养出“生活中的艺术家”。

首先，审美教育的实质是一种情感教育。人处于美育所创造的情感环境之中，潜移默化地接受熏陶，提高个体的精神境界，在悄无声息的影响中完善个体的人格。当今社会高速发展，竞争激烈，社会压力不断增加，对处于社会中的个体的内心造成了极大的冲击。在此种情况之下，美育显得尤为重要，通过美育的情感活动，人能够认识自己，坦诚地接纳自己，可以引导个体往健康的方向发展，调节人类内心的矛盾，使人的内心处于平和的状态，消解人与人之间的对立关系。

其次，审美教育是一种生存方式，同时也是一种生活方式。审美态度渗透在审美活动中，也渗透在人类的物质和精神生活中。审美态度是审美世界观的重要组成部分，是人类看待世界的观点以及价值取向，审美态度的培养就是将人们习以为常的与事物对立的功利态度转变为一种与事物亲近、共融的看待事物的方式。① 比如在人与人自身的矛盾对立中，以审美的眼光看待自身，自然地接纳人格中不同的性格特征，接纳自我，形成拥有健康的、完整的人格的社会个体。美育就是通过人的审美感受，通过愉悦身心而启示人们认识自己的本质力量和创造美的能力。② 处于审美活动的个体的心境是和谐的、愉悦的，在享受审美活动所带来的快乐之时，美育也在引导个体往积极、健康的方向发展。

第三，以艺术活动为主要活动形式的美育，不仅可以培养社会个体的审美态度，同时也可以提升个体的审美想象力和创造力，培养个体发现美和创造美的能力。审美能力和审美趣味的提升在大众文化时代，集中体现为自工业革命以来被压制的“感性”的回归。以美育人，将美育渗透到生活的方方面面，培养人的审美感受能力，引导社会个体养成健康、良好的习惯，提高社会个体的精神文化生活质量，形成个体独特的美的人格，进

---

① 贾静、宋薇：《当代美育与建构和谐人格》，《江淮论坛》2007 年第 3 期。

② 于文书、段志国：《关于和谐社会建设的美育思考》，《烟台大学学报》（哲学社会科学版）2007 年第 2 期。

而形成和谐人格。“审美发展作为个体感性方面的成长和成熟，意味着个体生命力的充实，当然这种成长和成熟并不是单纯的理性发达，而是感性的丰富和丰厚，是人的感性从肉体到精神的贯通与和谐，也就是个体感觉、直觉、想象、情感的活泼与深刻。”① 当代美育将美寓于生活之中，在具体的生活中挖掘美的意义，培养个体的审美感受能力，提升个体的审美趣味，提升人的审美能力，使社会个体在美育的引导下拥有和谐完美的人生。

第四，审美教育还要培养人超越的精神境界。以美的尺度和美的规律建构和谐的人格境界具有超越性，因为美是具有超越性的。“美育是把带有野蛮性的本能冲动和情感提到一个较高尚的较纯洁的境界中去的活动。”② 中国古代社会就强调精神追求，特别是儒家思想，更是强调精神生活应该置于物质生活之上，其思想观念肯定了人应该保持一种愉悦、和谐的精神境界，这样有助于保持人内心的平衡。然而，当代中国的文化充斥着形式化、感官化、商业化等特征，中国当代文化中出现的种种现象不断地消解着中国几千年来沉淀的优秀文化及其蕴含着的历史感和深度感，使得文化越来越流于表面，社会精神的浅层化现象也随之越来越严重。“人与人的文化联系就像是一则电视广告，除了极富诱惑性的外观和无止境的‘物欲’形式之外，再无力成为人的生命存在的本体证明；历史成为一具美丽的空壳，文化变成生活的装饰，其唯一的功能就剩下为人的‘此在’享受活动提供当下的‘审美’形式。”③ 而我们结合当今中国社会的现状，吸取中国几千年来的优秀文化经验便可得知，人不仅仅是生活在当下的，不仅仅只需要满足当下的生存和生活，是需要追求精神文化，拥有永恒的精神追求，才能保证有限的社会个体可以创造出无限的社会精神财富。美育以其情感活动、生命活动形式使人在潜移默化之中逐步接受健康、向上的价值观念，引导人们发现自然和社会生活的美，从而启迪人们的审美品位、陶冶个体的情操，提升个体的审美能力和审美趣味，使得人们在追求物质之余，开始注重精神文化生活追求，提高个体的精神文化生活质量，使现实性与超越性达到平衡状态，从而完成构建和谐的人格。

第五，审美教育还有助于培养个人的健全的心理结构。一个全面发展

---

① 杜卫：《个体审美发展研究述评》，《哲学动态》2001 年第 6 期。

② 朱光潜：《朱光潜美学文集》（第三卷），上海：上海文艺出版社 1982 年版，第 68 页。

③ 王德胜：《当代中国文化景观中的审美教育》，《文史哲》1996 年第 6 期。

的和谐人格的心理结构，包括了认知结构、伦理结构和审美结构。认知结构以追求真为最终目的，强调理性，如果人长期处于这种环境之下，他就会失去感受美的能力，也难以形成正确、健康的价值观念；伦理结构以善为最终目的，也是一种理性的要求，要求人们的思想和行为受到一定社会功利价值观念的束缚。认知结构和伦理结构对于个体的发展是必不可少的，但是两者都存在局限性，而审美结构恰好可以弥补认知结构和伦理结构的缺陷，弥补认知结构和伦理结构过于重视理性的缺陷，使人的心理结构中的认知结构、伦理结构和审美结构达到一个互相补充、互相支持的平衡状态，形成社会个体的和谐的心理结构。美育可以通过其愉悦的活动，扩宽个体的认知结构，帮助人建构更高层次的伦理结构，帮助人们对现实生活和生活在这个社会中的人和事进行透视，对人的心理结构起到完善的作用。因此，一个拥有完整、健全人格的人，不仅是理智的人，更是拥有审美心灵的人。社会个体的人格和谐包括了心理结构的健康向上与和谐，美育的基本功能就是促进人的和谐发展与完善，关键又在建构完善的审美心理结构。“人类在长期的历史发展中创造了外在的物质文明世界，同时也构造了我们的内在文明，这就是我们的心理结构。”① 美育通过人类在实践活动中所创造的美影响社会个体的心理体验，可以丰富人们的心理结构，增强人的审美感受能力，形成和谐的心理结构，并在一定程度上影响社会个体的全面发展，最终形成完整和谐的人格。

由此可见，美育对于完善社会个体的心理结构具有重要意义，同时也承担着建构个体和谐的心理结构的重任，而建构和谐的心理结构正是构建个体和谐人格的一个重要组成部分。当代美育承担着呼唤精神追求，构建社会个体和谐人格的重要任务。当代美育能带来感官享受和快乐，满足现代人的感性需要，但它又不局限于感官层次，而是超越感官达到精神上的快感，为心理受压抑的人们提供一种合法释放情绪的途径，成为人们精神生活中的调味剂和营养物，引导人们超越功利性，潜移默化地给人们提供终极性价值依托，随时给人们指点生活中美好和光明的一面，从而给人们一种希望、期待、憧憬。② 为此，美育使得人们能够更加自如地抒发自身的心理压力，使得心理空间的弹性加大，能够促进社会个体的心理得到健康发展。美育可以实现社会个体的自由与和谐，帮助个体构建和谐的人

---

① 李高杰：《论美育与人的和谐发展及人格完善》，《教育与职业》2006 年第 6 期。

② 许冬玲、付家东：《论美育在构建和谐社会中的独特作用》，《科技信息》2008 年第 30 期。

格，使社会个体的生命价值得到升华。当代美育主要通过审美态度的培养，审美能力和审美趣味的提升以及审美境界的构建来达到构建社会个体正确审美观的目的，建立起适合当代社会发展的人文精神。

2. 以和谐为魂的美育与社会和谐文化的建构

所谓和谐社会，是指由社会系统内部和系统之间相互交织、相互联系的有机整体。[①] 和谐人格是建设和谐社会的基础，是和谐社会的重要目标和主要标志。美育既是构建人自身和谐的重要途径，也是构建和谐社会必不可少的手段和方式。从哲学意义上看，审美是和谐社会的重要维度。从一定意义上说和谐社会主要表现为人与自身的和谐，人与人之间的和谐，人与社会的和谐以及人与自然的和谐，以美对己，能够造就人格健全的和谐个体；以美对自然，能够构筑天人和谐的“诗意栖居之地”；以美对人，能够创设世态和谐的社会环境[②]，美育在构建社会主义和谐社会中有着独特的作用，具有重要地位。

美育对和谐社会建设具有三大功能：个体塑造、文化构建、社会整合。审美教育的实质是情感教育，在这种情况之下，美育以具体而形象的情感活动，使人处于情感围绕的环境之中，有利于陶冶人的情操，提高个体的精神境界，舒缓和释放个体的心理压力，并且高雅的审美活动具有抚慰和激励作用，可以使个体从大众文化的迷惑和社会压力中解放出来，完善个体人格，帮助社会个体形成健康、和谐的人格。美育的个体塑造功能我们在前面已经作了详细论述，在此就不做赘述了。我们重点关注美育对于和谐社会建设的另外两大功能，即文化构建和社会整合功能。

文化是人类的精神家园，是一个民族的根，文化的灵魂是一个民族的精气神。一个和谐的社会不仅仅只是社会个体的和谐，更包括社会个体所创造的精神财富的和谐，构建文化和谐也是和谐社会的一个重要标志。建设和谐的文化，倡导和谐的理念，培育和谐的精神，就是筑牢全体社会成员共同奋斗的思想基础，是构建和谐社会的智力支撑与精神动力。[③] 美育在构建社会主义和谐文化中发挥着重要的作用，是构建和谐文化的重要环节，可以凝聚和谐社会的内在力量。

---

① 仇春霖：《论美育在构建和谐社会中的历史使命》，《河南教育学院学报》（哲学社会科学版）2008 年第 1 期。

② 许冬玲、付家东：《论美育在构建和谐社会中的独特作用》，《科技信息》2008 年第 30 期。

③ 彭飞、黄信初：《论美育构建和谐社会的地位与作用》，《湘潭师范学院学报》（社会科学版）2008 年第 1 期。

美育的文化建构功能是指在审美形象之中，往往蕴含着一个民族或一个地域的文化理念、审美理想、审美趣味，美育可以通过这种形象化的感染作用，使受教育者体验、领悟到一个民族或地域的文化内蕴，并在此基础上进行文化的吸收和建构。①

文化是一个民族精神的灵魂，对增强社会的凝聚力有着重要的作用，同时也对社会起着引领作用。文化渗透在生活的方方面面，生活在社会中的人无时无刻不受到文化的影响。用美育理论和实践积淀高品位的审美文化，浸润社会和个人，产生文化上的认同和归属，精神的寄托和支撑，从而积聚社会“和而不同”的内凝力。② 当今社会瞬息万变，机遇与挑战并存，在给人更广阔的发挥空间之余，也增加了人们的生活压力，致使人们稳定的感情世界出现了骚动。将美育融入文化之中，用审美的视角来看待文化的发展，可以提高社会的文化品位与质量，建设适应和谐社会发展的和谐文化。和谐文化可以给人以人文关怀，抚平人类情感世界的不安与骚动。

文化根据其存在形态，可以划分为“静态文化”“动态文化”以及“心态文化”，其中“静态文化”是指社会的文化氛围，“动态文化”是指社会文化所拥有并且能够迸发的活力，而“心态文化”则是文化的灵魂，是人的精神家园，主要通过价值取向、思维方式、行为模式、情感态度这些知、情、意结构而表现出来，整个心态文化层主要包括价值取向性心态、思维方式性心态、行为模式性心态三个方面。③ 美育的文化构建其实主要体现在这三个方面，“静态文化”具有潜移默化的作用，当今社会城市化迅猛发展，在城市建设中要注重审美标准和文化建设，为人们提供“静态文化”的氛围，使得人们在潜移默化中接受文化的熏陶；“动态文化”的建设可以使人亲身参与审美实践活动，使人们在美的世界中拥有更加广阔的胸怀，建立和谐、积极的社会心态；“心态文化”的建设可以传承中华几千年优秀文化传统，使社会文化更加富有内涵。

美育在构建文化和谐方面具体表现在以下三个方面：

---

① 于文书、段志国：《关于和谐社会建设的美育思考》，《烟台大学学报》（哲学社会科学版）2007 年第 2 期。

② 于文书、段志国：《关于和谐社会建设的美育思考》，《烟台大学学报》（哲学社会科学版）2007 年第 2 期。

③ 李静、何云峰、冯显诚：《论社会心态的本质、表现形式及其作用》，《华东理工大学学报》（社会科学版）2003 年第 4 期。

第一，美育具有传承优秀历史文化积淀的作用。中华民族几千年来，积累了许多优秀文化传统，更形成了勤劳勇敢、自强不息、爱好和平等民族精神。这些优秀文化传统和民族精神在几千年的时间里得到传承和发扬，都离不开美育的作用。美育包括有形的文艺作品、无形的风俗习惯，这些都记录了各民族由来已久的思维和行为方式，在这样一种长期浸润和耳濡目染的熏陶中，人们对社会主流价值观的认同感不断增强，慢慢地形成传承和发扬民族精神的优良传统，由此可见，美育在传承和弘扬中华民族优秀而悠久的历史文化中具有重要作用。

第二，美育具有渗透养成文明道德风尚的作用。每个人对于善恶都有自己的判断标准，如果要求人们遵循社会道德、职业道德以及家庭美德，在社会形成良好的道德风尚，就必须有一种人们普遍认同的价值评判标准，形成一种正确的社会价值判断，只有如此，人们才会去遵循它。席勒曾在《美育书简》中说道："道德状态只能从审美状态中来。"因为人的价值判断往往来源于自己直接或者间接的经历所带来的审美体验，进而形成对于美丑的判断，形成所谓的审美价值判断。当人们日积月累，在美的形式与内容的激发与陶冶下产生美感，又在这种激越的持续的美感的促动下由美而求真，而求善，最终可达到启智与美德的教育目的。①

第三，美育可以营造积极健康的舆论氛围，起到激浊扬清的作用。当今社会是全球化、信息化、网络化的时代，社会舆论的复杂程度超乎人们的想象，尤其是互联网的普及使得信息交流的速度和空间都得到了很大程度的拓宽。在这种背景之下，虚假性的舆论通过网络等方式，往往能快速地风靡整个社会，混淆大众的视听，颠倒社会的美丑，对于大家共同遵守的价值判断标准具有极大的腐蚀作用，这就需要对社会舆论加以引导，形成健康、积极的社会舆论氛围。运用美育对社会舆论加以引导，可以提升人们的审美趣味，强化人们的审美能力，促进社会的健康发展，有利于和谐社会的构建。

如上所说，和谐社会又表现为人与自身的和谐、人与人之间的和谐、人与社会的和谐以及人与自然的和谐，这在一定程度上来看，就是美育的社会整合功能。美育的社会整合功能，主要在于建构符合和谐社会的和谐结构。美育的文化构建功能可以帮助构建社会主义和谐文化，成为凝聚社

---

① 彭飞、黄信初：《论美育构建和谐社会的地位与作用》，《湘潭师范学院学报》（社会科学版）2008年第1期。

会主义文化凝聚力的主要手段，是构建和谐社会的智力支持和精神动力。

人与自身的和谐，就是个体能够以审美的眼光看待自己，接纳自己的优缺点，达到人的心理结构的和谐，实际上也就是形成个体的和谐人格。审美活动是一种情感活动，是一种生命活动，以其情感性和感染性，可以消解人与自身的矛盾，达到人与自身关系的和谐。人在进入审美化的人生境界之后，会拥有更加淡然处之心态，能够以积极乐观的心态去面对生活中遇到的困难和挫折，调节内心由于社会压力带来的紧张，抚慰疲惫的心灵，使人从"自然的限制"中跳出来，摆脱庸俗的审美趣味，拥有高雅的审美趣味，达到社会个体的和谐。

人与人之间关系的和谐和人与社会的和谐可以统称为人际关系的和谐。和谐的人际关系是和谐社会存在和发展的状态，是一切和谐的最高价值和最终归宿，是一切和谐之本，是社会和谐的基石。① "天时不如地利，地利不如人和"就充分说明了人际关系和谐的重要性。和谐的人际关系是一种社会资本，它能为社会和谐带来社会效益。人与人之间的和谐是社会关系和谐的前提，整个社会的人际关系和谐，才能在整个社会形成"人人为我，我为人人"的和谐氛围，达到构建和谐社会的目的。美育可以有效地实现人与人之间在审美体验瞬间的自由交往。② 人际关系是复杂多样的，尤其是当今时代社会压力大，呈现出利益主体多元化的现象，利益差别扩大化，人们之间的利益关系愈加复杂，利益冲突愈加尖锐，功利主义盛行，人们被利益冲昏头脑的现象时有发生，致使社会上出现了一些诚信缺失、道德滑坡的现象。审美关系可以说是一种情感关系，作为一种"爱的教育"，以"和谐理念"纵览全局，协调各方，将人与人之间的对抗性矛盾转化为可以调节的非对抗性矛盾。美育可以培养具有自由超越的人生态度，促进人与人之间心灵的沟通与交流，促进人际交往，促进人际关系的和谐发展，进而有力地促进人与人之间、人与社会之间关系的和谐发展。

除此之外，审美教育中的情感蕴含着沟通、理解、包容等因素，对于消解人与人之间的矛盾，具有重要的作用。为此，美育可以帮助个体之间相互沟通，达到人们心理上的和谐。审美活动能够突破语言和功利的限

---

① 赵洪恩：《美育在和谐社会建构中的作用》，《河南教育学院学报》（哲学社会科学版）2008 年第 2 期。

② 于文书、段志国：《关于和谐社会建设的美育思考》，《烟台大学学报》（哲学社会科学版）2007 年第 2 期。

制，可以使人达到心灵的宁静和情感的平和，使个体意识到人类在情感上的相通，也可以消除自我和他人的界限，理解他人的体验，从而促进人际关系的和谐。[①] 由此可见，美育可以促进人与人之间的交流沟通，交融理解，可以使个体能够理解他人的内心生活，让社会个体拥有更加宽广的胸怀，能够包容他人的错误，促进人际关系的和谐发展。美育对于调节人际关系，沟通人们的心灵，使人与人之间、人与社会之间的关系和谐有序地发展。

和谐的人际关系可以为和谐社会建设创造符合时代要求的激励机制，这种激励机制在很大程度上能促进人们的积极性，推进社会的和谐发展。美育有助于完善人与群体、人与社会的和谐关系。著名心理学家荣格曾说："只有在艺术中，人们才理解到一种允许所有的人都去交流他们情感的韵律，从而使人结合成一个整体。"[②] 艺术无国界，美育也是如此，不同民族，不同语言的人们依然能够在审美活动中获得情感的共鸣，产生一致的情感体验。审美可以使不同的个体相互认可，形成一个相互欣赏的群体，并在群体内和谐相处，有利于社会通感的形成。王国维先生曾说："盖人心之动，无不束缚于一己之利害。独美之为物，使人忘一己之利害而入于高尚纯洁之域，此最纯粹之快乐也。"[③] 美育可以唤起人们内心美好的情感，弥补人与人之间的冷漠和自私，使人们采用审美的态度来对待他人以及社会，建构和谐的人际关系，以利于和谐社会的构建。

经由美育的影响而形成的审美价值判断，以此来处理人与人之间、人与社会之间的关系，可以使社会趋于和谐的状态，完成和谐社会的建构。

人是自然界长期进化的产物，自然界为人类提供生产生活的资源和生存发展的空间，自然是人类生存的家园。人类生活在一定的自然环境中，总是不断地通过改造自然和利用自然，同自然界进行各种物质、能量和信息的交换，来满足自身生存和发展需要，这就必然会产生人与自然的关系问题。

人与自然的关系是人类生存和发展的最基础的关系。人与自然之间的关系不是简单的改造与被改造的关系，两者是相互依存、相互依赖、相互

---

① 赵洪恩：《美育在和谐社会建构中的作用》，《河南教育学院学报》（哲学社会科学版）2008 年第 2 期。

② 转引自韩盼山：《书法艺术教育》，北京：人民出版社 2001 年版。

③ 王国维：《论教育的宗旨》，《王国维美论文选》，长沙：湖南人民出版社 1987 年版，第 2 页。

影响的关系。工业革命以来，生产力迅速发展，人类进入大机器时代，人们丧失了对自然的敬畏之心，取而代之的是“以人类为中心”的自然观，人们征服自然的思想泛滥，开始为了利益肆意开发自然，加剧了生态环境的恶化，造成生态灾难，破坏了人与自然的和谐关系。事实证明，人与自然的关系不应该只有功利关系，更应该有审美关系，人类应该以审美的态度对待自然，对造就万物的自然怀有敬畏之心和感恩之心，善待自然，珍惜大自然给人类所带来的财富，并形成保护自然的意识，促进人与自然的和谐发展。美育可以使人们充分认识到自然的力量以及自然对于人类的重要意义，调节人与自然之间相互对立的局面，缓解人与自然的矛盾，促进两者的和睦相处，改善人与自然的关系，实现人与自然的可持续发展。美育可以使个体从自身的需要中跳脱出来，以审美的眼光看待自然，以理性而虔诚的态度对待自然，而不是对自然无尽的索求和无止境的改造。就像叶朗所说的那样：“在生命本体与生命存在形式上，人与万物是同质而异构的，因此人才可以不仅与同类而且也可以与异类同气相求。只有生命才能体验生命，只有存在才能照亮存在。”① 人与自然本就是一体的关系，审美活动对于重新建构人与自然的“原初连续”具有不可忽视的作用。自然为人类生存与生活提供了必备空间，自然是与人的生活和情感相关联的，当我们采用审美的态度和眼光去看待和对待自然，在自然中发现和感受其中所蕴含的美感，而这种来自于自然的美感可以抚慰我们在高速发展社会的疲惫的心灵，愉悦我们承受着层层社会压力的身躯，使我们处于美的熏陶之下，陶冶我们的生活情操，让我们懂得尊重和珍惜生命，从而能够善待自然，与自然和谐相处。自然而然地，人与自然也就成了“朋友”。

人与人之间关系的和谐、人与社会的和谐，都有赖于人与自然的和谐。无限制地掠夺自然资源，导致生态环境恶化，社会问题层出不穷，这只会导致整个社会处于不和谐的状态，无法完成和谐社会的建构。为此，走人与自然和谐相处之路，是构建和谐社会必不可少的条件。

美育的社会整合功能，除了表现在构建人与人自身的和谐、人与人关系的和谐、人与社会的和谐以及人与自然的和谐之外，还有一些其他外化的表现，对于构建和谐社会也具有不容小觑的作用。美育可以通过其核心——艺术教育，通过艺术作品等形式向人们传递积极健康的生活态度，人们长期浸润在这种环境之中，可以帮助人们形成乐观积极的生活态度，

① 叶朗：《现代美学体系》，台北：台湾书林出版有限公司 1993 年版，第 561 页。

进而在整个社会形成与社会良性发展所相适应的生活态度，建设良好的社会氛围，形成良好的社会风气。与此同时，美育具有教育示范、规劝引导的功能。“以美促行”就是指以美的熏陶去促进人产生积极的行为动机并在行为中趋向美。[①] 用美育去引导人们，使其拥有良好的行为，引导整个社会形成良好的行为氛围。由此可见，美育可以净化社会不良风气，在全社会形成健康、良好的社会氛围。

和谐社会不是一成不变的，而应该是充满生机与活力的，是积极性和创造性都能够得到最大程度发挥的社会。当今社会需要具有开放性思维和创造性思维的多元化人才来构建和谐社会，美育可以培育人们感知现实世界的敏锐度，可以为当今社会的和谐发展培育富有创造性和开放性思维的人才，促进社会主义社会的和谐发展。美育可以缓解与疏导社会矛盾，凝聚与整合社会群体，平衡与协调“天人冲突”，成为构建和谐社会的有效手段。

当代美育通过情感的感染性，使人的心灵受到感化，抚平人类心灵的伤痛，帮助人们养成乐观积极的生活态度；调节人们的心理压力，使社会个体形成健康向上、和谐的心理结构；疗治“人格失衡”“人的片面化和精神浅层化”等问题，恢复被压制的人性，使人文关怀重新发挥其作用。

与此同时，美育通过文化构建和社会整合功能，使社会沉浸在良好的文化环境中，自觉地传承中华民族的优良品质，培育高尚的社会道德，使整个社会形成健康的文化氛围，是完成构建和谐社会的重要一步。总之，美育通过社会整合这一功能，可以促进人与自身的和谐，人与人的和谐，人与社会关系的和谐，人与自然的和谐，以有利于充满生机与活力的和谐社会的构建。由此可见，当代美育的使命是构建和谐人格以及和谐社会，实现全社会的和谐发展。

第二节 21 世纪美育的新气象

“在现时代，欲求占了统治地位，把堕落了的人性置于它的专制桎梏下。利益成了时代的伟大偶像，一切力量都要服侍它，一切天才都要拜倒

---

① 李小平：《美育与和谐社会构建》，《青海社会科学》2008 年第 4 期。

在它的脚下。在这个拙劣的天平上，艺术的精神贡献毫无分量，它得不到任何鼓励，从而消失在该世纪嘈杂的市场中。甚至哲学家的探索精神把想象力也撕成了碎片，艺术的领域在逐渐缩小，而科学的范围却在逐步扩大。”① 从以上席勒对于资本主义社会中人性分裂和艺术堕落的批判可知，他的这种批判是非常深刻和具有普适性的，即便在今天仍不失其参考价值。在生态破坏、人的异化、生命漠视等现象下，具有新时代特征的生态美育、生命美育、和谐美育等新的美育研究热点蓬勃发展。

一、生态美育

当代美育研究热点中，以对生态美育的研究最为广泛。

生态美育是在20世纪后期，特别是联合国1972年环境会议之后提出并发展起来的。曾繁仁在《美育十五讲》中指出，生态审美教育最基本的立足点是当代生态存在论审美观，即以马克思主义的唯物实践存在论为指导，在经济社会、哲学文化与美学艺术等不同基础上，将生态存在论美学观、生态现象学方法、人的生态审美本性论以及诗意栖居说、四方游戏说、家园意识、场所意识、参与美学、生态文艺学等内容作为教育的基本内容；而从生态审美教育的目的上来说，应该包含使广大公民，特别是青年一代确立欣赏自然的生态审美态度和诗意化栖居的生态审美意识。②

生态审美教育的哲学基础是整体论生态观，以“生态人文主义”取代“人类中心主义”。可以理解为，生态文明在价值方面强调价值的多元而不是一元，在自然观方面强调人对自然的敬畏而不是人对自然的征服，强调文明的可持续发展。其实，作为中国传统美育思想，整体论生态观古已有之，在《礼记·中庸》中就有记载：“万物并育而不相害，道并行而不相悖。”意思是万物同时生长而不相妨害，日月运行，四时更替而不相违背。这显示出宇宙和大自然的法则中，随处可见的包容精神与和合之道。这与生态审美教育的整体论生态观是一致的，正如丁永祥在《论审美教育中的生态意识》中所指出的：自然是一个有机和谐的整体。它几十亿年的永续发展，依赖于其自身的有机协调。自然的美在于它自身的和谐。所有生物的生存也在于生物圈的协调一致。协调就生存、就发展、就产生美；不协

---

① 席勒著，徐恒醇译：《美育书简》，北京：中国文联出版公司1984年版，第37－38页。

② 曾繁仁：《美育十五讲》，北京：北京大学出版社2012年版，第15－16页。

调就有危机、就无法生存，也就不美。[①]

“生态审美教育所凭借的是新兴的生态美学的有关范畴。它们不同于传统美学‘比例对称与和谐’的审美观念，是一系列与人的美好生存密切相关的全新的审美范畴。”[②] 其中比较重要的几个观点是“共生性”“家园意识”和“诗意地栖居”。它们主要都是从人类生存空间的保护与美化问题以及人性本真的回归这两方面出发去论述人要如何美好生存的基本命题。

人类生存空间的保护与美化问题，与生态意识息息相关。人类生态意识薄弱而导致的种种破坏环境、生态恶化等问题，其实是对其自身与自然的关系无法得到准确定位而导致的。丁永祥在《生态美育与人类“诗意生存”》中指出：“对自然精神价值的体认，会促进人与自然平等关系的建立。”[③] 我们应该认识到，对于自然，人类不是万物的主宰，但也并非对自然的一切无能为力。人与自然最理想的状态应该是：人与大地与天空生活在一起，实现人与自然的融合和谐发展，达到融于生态、与万物共生的统一，从而获得精神愉悦并实现诗意的栖居。

而针对人性分裂的现象，学者们也提出了很多新的概念。最早大致可以追溯到席勒提出的“异化”的概念，后来又出现了“半个人”“工具人”“单面人”“经济人”等概念，指出人的异化与片面发展，而相对地，也出现了“生态人”的概念。丁永祥在《生态美育与“生态人”的造就》一文中指出，“生态人”具有充分的生态伦理素养和生态环境意识，他们的行为总是以一定的生态原则为规范，按照生态的道德智慧和原则做事，追求生态性生存。具体地说“生态人”的特点可概括为三：第一，拥有人地和谐的自然观。第二，可持续的发展观。第三，重视生命过程的人生观。这也可以概括为与生态同一、追求万物和谐和生命共容的美育思想。还需指出的是，生态人也应该是多向度的人，生态教育着意培养的是人性完善、人性和谐的全面发展的人。[④]“生态人”概念的提出，其实是对回归人性本真的一种呼唤。生命最初的充满活力、纯洁而茁壮成长的状态，使

---

① 丁永祥：《论审美教育中的生态意识》，《河南师范大学学报》（哲学社会科学版）2002 年第 4 期。

② 曾繁仁：《美育十五讲》，北京：北京大学出版社 2012 年版，第 143 页。

③ 丁永祥：《生态美育与人类“诗意生存”》，《河南师范大学学报》（哲学社会科学版）2008 年第 2 期。

④ 丁永祥：《生态美育与“生态人”的造就》，《河南师范大学学报》（哲学社会科学版）2004 年第 3 期。

人有无限发展的可能，也是人与自然联系得最为紧密而亲切的阶段。正如张华所说，人性与自然具有同质性，人与自然对立，不仅伤害了自然，同时也伤害了人类赖以栖息的家园，伤害了人类那颗原本质朴的心灵。当前生态问题的核心与关键，是如何对待人与自然的关系。缓解地球生态系统的危机，首先在于审视并调整人对自然的态度和观念。当所有的物品如衣服、食物、饮料、涂料都被贴上绿色标签，当生态理念已经被人们在日常生活中普遍认可的时候，我们更应该想到的，且首先应当“绿化”的是当代人焦渴浮躁的心灵。我们的责任是努力推进自然生态与精神生态的互动，只有人的心灵绿化了，人类的环境才有可能充满生机与活力。①

相对于前期美育思想主张保持距离的“观照”，生态美育更加强调切身的“参与”，也就是人体各感官直接介入的“参与美学”教育。它要求生态美育重在实施和实践。而能够切实将“参与美学”贯彻到底的有效办法，应该是将美育渗透到生活和学习的方方面面。龚丽娟在《走向自由与和谐———民族艺术生态美育目标的完整实现》一文中指出：“他们将日常生活艺术化，使审美活动常态化……引领整个民族对自由理想与和谐生态的珍视与向往……天真拙稚的原始思维，朴素自然的生态观念……这些民族艺术生境有其自然的生态性和艺术性特征，涵养了民族的生态审美性和艺术灵气。”② 所以，不知不觉地从小培养对美的爱好，并且培养融美于心灵的习惯，能够从不断累积的审美体验中提升自身的审美力，使人性得到完整的发展。保持距离的静观到消除距离的相互性、连续性、整体性、过程性的参与体验方式，是传统审美方式的转变，也是人类更大程度开放自身感官，投入与自然更为亲密而丰富的联结当中的体现。而在教育制度层面，如果能够在大中小学教育中引入生态美学、生态批评等科目，将地球生态的整体观念，把对自然的敬畏、赞美、关爱、守护导入学校的教学实践中，在“绿化师生心灵的同时，也绿化我们的教育”③。在这样一个富有生态精神的教育系统内，“专业教育”与“素质教育”，“实用人才”与“优美人性”才有可能得到有机的整合。

---

① 参读张华：《生态美学及其在当代中国的建构》，北京：中华书局 2006 年版，第 307 页。

② 龚丽娟：《走向自由与和谐———民族艺术生态美育目标的完整实现》，《梧州学院学报》2011 年第 3 期。

③ 张华：《生态美学及其在当代中国的建构》，北京：中华书局 2006 年版，第 309 页。

二、生命美育

“生命美育理论在起源上可以追溯到生命美学的诞生。生命美学是19世纪末20世纪初在西方兴起的重要美学流派，它诞生之后迅速在东方文化界得到了呼应。生命美学的相对确切定义是以人实在的生命活动为言说依据并以生命整体为研究对象的美学，即以人感性的生命活动——生存实践为依据言说美及相关问题的美学。”① 与生命美育有一定渊源的还有生命教育，生命教育简单来说就是认识并认同、实现自己作为一个独特生命体的价值。生命美育是在生命教育的基础上兼有生命美学的审美教育活动，可以认为，“生命美育的宗旨就是人如何认识并实现其生命美感的形态和生命审美的价值，其最终意义就是如何优化生命、美化生命、激扬生命，做一个真正意义上的大写的‘人’”②。

生命美育首先建立在对生命价值的认同之上，也就是生命意识的诞生。这个“关系着人类脱离动物界这个重大历史存在和深远的理论问题”，与生命意识的反面——死亡意识的降临密切相关，“正是死亡意识由悬置到显豁、由朦胧到清醒的逐渐明确，促使人类开始反思既往生活的得失，总结现实生存的成败，料想未来生命的凶吉，在生命终有一死的死亡意识阴影的笼罩下，人类不仅注重现世生活的惬意，更期待来世人生的美好。人类不仅改善生存的环境，提高生活的质量，而且思索生命的意义。可以说，死亡意识的出现标志着人类真正走出原始的浑沌，跨入文明的门槛”③。有了这种“向死而生”的意识觉醒，生命美育才能深入审美教育活动的实践中去。

“生命美学把人生的意义规定为自由，进而把自由的内涵规定为选择。这自由的选择意味着：从无限而不是从有限、从超越而不是从必然、从未来而不是从过去的角度来规定人、阐释人。”④ 自由是生命的终极追求，人在自由中寻找并创造无数种可能，在自由的选择中衍生出的无数种生命走向，使人的一生因此而充满无穷的意味。生命之花纷繁复杂地盛开，每一朵花的灿烂都跳出了预定的轨道，以其独有的方式去诠释对命运的超越，

---

① 孙华、孙建乐：《青少年生命美育的理论渊源》，《当代青年研究》2006年第11期。

② 孙华、孙建乐：《青少年生命美育的理论渊源》，《当代青年研究》2006年第11期。

③ 范藻：《关于美育合法性的反思——兼及生命美学的必然性存在》，《郑州大学学报》（哲学社会科学版）2016年第5期。

④ 孙华、孙建乐：《青少年生命美育的理论渊源》，《当代青年研究》2006年第11期。

这恰是美的缤纷多彩的呈现。

生命美育培育的是“全人”。“全”指的是心灵的健全，心灵的健全是欣赏美、创造美的前提。而培育健全心灵首先得认识美，也就是对美的事物的价值的认同。我们前面说了，“向死而生”的意识觉醒是对人生价值的初步认同。认识美还需要对美有一定的了解，这就需要“教”。所以，生命美育需要指教辨明何之为美。但是，需要注意的是，生命美育的实施应该更重“育”而非“教”。“教”，是形声、会意字。从攴，从孝，孝亦声。“攴”，篆体字像手持杖或执鞭。许慎《说文解字》：“教，上所施下所效也。”可见，“教”多少有有意识地灌输之意。而“育”则更侧重于引导。育，会意字。字从云，从肉。“云”字从二从厶。“二”指“再”“复”。“厶”指“自我”。“二”与“厶”联合起来表示“自我复制”“自我拷贝”“自我繁殖”。“育”虽然要用人类社会的习俗和规则加以培养，但是，相对来说，“教”的强制性要明显些，“育”则多了自我选择的自由。美是灵性的，美育应该少一些灌输，多一些引导。

生命美育追求人生艺术化。人生艺术化其实就是学会欣赏美、创造美。这是人生价值的实现与生命美化结合的产物，是“人生命境界和精神状况的不断提升”①。美的发现、欣赏与创造，不拘泥于任何形式或内容，它应该是通感的，可以在不同的表现中显现出一种共通性来。就如宗白华先生打通了中国诗、画、建筑、舞蹈的精神一样：“各门艺术在美感特殊性方面，在审美观方面，往往可以找到许多相同之处或相通之处。”② 而自然作为生命的孕育者，与美密不可分。人回归自然，在生命本质中探寻美的深层意境，是寻求生命与自然物我合一的和谐圆融状态的体现。“在生命诗化的过程中，主体不再以一般的眼光来看待自然和艺术，而是用诗人的心灵和眼光来进行观照，在自然和艺术的诗情画意中提升自己的生命境界。”③

三、和谐美育

“和”是中国传统文化的基本精神，和谐思想贯穿于中国传统审美教育和西方传统美育的始终。中国古代即以古典的和谐为美的理想，从《尚

① 黄燕：《宗白华生命美育教学特点研究》，《美育学刊》2016 年第 2 期。

② 黄燕：《宗白华生命美育教学特点研究》，《美育学刊》2016 年第 2 期。

③ 刘晓萍：《生命美育产生的背景及其内涵》，《学理论》2010 年第 35 期。

书·尧典》开始，就提出“八音克谐”“人神以和”，意欲用音乐的和谐调和人神之间的关系。孔子讲伦理情感的和谐，所谓“乐而不淫，哀而不伤”，哀和乐都不要过分，都要在礼与理的控制下，平衡适中，以礼节乐，以理节情，都强调不偏不倚的中和之美。道家讲天人合一，更是强调人与自然的和谐。西方古典文化也讲究和谐，如毕达哥拉斯从数的和谐观点出发，认为音乐的美就是数的和谐，然后他用这一理念考察宇宙万物，认为整个宇宙也是一种和谐的关系，“整个天是一个和谐”“一切都是和谐的”。[①] 柏拉图也坚持和谐的观点，不过他将和谐的观点引入到对人与社会的研究中，他的和谐观包括心灵的和谐和国家的和谐。故周来祥先生说，“中国和欧洲古希腊，东方的美学和西方的美学，从奴隶制到封建制，美的理想都一样，都是和谐”[②]。

近年来由于构建“和谐社会”理念的提出，和谐美育及其相关研究逐渐多了起来。其中以周来祥的研究较为深入。他在对大量感性材料的考察中，升华出“美是和谐”这一最简单最抽象的规定。而其后期对审美教育也给予了较多关注，企图将审美教育纳入其和谐美学思想的体系中去，所以其审美教育思想的核心是“和谐人格”。它包括了心理结构的和谐及和谐思维两方面的内容。[③]

首先是心理结构的和谐。周来祥说：“使人的身与心、肉体与灵魂、感性与理性以及感觉能力、思维能力、情感能力、想象能力、意志能力都能够协调发展，形成一个和谐而健全的人格，而不是畸形发展的人格。”[④] 心理学上将人格也就是所谓的个性的心理结构组成分为两个方面，一方面是个性心理倾向性，包括需要、动机、兴趣等，它是人的行为的潜在动力，是人的积极性的不尽源泉；另一方面是个性心理特征，包括气质、性格、能力，它比较稳定地反映了个体的特色风貌。不管是个性心理倾向性还是个性心理特征，都不是人一出生就确定下来的，它们是在先天和后天这两种因素共同影响下形成的，而且主要是在后天的社会环境影响下形成

---

① 北京大学哲学系外国哲学史教研室编译：《古希腊罗马哲学》，北京：生活·读书·新知三联书店 1957 年版，第 37 页。

② 周来祥：《论中国古典美学》，济南：齐鲁书社 1987 年版，第 21 页。

③ 陈剑：《论“和谐人格”——周来祥审美教育思想的核心概念分析》，《美育学刊》2013 年第 1 期。

④ 陈剑：《论“和谐人格”——周来祥审美教育思想的核心概念分析》，《美育学刊》2013 年第 1 期。

的。后天社会环境因素对个性形成的影响作用主要表现在：第一，社会生活条件是个性形成与发展的决定因素；第二，教育在个性形成中起着主导作用；第三，社会实践是个性形成发展的主要途径。所以，必须在坚持社会主义和谐社会的理念前提下形成和谐的社会风气，重视审美教育的引导，把审美教育渗透到教育的各个方面，多带领学生进行美的实践，在实践中发现美、体悟美，从而形成和谐的心理结构。

然后是和谐思维。“在和谐思维中，着重从和谐出发，经过缩小矛盾化解矛盾，达到更高的和谐，然后再开始由初步的和谐到新的更高的和谐的持续发展。和谐思维着重从和谐始到和谐终。”可见，和谐也是永恒的、普遍的。[①] 根据周来祥的“和谐人格”思想，我们可以从人与自然、主体与客体、人与社会三个方面出发来探讨和谐思维。人与自然的关系是一个永恒的话题，人从诞生以来就在不断寻求与自然关系的平衡甚至超越。试图凌驾于自然之上，这显然是不可取的，人与自然，唯有和谐，方得永恒。人与自然的和谐首先体现在人对其与自然关系的界定上，自然是生命孕育的本源，人不可能也不应该凌驾自然之上，人作为自然生命中的一员，是难以与自然保持平等的姿态的，人总得对自然抱有一丝敬畏，而后探求与其达到某种近乎平等的和谐的平衡。在主体与客体方面，我们既要认识到两者之间的本质对立，又要能够超越这两者之间的对立，不以绝对的、僵硬的态度去看待两者之间的关系。而人与社会，是人的主体性和社会性的统一，即人的全面发展和社会的全面发展的统一。“新的和谐社会关系，将结束近、现代的绝对对立，吸收、融合后现代趋向和谐的有益观念，重新创造一种和谐自由的社会关系。这种和谐的社会关系，是现实的规律性的真实存在，远远超越了古代虚幻、片面、素朴的和谐。它以新的互助互爱、团结合作、互利共赢的新关系代替利益对立和相互争夺的旧关系，开创了人类和谐处理自身关系的新时代。社会美是人与社会的和谐，社会主义和谐社会中新型的人与社会的和谐关系，将创造一种更新、更高的社会美。”[②]

---

① 陈剑：《论“和谐人格”——周来祥审美教育思想的核心概念分析》，《美育学刊》2013年第1期。

② 周来祥：《从和谐美学看和谐社会》，《文艺研究》2007年第2期。

四、灵商美育

在新兴的美育流派中，另外值得一提的是，林清凉在《2011—2012 年中国美育研究述评》一文中指出，王祥《追寻灵性的栖居》和郑素华、方卫平《审美教育行为特征探析——人类学美学的视野》等著作体现了这一时期美育学术研究著作的水准。其中尤以《追寻灵性的栖居》最具特色，该著作以国内外心理学界最前沿的"灵商"学说为突破口，并"巧妙地将这一学说与美育结合起来，尝试建构一条'以美提灵'之路"，这就是"灵商美育"研究。在以心理学视角研究美育近些年来一直未见有显著成果的中国美育研究界，这部著作堪称是一个罕见的"异类"。

"灵商"（spiritual intelligence quotient，SQ），是相对于智商（IQ）、情商（EQ）而言的人类第三种智力，由英国达纳·佐哈和伊恩·马歇尔夫妇合著的《灵商：人的终极智力》一书中首次提出："它是人所独有的'商'，因为许多动物甚至电脑都具有智商，一些高级动物还具有情商，而唯有人具有灵商。"[①] 他们认为，灵商即心灵智力，也就是灵魂智力，是一种能够治愈我们自己和创造我们自己整体的智力，是一种能创造性地发现新价值的智力。和智商、情商互为条件，协调发展，智商体现求知力，情商体现自制力，灵商体现创造力。正如蒋洪池所说："长期以来，我国的教学由于只重视智商，忽视情商，不谈灵商，从而造成教学的'划一性''封闭性'和'机械性'。忽视学生个性的培养，因而学生缺乏创新能力。"[②] 在《追寻灵性的栖居》中所谓的灵商美育，是以具有灵性美的事物或者各种事物中具有灵性美的元素作为对象，以审美作为主要方式，培养个体的灵性审美倾向和能力以及相关的灵性审美心理结构，促使个体发现美当中所含的"原型"，进而学会从美的角度去思考人生的意义和价值，产生对万事万物的联通和爱慕，并获得审美较高层次，甚至最高层次——与万物一体的审美愉悦——促使"第三过程"得以运转，最终提升灵商，实现完整人格的教育和学习。[③]

我们姑且把它看作是一种与万物通灵的状态。笼统地说，就是与自然相联结、感应而产生的一种更为透彻的审美愉悦。那么，也许我们可以把

---

① 转引自王祥：《灵商与美育》，南京：南京师范大学，2011 年，第 14 页。

② 蒋洪池：《智商·情商·灵商》，《哈尔滨学院学报》2003 年第 12 期。

③ 王祥：《追寻灵性的栖居》，北京：中国社会科学出版社 2012 年版，第 229、230 页。

回归自然与人性本真看作是达到这种追求的基本途径。古人的美育与灵商优于现今是否与他们对自然的敬畏和诗乐熏陶有关呢？少数民族的歌舞创作大多依附于其生活和环境，我们在欣赏这种艺术表现形式的时候能够自然而且迅速地产生审美愉悦是否也是与自然相呼应的心理反应呢？近年来原生态歌舞的流行背后是什么社会诉求呢？这些都有待讨论，但我们大概可以窥探到的一点是，无论是生态美育还是灵商美育，其根本都涉及与自然的联结，不过另一方面，又不能仅仅局限于与自然的联结。

第三节　美育发展的未来展望

未来美育的发展应该是向着更加多元的方向前行，不断地追寻更真实、更纯粹的总体美育形态。

一、重视听觉艺术与心灵优先的策略

人类通过感官感知世界并与之沟通，通过眼耳鼻舌肢体与世界接触，并形成反应传输到大脑中枢神经，获取对客观世界的直观感觉，逐步在理性认知下扩大对世界的认识。作为两种最重要的审美感知方式——视觉和听觉在古代一直齐头并进地发展着，而随着西方视觉中心主义的影响，视觉的重要性受到越来越多的关注，视觉感受压倒其他感受被视为最主要的审美感知方式。当今世界正处在一个视觉文化占据主导地位的时代，即人们所说的“读图时代”。图像极大满足了人们对审美的需求，但是，以视觉为主导的审美方式往往也容易掩盖事物的本来的真实面貌，容易给人浅表化、碎片化的感受，因此，在关注视觉审美的同时，对听觉审美的重视也被提到日程上来，于是乎出现了以德国美学家沃尔夫冈·韦尔施为代表“走向听觉文化”的倡议。他在《重构美学》一书中特辟“走向听觉文化”一章，提出了听觉文化革命的宏大构想，“一种疑虑在游荡：我们迄至今日的主要被视觉所主导的文化，正在转化为听觉文化”①，为弥补视觉

① 沃尔夫冈·韦尔施著，陆扬、张岩冰译：《重构美学》，上海：上海译文出版社 2006 年版，第 209 页。

中心主义的缺陷提供了一种新的思路。对于美育的未来发展，我们也可从中得到一些启示。

作为两种最重要的审美感知方式，“视觉和听觉的存在方式有着本质的不同，这也是决定二者具有不同的审美作用的关键所在。视觉是一种空间艺术，而听觉则是时间的艺术。人们在视觉感知中感受的是客观的有距离感的事物，而听觉感知则没有和审美对象的距离，听觉常常是被动的毫无保留的全盘接受”。“相比较视觉感受，听觉感受更能直接激发人们内心的情感，在倾听的过程中，人们的幻想空间和心理感受更加自由。”① 视觉明显不如听觉更能激发主体的感受活力，听可以给人带来更多内在的东西，也更具亲近性、参与性和交流性。可以看出，听觉较之视觉，有着独特的文化审美意义。

听觉艺术一般有以下几个特点：穿透性，比其他任何艺术更深入更有效地进入人的心灵世界，产生强烈的感情作用；抽象性，不像其他艺术那样有明显的认识功能，它是非再现的抽象艺术，虽然在黑格尔那里，听觉和视觉同为认识情感的，但在人们的实际生活中，认识事物的能力主要来源于视觉；程式性，比其他艺术具有更固定的难以改变的程式。由于音乐中的听觉形式和现实生活中的言语相互脱套，音乐的传统程式因其纯粹抽象的形式，在现实世界中找不到任何客观事物作参照系，因此音乐改换程式比其他艺术样式要困难得多；开放性，指音乐的第二性创作提供了开放的广阔空间②。总之，音乐是用听觉所能感受到的有限声音作为材料进行创作的艺术③，具有高度的抽象性，“至今为止，音乐世界一直是一个虚构的世界，它所虚拟的东西全部存在于想象中，而不是现实”④。

听觉艺术对于当代美育具有重大的意义：因为只有听觉艺术，特别是音乐才是纯粹的、民主的和自由的艺术，才有可能把人类从所谓以理性为根基的世俗、技术和权力的形式中唤醒。音乐被认为是自由人的一种消遣方式，从纯粹和自由的品质来看，音乐对于人的心灵的净化，具有特别重要的意义。音乐是一门整体的艺术，因为它的对象不是人的某一肌体、某一方面，而是人的精神和灵魂，是人的整体心灵世界，所以可以使人性的

---

① 邹琳：《听觉审美：文艺美学的关注方向》，《北方论丛》2009 年第 1 期。

② 方丽晗：《音乐作为听觉艺术的特性》，《美与时代》2002 年第 12 期。

③ KAROL BERGER, A theory of art, Oxford: Oxford University Press, 2000, p. 29.

④ KAROL BERGER, A theory of art, Oxford: Oxford University Press, 2000, p. 32.

完善成为可能[①]。因此，在视觉霸权把抽象理性和技术形式推向高峰，并给人类的心灵带来严重限制和伤害的背景下，音乐艺术，对于解放人的心灵，建立高尚情操具有重大的意义。“音乐诉诸听觉而非视觉，这就使得音乐同人类的心灵建立起更紧密而纯粹的联系，而音乐也就比其他艺术形式获得了更迅速更直接走进人类心灵的特权。”[②] 因为它表现的是十分抽象的东西[③]。

在所有艺术形式中，唯有音乐可以用旋律的起伏，节奏的张弛，声音和音响的色调变化，在运动中表现情感的变化，因此，我们说音乐表现情感是从人类的生理需要和心理需要的角度着眼的。科学研究表明，人类所共有的情感是对客观事物需求过程中的态度的体验，这种体验过程是由人的生理决定的。

由于艺术具有超越其外在形式局限的特质，它包容无限的潜力[④]，因此在对心灵的完善和培养上，具有重要的作用。听觉艺术作为一种最纯粹的艺术，对于心灵的作用更是十分重要，瓦格纳在《未来的艺术作品》一文中说：“心灵的器官是音乐，心灵艺术的语言是音乐。”[⑤] 在心灵的完善和美感的培养上，由于听觉艺术曲径通幽地进入人心灵最隐秘的地方，并且具有高度的抽象性，因而需要欣赏者充分发挥自己的想象力才可欣赏到音乐的美妙，正如冈布里奇所说：“乐于想象的欣赏者才能对艺术家的意图作出反应，”[⑥] 人们在欣赏音乐作品时，“进入艺术的沉思，通过现实的背景进入一种独特的，非连续的可能性的欣赏”[⑦]，它的完成需要心灵的各个器官进行协作，在对心灵功能的强化和完善上，它具有无可比拟的优势。

听觉艺术有其十分独特的地方，同视觉艺术相比更表现在对个体内外

---

① D KELLNER, Critical theory and the problem of modernity, Cambrige Polity, 1989, p. 144.

② 万书元：《听觉艺术的美学表达》，《东南大学学报》（哲学社会科学版）2002 年第 3 期。

③ KAROL BERGER, A theory of art, Oxford: Oxford University Press, 2000, p. 29.

④ ROMAN INGARDEN, Selected papers in aesthetics. Ed. by PETER J MCCORMICK, Washington, D. C.: The Catholi University of America Press, 1985.

⑤ 苏姗·朗格著，刘大基等译：《情感与形式》，北京：北京中国社会科学出版社 1986 年版，第 128 页。

⑥ GOMBRICH E H, Art and illusion: a study in the psychology of pictorial representation, NY: Pantheon Books, 1960, p. 202.

⑦ WALSH, D, The Congnitive content of art. In COLEMAN, F J (Ed), Contemporary Studies in Aesthetics, 1967, p. 297.

世界的表现上，“相对来说，视觉允许我们去感受、表达、探索一个可以看得到的外部世界，而听觉使感受、经历、探索内在的激情成为可能”①，相对视觉艺术所表现的斑斓多彩的外部世界来说，听觉艺术更侧重于挖掘人内部感情的变化。或者更确切的说，“视觉艺术是一个认识渴求目标的工具，而它不是本身，音乐是一个认识那个渴求而不是它的目标的工具”②，听觉艺术和人的情感贴得更近些，它能更直接地表现人的情感，更是一门纯粹的艺术，因而更贴近人的心灵。

在美育的过程中，我们要达到心灵的协调与完善，因为它是一切德性和创造力的源泉，只有拥有完美的心灵，一个人才可以说是一个自由的人，而达到其本质的人，才能医治理性过盛，人格分裂所带来的诸多弊端，而这一切的必要途径则是听觉艺术的受到重视，只有在它的熏陶和培养下，个体的心灵才会协调发展，和谐完善，使人的人性得到高扬。

二、重视审美感知与联想想象的策略

美育的目的与作用之一，就是提高人们的审美力。那么，何谓“审美力”呢？曾繁仁在《美育十五讲》中指出：“这种对于对象的观照、欣赏的能力就是最初的审美能力，是人类的一种特有的能力。”对对象进行观照和欣赏，其实就是一种审美体验。“审美活动中主体的审美感受，总是伴有明显的情感体验的特征。对于成熟的成年人来说是这样，对于那些审美经验趋于成熟或尚未成熟的青少年来说也是这样。因此任何人的审美感受能力的形成和发展，都要通过独特的情感体验。体验性使审美教育始终具有独特的感情色彩。”③“体验性是美育区别于智育、德育的明显标志之一。”④ 而审美体验的进行，首先得通过审美感知获得。

审美感知即利用自身的感官去感受外界事物。这是审美体验最基本也是最必不可少的阶段。审美体验不是一种纯主观的思维活动，它需要有一定的客观基础，最明显就是体现在审美感知上。人在进行审美体验的时候必须首先使自己的感知器官与外界被感知的事物进行连结才能产生两者之间的审美关系，而后才能进行更加深入的审美体验。在审美感知中，人的

---

① KAROL BERGER, A theory of art, Oxford: Oxford University Press, 2000, p. 34.

② KAROL BERGER, A theory of art, Oxford: Oxford University Press, 2000, p. 34.

③ 叶朗：《现代美学体系》，台北：台湾书林出版有限公司 1993 年版，第364 页。

④ 叶朗：《现代美学体系》，台北：台湾书林出版有限公司 1993 年版，第365 页。

感知感官包括眼、耳、舌、鼻、身五种，从而生成视、听、味、嗅、触五种感觉。在我们的日常生活中，审美感知频率最高，也是在我们的审美体验中运用最为频繁的感知器官就是眼跟耳了。听音乐、看电影等最常见的审美体验主要就是通过这两者进行的。但是，这并不意味着，这两者就占据着感官中的主体地位或者说其他三者在审美感知力上稍逊一筹。其实，大多数时候，我们在进行审美感知时需要依靠所有感官的共同参与。只不过，在视听感知为主的情况下，其他器官感知的作用不那么容易显现而已。一方面，视听感知持续的时间要长一些，其他感知器官一般在某些特定时候才发挥作用，而这种作用往往是画龙点睛之笔。例如，踏青的时候，如遇流水淙淙，听其泠泠之音，观其澄澄之貌，心已悦甚。倘若再将一掬清泉饮之，用手感知那一汪清凉透彻，用舌品尝那一丝甜凉透心，其中欣喜之情，又如何一个“悦”字了得。另一方面，在以视听感知为主的审美感知中，其他感知器官往往相融在审美环境中作为保持审美活动进行的条件而存在。例如，观海听涛的时候，如果不巧站在垃圾桶旁，再壮阔的海景、再美妙的涛声，恐怕也无心欣赏了吧？

审美联想和审美想象是审美体验的拓展和延伸。审美联想是将被观照的事物与自己过去的情感记忆联结而形成的，是审美主体进一步产生审美愉悦的审美体验中的重要环节。审美联想中，当被观照物与过去的情感记忆发生关系时，被观照物往往会受到过去情感记忆的情绪及情感影响。而且，由于情感记忆在保持的过程中受主观情感的影响，会逐渐脱离事件原本真实而完全的面貌——主体所倾向的情感色彩会被放大，而细节部分特别是与主体所倾向情感不符的情绪、情感则会被模糊掉。所以，过去的情感记忆在与被观照物产生联系时，复现出来的情感记忆中的主要主观色彩将会弥散到被观照物身上。而被观照物本身所引起的主体倾向情感大多是与过去的情感记忆相近的，于是，被观照物的审美联想就能引发一种更为高级的精神性审美关系。若是被观照物本身所引起的主体倾向情感大多是与过去的情感记忆相对，在两者的鲜明对照下，也必然可以进化为更深层次的审美关系。

审美想象是对审美体验的进一步深化。它能够通过对审美对象的加工改造而产生新的审美形象。而加工改造过程中，必然会带有主体主观印记。主体主观印记是由个人特有的生活经验累积、过滤、发酵而成的，带有独特的个人色彩。因此，主体加工改造审美对象其实就是一种个人创造活动。其次，因为其中的主观印记是在生活经验中提炼出来的，带有一定思想情感高度，所以，审美想象往往可以上升为艺术创造活动。审美想象的创造性还可以运用于社会建设和科技革命等各方面的创造性活动中。社会建设中，如何构建一个和谐美好的社会，其未来规划蓝图中，除了需要考虑到认识层面和道德层面之外，还必须有审美层面的东西。这时候，审美想象便可充分发挥其创造性作用。而在当今世界各国面临的科技革命挑战中，想象力更加是科研工作者必不可少的创造能力之一。一个新的科技产品，不仅要有过硬的技术含量，还应该有美观大方的造型。而其创造过程中的思维碰撞往往在不同领域的思想中更容易产生火花。审美想象作为一种美的、活跃的、不断更新发展的元素的加入，必然能激发创作者更多的潜能。

三、寻求真实、纯粹与完整的美育

现代社会的发展要求当代人具有完美的人格，提高人自身的生存质量，关注生命本体的自由发展，致力于人的本质力量的实现。当然，要达到这一目的，自然还是要发挥美育的作用，在这种形势下，美育的实施要以陶冶感情、培养情操为目的，通过生动的形象和富有趣味的形式，潜移默化地促进个体的全面发展，使其具有诚实、善良的品德，具有对社会和人类的责任感，具有对自然及万物的同情与热爱，这是实施审美教育的最终目的。如果说传统美育注重道德品格的培养，工业文明时期注重人与自然的关系，那么社会发展到今天，美育则集中于对由社会、自然、人类自身所构成的人类生存样态进行整体观照，并最终确立人与自然、人与社会、人与自我的和谐关系。

现代工业的发展要求人们在生产过程中遵循一种协作原则，这本身有利于人与社会之间和谐关系的建立。但是，科技理性的畸形发展，以物质生产为标志的科技被推崇到无以复加的地位，人文精神则被放到无足轻重的位置。这种长期的不平衡发展产生了一系列的社会问题，其中一个主要的方面表现为道德的沦丧以及现代人精神的空虚异化，这就是人与社会关系不和谐的一种表现。这一点在西方表现得尤为明显，人与人之间的不信任，人与自然间的互相伤害，社会上的冷漠麻木，西方的现代思潮和后现代思潮无不是对这一现状的反抗和挣扎，这一切充分说明了人文精神的不可忽视，它具有十分重要的地位。

在当今科技理性高涨，人性分裂的情况下，总体的美育更显得十分必要，因为它注重从各个方面对个体的培养，以完美的人为培养目的。美育的作用也就在这个时刻得到最为真切的体现，“美育的本质特征是情感教育，是通过情感的驱使来塑造完善的人格。‘感人心者，莫先乎情。’美育的目的在于培育完美的人格，也就是通过美育能够使人的理性与人的感性生命沟通，从而使人的感性和理性达到协调，让人得到全面而自由的发展，塑造一种健全完善的人格。黑格尔说：‘审美带有令人解放的性质’，它可以引导人们进行充满个性色彩的审美历程。这本身就是对人们的情感的培育”①。

在这个时候，中国传统美育的优越性便充分地显现了出来。中国传统美育是从天人合一、人人相和的角度去看待人格建设的。古代美育作为一种系统的文化教育，是从礼乐文化中派生出来的，又与礼乐制度和宗法制度相结合。它“更多从根本上入手，强调人的素质培养的重要性，在此基础上，再去谋求人的能力得以充分发挥的可能性，达到体与用、内与外的完美统一”②。由于“传统美育的最大特点就是融贯着强烈的人文精神，体现着对于人的存在价值和生命意义的人文关怀。它深切关心的是人的本质、价值、潜力、目标、成就等一系列终极性的问题，是如何提高和优化人的情感生活、文化素质、价值取向、精神旨趣等根本性的问题”③。所以，袁济喜先生认为“从某种意义来说，传统美育在今日中国，其作用与意义较诸封建社会的人格建设更为重要，在封建社会中，传统美育主要是将人格与道德升华到最高的境界，而在今天，包括传统美育在内的美育工程，不仅有升华人格，完善道德的任务，而且具有拯救精神，整合人格的意义”④。所以在追求整体美育的过程中有其难以企及的优越性。

鉴于中国当前的美育状况，吸收传统美育中的有益成分，参考西方美育的成功经验，以中国美育的现实状况为起点，确立一种真实、全面、总体的美育已成为必须。在我们当代美育的建设过程中，只有既立足于民族状况，又放眼世界形势；既关注历史与现实，更要重视面向未来，才能建设好中华民族的当代美育事业，才能促进中华民族伟大复兴的历史进程。

---

① 刘成纪：《自由主义与中国美学精神》，《求是学刊》2000 年第 1 期。

② 姚文放：《传统文化与当代美育的建构》，《江苏社会科学》1996 年第 2 期。

③ 姚文放：《传统文化与当代美育的建构》，《江苏社会科学》1996 年第 2 期。

④ 袁济喜：《传统美育与当代美学建设》，《思想战线》2001 年第 5 期。

结语

有人认为，古代美育要比现代美育做得好。以礼乐制度为例，礼和乐作为美的两种不同形式在社会制度中占据了非常重要的地位，其影响深远，不可估量。相比之下可见现当代美育地位与作用的失衡。不仅如此，其在教育方式上也失却了古代“艺境”化育人心的精髓。这种说法虽有厚古薄今之嫌，但我们也不得不正视当代美育的使命与建设的迫在眉睫。

中国当代美育的使命，应该超越将美育仅仅局限于艺术知识与技能教育以及情感教育的狭义美育论，从美育与社会的关系、美育与教育的关系、美育与自然的关系出发，寻求三者的和谐统一。

从美育的实施场所来看，基本可以分为社会、家庭、学校三个部分。社会美育主要从建设和谐社会出发，对社会发展方向和思想主流做大体把握。家庭美育则要着重把握好对儿童的第一教育，充分了解儿童的特性，避免从成人化视角、社会需要和传统经验出发而抑制了儿童的审美力发展。学校美育在素质教育中起着不可替代的重要作用。从前期认为美育的本质与作用是通过艺术层面实施的情感教育的思想观点到审美教育发展为感性教育说、生命说、人道主义说、娱乐休闲说以及美育发展论、大美育说等，是一个重大突破。说明美育不仅仅是情感教育，美育与其他体验是相通的。虽然美育是独立的，但它又渗透到其他教育之中。所以学校美育应该从多方面出发，引导各个学科在教学过程中注意美育的培养，同时牢牢抓住艺术课堂的开展。

从美育的实施途径来看，包括自然美、艺术美和社会美三个方面。艺术教育作为一种最普遍的审美教育手段，目前越来越趋向于功利性。就像范藻在《关于美育合法性的反思——兼及生命美学的必然性存在》一文指出：“多年来美育也的确在校园文化建设、学生艺术特长培养这些教育的局部领域取得过骄人的成绩，但这并不意味着美育已经完成了它的历史使命。”① 切实提高美育的地位与作用，不仅要使美育脱离在教育中处于“边缘性”处境的尴尬境地，更要确切认识到美育的目的是培养怎样的一种人，而不是盲目地通过速成班去达到批量生产的指标。社会美作为与国家文明建设和和谐发展的大趋向相连的美育途径，道德伦理层面居多。在这个方面来说，社会美的教育不免带有灌输的性质，容易引起教育对象的反感；而艺术美能在春风化雨、润物无声中达到潜移默化的效果，但是它也缺少高屋建瓴的价值涵盖和洞幽探微的意义本质。只有两者互为补充才能相得益彰。艺术美和社会美相对来说实施度较大、较多，关注度也较为集中。自然美的实施措施就显得模糊许多，它缺少具体操作的指导，在实践中也受到更多的条件限制。因此，更多关注和研究放在自然美途径上将会是很长一段时间内一个讨论的热点话题和方向。回归人与自然最初的关系母题，人与自然如何相处并互相汲取所需而共生共荣、和谐统一地存在于长远的时空，是每个人都应该思考的终极命题。

① 范藻：《关于美育合法性的反思———兼及生命美学的必然性存在》，《郑州大学学报》（哲学社会科学版）2016 年第 5 期。

参考文献

1. 饶芃子：《中西比较文艺学》，北京：中国社会科学出版社 1999 年版。

2. 饶芃子：《比较诗学》，西安：陕西师范大学出版社 2000 年版。

3. 蒋述卓：《在文化的观照下》，广州：广东人民出版社 1997 年版。

4. 蒋述卓：《宗教艺术论》，广州：暨南大学出版社 1992 年版。

5. 蒋述卓：《文化视野中的文艺存在》，北京：中国社会科学出版社 2003 年版。

6. 蒋述卓：《山水美与宗教》，台北：稻禾出版社 1992 年版。

7. 刘绍瑾：《复古与复元古》，北京：中国社会科学出版社 2001 年版。

8. 费勇：《言无言——空白的诗学》，广州：广东人民出版社 1999 年版。

9. 吴光军编校：《王阳明全集》，上海：上海古籍出版社 1992 年版。

10. 魏源：《魏源集》，北京：中华书局 1976 年版。

11. 龚自珍：《龚自珍全集》，北京：中华书局 1959 年版。

12. 王韬：《弢园文录外编》，北京：中华书局 1959 年版。

13. 王韬：《西学原始考》，光绪庚寅（1890 年）刻印本。

14. 谭嗣同：《谭嗣同全集》，北京：中华书局 1981 年版。

15. 蔡元培：《蔡元培全集》，杭州：浙江教育出版社 1997 年版。

16. 王国维：《王国维遗书》，上海：上海书店出版社 1983 年版。

17. 梁启超：《饮冰室合集》，北京：中华书局 1989 年版。

18. 鲁迅：《鲁迅全集》，北京：人民文学出版社 1989 年版。

19. 王韬著，钱钟书主编：《中国现代学术名著 · 韬园文新编》，北京：生活 · 读书 · 新知三联书店 1998 年版。

20. 康有为著，钱钟书主编：《中国近代学术名著 · 康有为大同论二种》，北京：生活 · 读书 · 新知三联书店 1998 年版。

21. 钱钟书主编：《中国近代学术名著 · 万国公报文选》，北京：生活·读书·新知三联书店 1998 年版。

22. 刘梦溪主编：《中国现代学术经典·严复卷》，石家庄：河北教育出版社 1996 年版。

23. 李大钊：《李大钊文集》，北京：人民文学出版社 1984 年版。

24. 陈独秀：《陈独秀文存》，合肥：安徽人民出版社 1987 年版。

25. 丰子恺：《丰子恺文集》，杭州：浙江文艺出版社 1990 年版。

26. 郭沫若：《郭沫若文集》，北京：人民文学出版社 1959 年版。

27. 朱谦之：《文化哲学》，北京：商务印书馆 1990 年版。

28. 吕澄：《美学概论》，北京：商务印书馆 1923 年版。

29. 陈望道：《美学概论》，上海：民智书局 1927 年版。

30. 李泽厚：《美的历程》，合肥：安徽文艺出版社 1994 年版。

31. 李泽厚：《中国古代思想史论》，合肥：安徽文艺出版社 1994 年版。

32. 李泽厚：《中国近代思想史论》，北京：人民出版社 1978 年版。

33. 李泽厚：《中国现代思想史论》，北京：东方出版社 1987 年版。

34. 蒋孔阳：《蒋孔阳美学艺术论集》，南昌：江西人民出版社 1988 年版。

35. 包忠文：《现代文学观念发展史》，南京：江苏教育出版社 1992 年版。

36. 包忠文：《中国当代文艺理论史》，南京：江苏教育出版社 1998 年版。

37. 赵宪章：《文艺学方法通论》，南京：江苏文艺出版社 1990 年版。

38. 赵宪章主编：《西方形式美学》，上海：上海人民出版社 1996 年版。

39. 周宪：《20 世纪西方美学》，南京：南京大学出版社 1997 年版。

40. 周宪：《超越文学》，上海：上海三联书店 1997 年版。

41. 熊月之：《西学东渐与晚清社会》，上海：上海人民出版社 1994 年版。

42. 方克立、王其水主编：《二十世纪中国哲学》，北京：华夏出版社 1995 年版。

43. 刘梦溪：《传统的误读》，石家庄：河北教育出版社 1996 年版。

44. 高瑞泉：《中国现代精神传统》，上海：东方出版中心 1999 年版。

45. 朱义禄：《儒家理想人格与中国文化》，沈阳：辽宁教育出版社

1991 年版。

46. 北京大学哲学系美学教研室编：《中国美学史资料选编》，北京：中华书局 1981 年版。

47. 叶朗：《中国美学史大纲》，上海：上海人民出版社 1985 年版。

48. 佛雏：《王国维诗学研究》，北京：北京大学出版社 1999 年第二版。

49. 王岳川：《二十世纪西方哲性诗学》，北京：北京大学出版社 1999 年版。

50. 卢善庆：《近代中西美学比较》，长沙：湖南出版社 1991 年版。

51. 胡经之主编：《中国现代美学丛编》（1919—1949），北京：北京大学出版社 1987 年版。

52. 汪晖：《死火重温》，北京：人民文学出版社 2000 年版。

53. 张志扬：《创伤记忆》，上海：生活·读书·新知三联书店 1999 年版。

54. 张宝明：《启蒙与革命》，上海：学林出版社 1998 年版。

55. 张博树：《现代性与制度现代化》，上海：学林出版社 1998 年版。

56. 赵汀阳主编：《现代性与中国》，广州：广东教育出版社 2000 年版。

57. 金耀基：《从传统到现代》，北京：中国人民大学出版社 1999 年版。

58. 解思忠：《国民素质忧思录》，北京：作家出版社 1997 年版。

59. 陶东风：《社会转型与当代知识分子》，上海：生活·读书·新知三联书店 1999 年版。

60. 余碧平：《现代性的意义与局限》，上海：生活·读书·新知三联书店 2000 年版。

61. 北京大学哲学系美学教研室编：《西方美学家论美和美感》，北京：商务印书馆 1980 年版。

62. 朱光潜：《西方美学史》，北京：人民文学出版社 1982 年版。

63. 朱光潜：《文艺心理学》，合肥：安徽教育出版社 1996 年版。

64. 朱光潜：《诗论》，北京：生活·读书·新知三联书店 1984 年版。

65. 蒋孔阳：《德国古典美学》，北京：商务印书馆 1984 年版。

66. 朱立元：《黑格尔美学论稿》，上海：复旦大学出版社 1986 年版。

67. 张西平：《历史哲学的重建——卢卡奇与当代西方社会思潮》，北京：生活·读书·新知三联书店1997年版。

68. 盛宁：《人文困惑与反思》，北京：生活·读书·新知三联书店1997年版。

69. 王岳川：《后现代主义文化研究》，北京：北京大学出版社1992年版。

70. 郭熙保主编：《经济发展理论与政策》，北京：中国社会科学出版社2000年版。

71. 于文杰：《通往德性之路》，北京：中国社会科学出版社2001年版。

72. 邱明正、于文杰：《美育志》，上海：上海人民出版社1998年版。

73. 贾兰坡：《“北京人”的故居》，北京：北京出版社1958年版。

74. 姚全兴：《审美教育的历程》，上海：上海社会科学院出版社1992年版。

75. 郭沫若：《沫若文集》，北京：人民文学出版社1962年版。

76. 瞿葆奎主编：《美育》，北京：人民教育出版社1989年版。

77. 施鸿保：《闽杂记》，福州：福建人民出版社1985年版。

78. 刘志琴主编：《近代中国社会文化变迁录》，杭州：浙江人民出版社1998年版。

79. 汤志钧主编：《近代上海大事记》，上海：上海辞书出版社1989年版。

80. 康有为：《康有为诗文选》，北京：人民文学出版社1963年版。

81. 蔡元培：《蔡元培美学文选》，北京：北京大学出版社1983年版。

82. 蔡元培：《蔡元培教育论著选》，北京：人民教育出版社1991年版。

83. 胡适：《胡适文存》，上海：上海亚东图书馆1921年版。

84. 杜威：《杜威教育论著选》，上海：华东师范大学出版社1981年版。

85. 朱谦之：《文化哲学》，北京：商务印书馆1990年版。

86. 朱光潜：《朱光潜美学文集》（第二卷），上海：上海文艺出版社1982年版。

87. 冯天瑜等：《中华文化史》，上海：上海人民出版社1990年版。

88. 舒新城编：《中国近代教育史资料》，北京：人民教育出版社1981年版。

89. 毛礼瑞、沈灌群主编：《中国教育通史》，山东教育出版社1985—

1988 年版。

90. 姜义华：《理性缺位的启蒙》，上海：生活·读书·新知三联书店 2000 年版。

91. 姚全兴：《中国现代美育思想述评》，武汉：湖北教育出版社 1989 年版。

92. 陈伟：《中国现代美学思想史纲》，上海：上海人民出版社 1993 年版。

93. 徐林祥、单世联：《中国美育史导论》，南宁：广西教育出版社 1992 年版。

94. 周来祥：《古代的美近代的美现代的美》，长春：东北师范大学出版社 1991 年版。

95. 封孝伦：《二十世纪中国美学》，长春：东北师范大学出版社 1997 年版。

96. 聂振斌：《中国近代美学思想史》，北京：中国社会科学出版社 1991 年版。

97. 苏姗·朗格著，刘大基等译：《情感与形式》，北京：中国社会科学出版社 1986 年版。

98. 汉斯·昆著，周艺译：《世界伦理构想》，北京：生活·读书·新知三联书店 2002 年版。

99. 康德著，唐钺译：《道德形而上学探本》，北京：商务印书馆 1957 年版。

100. 康德著，李秋零译：《康德书信百封》，上海：上海人民出版社 1992 年版。

101. 吉尔·德勒兹著，于奇智、杨洁译：《福柯 褶子》，长沙：湖南文艺出版社 2001 年版。

102. 丹尼尔·贝尔著，赵一凡等译：《资本主义文化矛盾》，北京：生活·读书·新知三联书店 1989 年版。

103. 吴梦非：《美育是什么》，《美育》1920 年第 1 期。

104. 李石岑：《美育之原理》，《教育杂志》1922 年第 14 卷第 1 号。

105. 陈之佛：《谈美育》，《学识》1936 年第 1 卷第 1 期。

106. 朱光潜：《谈美感教育》，《读书通讯》1940 年第 7 期。

107. 朱光潜：《论美是主观与客观的统一》，《哲学研究》1957 年第 4 期。

108. 许士骐：《美育与民族精神》，《美》1947 年第 6 号。

109. 杨鸿烈：《驳以美育代宗教说》，《哲学》1923 年第 13 期。

110. 胡先肃：《说今日教育之危机》，《学衡》1924 年第 31 期。

111. 张国辉：《辛亥革命前中国资本主义的发展》，《近代史研究》1982 年第 2 期。

112. 冯尔康：《鸦片战争与中国近代化》，《历史月刊》1999 年第 142 期。

113. 刘成纪：《自由主义与中国美学精神》，《求是学刊》2000 年第 1 期。

114. 姚文放《传统文化与当代美育的建构》，《江苏社会科学》1996 年第 2 期。

115. 袁济喜：《传统美育与当代美学建设》，《思想战线》2001 年第 5 期。

116. 郭蓝燕等：《我国公布中国教育与人力资源问题报告》，《中国青年报》，2003 年 2 月 14 日。

117. 刘恒健：《论美学的转型》，《陕西师范大学学报》（哲学社会科学版）2000 年第 3 期。

118. 刘恒健：《论中国美学的发展趋势》，《陕西师大学报》（哲学社会科学版）1995 年第 4 期。

119. 单世联：《迟到的光——当代启蒙及其面临的问题》，《东方艺术》1999 年第 1 期。

120. 万书元：《听觉艺术的美学表达》，《东南大学学报》（哲学社会科学版）2002 年第 3 期。

121. 方丽晗：《音乐作为听觉艺术的特性》，《美与时代》2002 年第 12 期。

122. 刘再复：《论文学的主体性》，《文学评论》1985 年第 6 期。

123. 陈晓明：《填平鸿沟，划清界线——“精英”和“大众”殊途同归的当代潮流》，《文艺研究》1994 年第 1 期。

124. 曾繁仁：《西方现代“美育转向”与 21 世纪中国美育的发展》，《学术月刊》2002 年第 5 期。

125. 邢建昌：《20 世纪中国美学的现代发展》，《文艺理论研究》2001 年第 1 期。

126. 遇资州：《九十年代中国学术思想丛书漫议》，《二十一世纪》

1999 年第 51 期。

127. 高华：《近代中国社会转型的历史教训》，《战略与管理》1995 年第 4 期。

128. 李建盛：《方法论与 20 世纪美学》，《北京师范大学学报》（社会科学版）2003 年第 6 期。

129. 刘小枫：《现代学的问题意识》，《读书》1994 年第 7 期。

130. 汪敬虞：《略论中国资本主义产生的历史条件》，《历史研究》1984 年第 2 期。

131. 余虹：《中国文学理论的现代性与后现代性》，《文艺研究》2000 年第 2 期。

132. 汪晖：《关于现代性的答问》，《天涯》1999 年第 1 期。

133. 林洪桐：《电影的现代性与影幕表演》，《中国艺术》1994 年第 6 期。

134. 夏国美：《现代性心理与社会文化透视》，《社会学》1994 年第 3 期。

135. 彭安定：《20 世纪中国文学：寻找和创造现代性》，《社会学辑刊》1994 年第 5 期。

136. 张法等：《从“现代性”到中华性》，《文艺争鸣》1994 年第 2 期。

137. 张颐武：《现代性的终结——一个无法回避的课题》，《战略与管理》1994 年第 4 期。

138. 邵建：《世纪末的文化偏航》，《文艺争鸣》1995 年第 1 期。

139. 任剑涛：《现代性与宗教文化——与刘小枫博士对话》，《开放时代》1996 年第 3 期。

140. D KELLNER, Critical theory and the problem of modernity, Cambrige Polity, 1989.

141. KANT, Lectures on philosophical theology, New York: Cornell University Press, 1978.

142. TOM SORELL, Scientism: philosophy and the infatuation with science. London and New York: Routledge, 1991.

143. W E CONNOLLY, Political theory & modernity, Oasil Blackwell Ltd, 1988.

144. M FOUCAULT, “What is an auther?” in textual strategies: Perspec-

tives in peot-structuralist criticism, ed. JOSUE HARARI, Ithaca: Cornell University Press, 1981.

145. M FOUCANLT, "What is enlightment?" in The Foucault Reader. New York: Pantheon, 1984.

146. GERTH & MILLS, From Max Weber: essay on sociology, New York: Oxford University Press, 1946.

147. J HABERMAS, A philosophiecl-political profile, New Lift Review, 1985.

148. MAX WEBER, The religion of China: confucianism and taoism, trans, New York: Free Press, 1951.

149. R INGARDEN & P MCCORMICK, Selected papers in aesthetics, Washington, D. C. : The Catholic University of America Press, 1985.

150. GOMBRICH E H, Art and illusion: a study in the psychology of pictorial representation, New York: Pantheon Books, 1960.

151. WALSH D, The congnitive content of art. In COLEMAN F J, Contemporary Studies in Aesthetics, 1967.

152. ANNE BLOOMFIED, Creative and aesthetic education, Hull: The University of Hull, 1985.

153. KAROL BERGER, A theory of art, Oxford: Oxford University Press, 2000.